KB130448

감정폭력

EMOTIONALE GEWALT

: Was uns wirklich weh tut: Kränkung, Demütigung, Liebesentzug und wie wir uns dagegen schützen

by Werner Bartens

The Korean language edition is published by arrangement with
Rowohlt Verlag GmbH through MOMO Agency, Seoul.

감정 폭력

세상에서 가장 과소평가되는 폭력 이야기

Emotionale Gewalt

베르너 바르텐스 지음 · 손희주 옮김

걷는나무
walking tree

PROLOGUE

나는 매일 보이지 않는 몽둥이에 얻어맞는다

감정 폭력 – 세상에서 가장 과소평가되는 학대

엄마는 갑자기 쓰러졌다. 아무런 예고도 없이. 그녀는 거실 양탄자에 누운 채 미동도 하지 않았고, 작은 소녀는 넋이 나간 채 옆에 서 있었다.

"깜짝 놀라서 아무것도 할 수 없었어요. 하염없이 주변을 서성이다가 엄마를 일으켜 세우려고 했지요." 소녀는 성인이 된 지금도 그때의 일을 선명하게 기억하고 있었다. "엄마가 다시 깨어나기까지 굉장히 오랜 시간이 걸렸던 것 같아요. 이것저것 해보려고 했지만 결국엔 포기하고 구석에 앉아 울고만 있었죠. 그리고…… 그제야 엄마는 다시 움직였어요."

엄마는 그녀가 말을 듣지 않을 때마다 죽은 척을 했다. 분명 이 훈육 방식은 당시에 빠른 효과를 냈다. 그녀가 죽은 척을 할 때마다 소녀는 그 즉시 엄마가 원하는 대로 행동했으니까. 어린 소녀에게 자신의 잘못으로 엄마를 잃을 것이라는 상상보다 더 끔찍한 일은 없었다. 소녀에게 엄마는 가장 사랑하는 사람이자 세상의 전부였다. 자신 때문에 엄마가 죽기라도 한다면 평생을 죄책감에 시달리며 살리라. 소녀는 엄마가 죽은 척을 할 때마다 극도의 공포의 사로잡혔다.

"그래도 아이를 때리지는 않았잖아요?" 이런 부모가 내뱉는 전형적인 말이다. 물론 그녀는 아이를 때리지 않았다. 그렇다고 죽은 척을 하는 이 훈육 방식이 과연 올바르다고 말할 수 있을까? 매질을 하며 아이를 훈육하는 부모가 있는 반면, 한 번도 아이를 때린 적 없다고 자부하는 부모도 있다. 하지만 매질을 하지 않는 대신 감정적으로 아이를 공포에 휩싸이게 만드는 교육법을 사용했다면, 매질과 공포심 주입 중 어느 교육법이 더 해로울까?

독일 뮌헨 대학교의 하우너 소아전문병원 원장 카를 하인츠 브리쉬Karl Heinz Brisch는 이런 훈육 방식이 너무나도 극단적인 방법이라고 경고했다. 신체적 폭력에 비해 정신적인 폭력은 중요하게 생각되지 않는 경우가 많다. 유년기의 애착 관계 형성 및 발달, 그리고 이 관계를 어그러트리는 다양한 요인을 연구해온 브리쉬는 어린 시절 보호자와의 유대 관계가 불안정했던 사람은 이후 평생 동안 이 문제를 끌어안고 살게 된다고 말했다. 실제로 앞서 말한 소녀 역시 상대가 불편해 보일 때마다 모든 것이 자신 때문인 것 같은 생각에 평생을 자책하며 보냈다고 고백했다.

"어린 시절의 이런 극단적인 훈육법은 뇌를 변화시키기 때문에 이후에 아이가 유대 관계를 쌓는 과정에 큰 영향을 미칩니다. 더 큰 문제는 이런 정서적 폭력이 다음 세대로 전달된다는 것입니다. 이런 경험을 한 환자는 성인이 된 후에 똑같이 죽은 척을 하는 경우가 많아요." 브리쉬는 부모 혹은 가까운 관계의 사람에게 감정 폭력을 당했던 사람이 이후에 비슷한 행동 유형을 보이는 경우가 대부분이라고 덧붙였다.

카를 하인츠 브리쉬는 2000년대 초에 뮌헨에서 국제회의를 발족했다. '유년기의 애착 관계'를 주제로 하는 이 회의는 곧 저명한 심포지엄의 형태로 발전했다. 매년 10월이 되면 사흘 동안 전 세계에서 온 전문가가 뮌헨에 모여 유년기의 관계 장애가 인생에 어떤 영향을 끼치고, 어떤 병적 변화와 불안감으로 발전될 수 있는지를 토론한다. 브리쉬는 2016년에 열린 15번째 회의의 주제로 '정신적 폭력'을 다루기로 했다. 그러자 여태까지 매년 잘 진행되던 회의 준비 과정에 문제가 생겼다. 행사까지 아직 반년도 더 남았는데 이미 참가 신청이 마감된 것이다. 예년에도 참가자가 많은 편이었지만 이때처럼 신청이 쇄도한 적은 없었다. 대략 1,500명의 사람이 정신적 폭력이라는 주제에 관심을 갖고 회의에 참여하기를 원했다. 이런 이례적인 관심은 우리 사회에 정신적 폭력이 만연하다는 반증이라고 볼 수 있다.

정신적 폭력은 이중으로 과소평가 받는다. 첫 번째로 다른 사람들 앞에서 누군가를 깎아내리거나 무시하는 행동이 분명한 감정적 폭력임에도 불구하고, 이미 사회적으로 만연하다는 이유로 별일 아닌 일로 여겨지는 경우가 많다. 두 번째로 감정적 폭력을 통한 상처는 눈에 드러나지 않기 때문에 그 피해가 심각하게 생각되지 않는다. 그 결과, 피해자들은 정신적 폭력으로 받은 괴로움을 밖으로 드러내지 못하고 온전히 혼자서 감당하라고 강요받는다.

당신의 의도는 중요하지 않다

때로는 가해자나 제3의 인물이 멋대로 폭력의 강도를 평가하기도 한다. 그들은 누가 들어도 공격적인 말인데도 대수롭지 않게 치부하고, 상황의 심각성을 줄이고, 가볍게 여기는 식의 태도를 취한다.

"그 일이 상처가 될 정도로 심했나?", "사람이 그 정도 말도 못 해?", "예민하게 좀 굴지 마.", "심각한 것도 아닌데.", "뭘 그런 걸 가지고 그래.", "넌 누가 조금이라도 비판하면 절대 못 받아들이더라."

누군가 조심스레 자신이 무시를 당하거나 비난받은 것 같다고 털어놓으면, 사람들은 위와 비슷한 반응을 보이고는 한다. 이때, 가장 중요하게 생각되어야 할 문제는 피해자의 기분이다. 당사자가 아니면 타인이 한 나쁜 말이나 무례한 행동으로 얼마나 큰 상처를 받고 무시당한 느낌에 괴로웠는지 이해할 수 없다. 어느 정도의 고통인지 판단할 수 있는 사람은 그런 일을 당한 피해자뿐이다.

갈비뼈가 골절되었거나 몸 여기저기 시퍼런 멍이 든 것을 보면 누구나 이 사람이 심각한 학대를 받았다고 확신할 수 있다. 그러나 정신적 폭력의 경우, 흔적이 눈에 보이지 않고 너무나도 일상적으로 발생하는 일이기 때문에 사람들은 대수롭지 않은 일이라 생각한다.

가끔은 기억 속에서 너무 빨리 지워지기도 한다. 특히 감정이 격양된 상태에서 일어났거나 나쁜 의도에서 나온 행동이 아니라는 사실이 밝혀지고 가해자와 피해자가 빨리 화해를 한 경우에는 더 일찍 잊힌다. 하지만 이런 경험이 무의식중에 더욱 깊은 상처를 남기기도 한다. 대부분의 피해자는 정신적 폭력 행위를 무방비하게 그대로 받아들이거나 어쩔 수 없는 자기 운명 탓이라고 생각한다.

마구 쏟아지는 우박처럼 끊임없이 모욕을 당하는 사람이 당신 주변에도 있다. 어쩌면 이 책을 읽고 있는 당신의 이야기일 수도 있다. 한 가지 확실한 것은 야비한 집단적 괴롭힘이나 의도적인 무시를 당하며 사는 사람이 놀라울 정도로 많다는 것이다. 그렇다면 정신적 폭력은 정확히 무엇을 뜻하며 어떤 양상으로 표출될까? 누군가를 쌀쌀맞고 불친절하게 대하는 태도가 어느 단계에 도달해야 정신을 파괴하는 폭력이라고 진단 내릴 수 있을까? 너무나 당연하지만 정신적 폭력에서 자신을 가장 잘 지킬 수 있는 보호 방법은 정신적 폭력을 이른 시기에 감지하고 막는 것이다. 그럼 은밀하게 잠식해 들어오는 정신적 폭력의 행태를 미연에 방지하기 위해 우리는 어떻게 해야 할까?

일상에서 흔히 벌어지는 감정 폭력

CASE 1

2주가 지났는데도 아무런 소식이 없었다. 문자를 보내도 답은 없었고, 자동응답기에 이미 몇 번이나 메시지를 남겨놓기도 했다. 그런데도 그는 전화 한 통 하지 않았다. 그녀는 두 달 전부터 남자친구를 사귀기 시작했는데 이런 유형의 남자는 처음이라고 했다.

그렇게 한참 동안 연락도 없다가 어느 날 여자네 집 문 앞에 남자가 서 있었다. 마치 아무 일도 없었다는 듯, 그는 팔 한가득 꽃을 들고 나타나서는 늘 그랬던 것처럼 '로맨틱한 주말'을 보내자고 말했다. 연락이 없던 2주 동안 어디서 무엇을 하며 지냈는지 아무런 설명도 없었고, 미안하다는 말도 하지 않았으며, 자신의 행동이 일반적이지 않다는 것도 인정하려 하지 않았다. 오히려 자신은 가끔씩 잠수를 타기도 한다면서 그녀가 이 일을 대수롭지 않은 일로 받아들이기를 바랐다.

"그렇게 이상하게 생각하지 마." 남자는 미소 지으며 그녀의 손을 이끌었다. 여자는 어리둥절했지만 다정하게 구는 남자의 태도에 누그러져 그와 함께 주말을 보냈고 금세 그의 매력에 다시 빠져들었다. 남자는 여자를 위해 이런저런 선물과 근사한 저녁을 준비했다. 남자가 어찌나 여자에게 잘 하는지, 호텔 안에 있던 모든 사람들이 그들을 부러워하며 쳐다볼 정도였다.

그러나 주말이 지나자 남자는 다시 깜깜 무소식이었다. 여자가 짧은 인사를 보내봤지만 대답이 없었다. 언제 다시 만나냐고 물어봐도 역시나 답은 없었다. 여자가 이런 식으로 자신을 무시하면 더 이상 참을 수 없다고 말하자, 남자는 오히려 여자를 다그쳤다.

"너는 너무 집착이 심해. 병적으로 나를 믿지 못하는 것 같아. 나는 자유가 필요하단 말이야."

여자는 머리를 한 대 얻어맞은 것처럼 멍했다. '내가 질투 집착이 너무 심한가', '이 남자를 힘들게 했나', '진짜 나한테 문제가 있는 걸까' 수만 가지 생각이 머리를 스쳤다.

둘의 관계에서 여자의 감정을 가볍게 여기고 계속해서 상처를 준 사람은 당연히 남자였다. 하지만 여자는 누군가 그녀에게 "당신은 남자에게 세뇌당한 것뿐이에요"라고 말해줄 때까지 이 모든 것이 남자의 잘못이라는 점을 깨닫지 못했다.

CASE 2

병원에서 레지던트로 일하는 의사가 있었다. 전문의가 회진을 돌면 레지던트들은 차례대로 '자기' 환자를 소개한다. 마침 그녀의 차례가 왔다. 의대 예과생과 간호사 한 무리가 이미 복도에 줄을 맞추어 서 있었고, 다음 병실에 들어가기 직전이었다. 그때 전문의가 말했다.

"재미있군." 전문의의 말투는 부드러웠지만 눈빛은 분명 그녀를 향하고 있었다.

"제대로 이해한 게 하나도 없는데? 자네가 제안한 치료 방법은 상해에 가까워." 근심이 가득한 전문의의 목소리가 비꼬는 것처럼 들렸다.

"자네는 직업을 바꾸는 편이 나을지도 모르겠네. 우리 모두를 위해서 말이지. 하하!"

이외에도 일상에서 벌어지는 감정 폭력은 수도 없이 많다. 그러나 이런 폭력의 유형이 더욱 심각한 문제인 이유는 일반적으로 피해자가 폭력을 잘 인식하지 못할뿐더러 설령 마음에 상처를 입더라도 그것을 과소평가한다는 점이다. 결국은 나의 잘못이라고 믿게 만드는 상황, 이런 상황에 계속해서 노출되면 누구나 몸과 마음이 병들어간다. 직장에서나 학교, 가족 관계, 연인 사이 등 어떠한 인간관계에서도 마찬가지다. 감정 폭력은 지금 이 순간에도 어디서나 진행되고 있다.

정신적인 측면에서 괴롭힘을 당하면 우리는 더욱 크게 상처 입는다. 우리의 육체는 모욕이나 거부, 완고한 침묵, 멸시, 또는 밖으로 드러내는 강한 혐오를 신체적 폭력과 유사하게 받아들이고 고통을 느낀다. 하지만 처음 봤을 때는 그 피해를 뚜렷하게 알아차리기가 쉽지 않다. 그래

모욕당한 일을 전부 폭력이라고 정의할 수는 없다

1930년, 독일계 미국인 심리치료사 에르빈 슈트라우스Erwin Straus는 《사건과 경험Geschenis und Erlebnis》이라는 저서에서 '굴욕과 모욕을 당한 경험이 반드시 신체와 정신에 극심한 영향을 미치는 것은 아니다'라는 사실을 분명히 했다. 즉, 감정 폭력의 상처는 부모에게 무시를 당하거나 교사에게 모욕을 당하거나 혹은 친구들 사이에서 따돌림을 당하는 것과 같이 실제 일어난 사건에서 기인한다. 그런데 이런 경험을 어떻게 처리하는지는 개인의 성향에 따라 다르다. 다시 말해 본인의 심리적 틀이 얼마나 안정적인지, 삶의 어느 시기에 사건을 겪었는지에 따라 피해자의 심신에 미치는 영향이 달라지는 것이다. 작은 사건이 커다란 트라우마로 남는 사람도 있고, 심한 멸시를 받아도 기억조차 하지 못하는 사람도 있다. 유년 시절에 심한 정서적 학대를 당한 희생자가 실제로 어떤 심리상태에 놓여 있는지는 아무도 알 수 없다.

서 의사와 심리치료사들은 정서적 폭력을 흔히 '눈에 보이지 않는 방망이'라고 부른다. 마음의 상처를 감지하기도 완치하기도 어려울뿐더러, 심지어 피해자가 자신이 폭력을 당하고 있다는 사실조차 모르는 경우가 많기 때문이다. 폭력의 흔적이 긴 시간을 두고 굉장히 천천히 사라졌다 하더라도 부분적으로는 계속해서 되살아나기도 한다. 이로 말미암아 심신의 건강 상태는 심각할 정도로 악화된다. 은근한 괴롭힘도 견디기 힘들지만, 가해자가 확실한 목표를 정해놓고 분노와 혐오를 표출할 때 피해자는 회복할 수 없는 수준으로 파괴된다. 부모나 다른 가까운 가족 구성원 혹은 중요한 관계에 있는 사람이 이런 파괴적인 방법으로 불만을 표현하면 피해자는 심각한 상해를 입을 수밖에 없다. 다시 말해, 정신적 폭력이 가족과 연인 사이에서 일어날 경우 피해자는 독에 천천히 스며드는 것처럼 망가진다. 직장에서 일어날 경우에는 사회생활이 불가능해지기도 한다.

폭력은 이 사회에서 결코 사라지지 않는다

안타깝게도 얼마나 많은 사람이 정신적 폭력을 견디며 사는지 정확한 수치로 나타낸 자료는 없다. 전문 서적에서는 종종 이에 대한 예로 굴욕을 당한 경험이나 상처받는 말을 들은 경우를 언급하는데 인구의 약 60퍼센트가 이를 경험한다고 한다. 그러나 폭언이나 고의적인 무시가 정신적인 폭력의 전부는 아니다. 사고를 경험하거나 사랑하는 사람을 잃는 일과 같이 큰 충격을 가져오는 경험도 정신적 폭력에 포함된다. 또한 신체적 폭력 혹은 성적으로 폭력을 당한 뒤에 무겁게 마음을 짓누르는 압박감 역시 정신적인 폭력이라고 말할 수 있다.

모욕감이나 무시가 어느 단계에 이르러야 정신적 폭력이 된다고 정의내릴 수는 없다. 그 기준은 확실히 말하기는 힘들지만, 단순히 피해자의 주관적 느낌에 따라서만 결정되는 것은 아니다. 부정적인 경험이 4주 혹은 그 이상 계속해서 일상에 지장을 주고 이에 대한 기억이 사라지지 않는 경우를 정신적 폭력이라고 진단하는 심리치료사도 종종 있다. 하지만, 이렇게 일정하게 기간을 못 박기는 어렵다. 몇 주간 괴로워하다가도 이후 다른 일을 겪으면서 당시의 상처가 치유되어 아무런 흔적도 남기지 않고 사라지는 경우도 있기 때문이다. 물론 반대로 딱 한 번 겪은 일이 마음 깊은 곳으로 점점 파고들어 장기적 손상을 끼칠 수도 있다.

감정적 폭력은 심신의학과나 정신과에서도 여전히 관심을 덜 두는 분야다. 특히 일상적인 감정 폭력에 대해서는 더욱 그렇다. 대부분의 의사나 치료사들은 전쟁과 고문, 추방을 겪은 후의 트라우마나 심각한 사고 이후의 특수 상황에서 겪은 경험의 치료에만 중점을 둔다. 시리아 출신의 어린이가 내전이 일어난 통에 부모를 잃고 그 후 몇 달에 걸친 기다긴 피난길에서 견뎌야 했던 참혹함, 또는 루마니아의 고아원이 니콜라에 차우셰스쿠의 독재 아래서 조직적으로 자행한 학대 문제 같은 경우 말이다.

다시 말해, 지금까지 '정신적 폭력'이라는 주제는 대부분 충격적인 사건 뒤에 피해자가 겪는 외상 후 스트레스 장애에 중점을 두고 다뤄졌다. 그러나 이런 정신적 외상을 일상적인 정신적 폭력과 똑같이 보는 것은 옳지 않다. 후자의 경우에는 기저에 깔려 있는 업신여김과 무시, 굴욕감, 모욕 또는 무관심이 문제가 된다.

대부분의 사람이 이런 야비한 본능을 잘 알고 있다. 알게 모르게 자신보다 약한 것 같으면 무시하고 업신여기는 본능. 분명 당신 역시 가해자가 된 적도, 피해자가 된 적도 있을 것이다. 정신적 폭력은 모든 삶의 영역에서 나타난다. 사람이 모이는 곳이라면 어디든, 특히 의존적인 관계나 권력이 불균등한 상하 관계라면 더욱 쉽게 발생한다. 하지만 우리는 이 점을 쉽게 간과하곤 한다.

이 책은 우리의 일상에서 빈번히 벌어지는 감정 폭력에 대해 이야기하고 있다. 너무 흔해서 당신이 눈치채지 못하는 정서적 폭력에는 어떤 것들이 있는지 알려주고, 이런 폭력들이 우리의 마음을 어떻게 우울하게 하고 스트레스와 두려움을 느끼게 하는지를 보여주며, 모욕적인 발언이나 은근한 무시같이 자존심에 상처를 받는 상황에서 나를 지키는 법을 알려줄 것이다.

차례

PART 3 | 어떻게 나를 지킬 것인가?

PART 1

감정 폭력이란 무엇인가?

CHAPTER 1

세상에서 가장 과소평가되는 폭력

감정 폭력의 양면성

모든 사람은 다양한 기본욕구를 충족시키고 싶어 한다. 그중 감정적인 부분에서는 안정을 찾고 소속감과 애정을 원하는 욕구가 매우 크다. 한편 모순적이게도 사람은 이와 동시에 자유와 독립을 필요로 한다. 다시 말해, 어느 정도의 친밀감은 쌓아가며 일정한 거리를 둔 채 독자적으로 살아가길 원한다. 애착 형성 시기인 유년기에 이런 욕구가 제대로 충족되면 성장한 후에도 누군가와 가까운 상태를 유지하면서도 독자적일 수 있는 인격이 발달한다. 반면에 욕구가 잘 충족되지 않은 경우, 아이는 여러 방면에서 문제를 겪는다. 예를 들어 아이에게 관심이 없거나 걸핏하면 벌을 주는 부모를 떠올려보자. 이로 말미암아 아이는 다른 사람이나 특정 상황에 종종 성급히 흥분하는 반응을 보이게 된다. 이런 아이는 정상적인 일상생활이 불가능할 정도의 '분열성 인격 장애'를 겪게 되는 경우가 많다.

그러나 이보다 위험한 유형이 있다. 사람들이 흔히 간과하는 '헬리콥터형' 육아방식이다. 부모가 아이의 주변을 뱅뱅 맴돌며 위험을 감시하는 것인데 쉽게 말해 '과잉보호'를 일컫는다. 헬리콥터형 부모는 아이가 실패와 마주치는 것을 절대 두고 보지 않고, 어려움에 빠지기 전에 통제와 간섭을 통해 아이를 문제에서 빼낸다. 아이는 자의식이 강한 인격으로 성장하는 대신 겁이 많고 의존적인 성격으로 자랄 수 있다. 이런 환경에서 자란 아이는 자기중심적이며, 우울증에 걸릴 확률이 높고, 남의 도움을 거부하는 '관계 거부자'로 성장하는 경우가 많다. 아이가 꽃길만 걷길 바라는 부모의 마음이 오히려 독이 되는 셈이다. 이는 아이의 인생을 위한 것이 아니라 부모의 만족을 위해 벌어지는 일종의 '아동 학대'다.

정신적 상처로 인한 고통의 크기는 개인에 따라 천차만별이다. 어떤 상처가, 얼마나 강하게 영향을 미치는지 확인할 수 있는 측정계도 없다. 학문적으로도 정해진 범주가 없으므로 타인의 고통을 '뭐, 별로 심하지도 않은데'라고 과소평가하는 것은 적절하지 않다. 이는 오히려 2차 가해에 해당하는 일이다.

신체적 고통이든 정신적 고통이든 상관없이 모든 고통은 주관적이다. 반복적으로 정신적 외상을 입으면 분명 언젠가는 병들고 만다. 개인이 감당할 수 있는 한계를 넘으면 당사자는 심리적 혹은 신체적 반응으로 이를 느낀다. 그동안 깨닫지 못했던 폭력의 흔적을 마주하게 되는 순간이다. 이럴 때는 증상과 나를 따로 떨어뜨려 스스로를 관찰하고, 증세가 만성적으로 발전하지 않도록 조속한 조치가 필요하다.

희생자뿐만 아니라 가해자 역시 적절한 도움과 조언이 필요하다. 정신적 폭력은 가해자에게도 악영향을 끼치기 때문이다. 많은 가해자들이 갑자기 화가 욱하고 치밀어 오르는 경험을 하는데, 이는 분노조절장애나 우울증 초기 증상으로 발전할 수 있으며, 정서적 폭력을 가하는 성향을 증폭시킨다. 또한 폭력을 가할수록, 가해자는 심기가 불편해지는 빈도가 점점 더 높아지며 결국에는 폭력의 악순환에 빠지게 된다.

정도에 따라 일상에서 벌어지는 정서적 폭력 역시 누군가를 끔찍한 희생자로 만들 수 있다. 앞으로 다룰 이야기는 현재 정서적인 폭력을 견디고 있는 이들에게는 힘든 주제일 수도 있다. 그러나 수많은 연구를 통해 의사와 심리학자들은 특정 성격 유형의 사람이 정서적 폭력의 희생자, 또는 가해자가 되기 쉽다는 것을 찾아냈다. 그러나 가해자든 피해자든 대부분의 사람들이 자신이 정서적인 폭력에 노출되어 있다는 사실을 눈치채지 못한다.

억눌린 공격성이 더 위험하다

아동심리치료사와 심리학자들은 '증오와 정서적 폭력의 상관 관계'에 대해 의견을 같이한다. 필라델피아 출신 심리치료사이자 홀로코스트의 생존자인 헨리 패런스Henri Parens는 "아이의 첫 번째 증오의 대상은 다름이 아닌 부모"라고 주장한다. 그가 냉소적으로 비꼬는 말을 한 것은 아니다. 그의 주장에 따르면 한 살배기 아이라도 벌써 그 나이에 누군가를 미워할 수 있다고 한다. 이른 시기에 발생하는 증오는 훗날 아이가 파괴적인 행동을 하고 다른 사람을 차별하는 성향을 조장한다. 패런스는 "엄마에게 화가 난 아이는 엄마가 아니라 엄마 옆에 있는 다른 사람에게 무언가를 던지고는 합니다"라고 덧붙였다. 직접 부모에게 대드는 아이도 있지만, 아이들은 본능적으로 더욱 약한 사람을 찾아 화를 낸다. 그것이 훨씬 더 효율적인 전략이라는 사실을 태어날 때부터 아는 것이다.

사람들은 자기를 화나게 한 사람을 향해 분노를 표출하는 것이 아니라 좀 더 손쉬운 희생자를 찾아 화를 낸다. 분노와 증오를 분출하는 방향을 바꾸어 재빨리 적당한 희생양을 찾아 쏟아내는 것은 우리 주변에서도 흔히 볼 수 있는 현상이다. 분노를 유발한 사람이 피해를 보는 경우는 매우 드물다. 그 대신 대부분 사회적 취약 계층이나 스스로를 방어하지 못하는 사람이 고통받는다. 그들은 아무런 죄가 없는데도 말이다.

점점 더 극단으로 치닫는 최근의 사회 문제도 이와 비슷한 면이 많다. 억압받고 무시당한다고 느끼고, 사회의 어두운 면만 보고 자라고, 자신을 패배자로 인식하는 사람들은 그 분노를 다른 약자에게 표출한다. 여성이나 노인, 외국인, 난민과 같이 자신과는 아무런 직접적인 영향이 없는 문제에 폭발하는 것이다. 문제는 이렇게 쉬운 폭력의 대상으로 여겨지는 희생자들이 자신이 당한 불행이 스스로의 책임이라고 생각하는 것이다. 이런 부적절한 심리적 차별과 억압은 이성적으로나 논리적으로는 전혀 설명이 안 된다. 그러나 유감스럽게도 사회에는 여전히 각종 혐오

분노는 항상 참아야 하는 걸까?

그렇지 않다. 흔히 하는 착각이 언제나 '착하게' 행동해야 좋다는 것이다. 특히 남을 돕는 직업에 종사하는 사람들은 스스로를 제어하는 데 익숙해진 경우가 많다. 그러나 분노는 인간의 자연스러운 감정이다. 섣불리 부정적으로 드러낼 때 문제가 되는 것이다. 때로는 숨겨진 분노가 밖으로 나와야 하는 것이 마땅하다. 분노를 건전하게 대처하고 폭력적인 방향으로 사용하지 않는다면, 타인과의 관계에서 서로를 안정적으로 대할 수 있는 수단으로 사용할 수 있다. 정신분석학의 아버지 지그문트 프로이트Sigmund Freud는 "억압된 것은 반드시 회귀하고야 만다"라고 말했다. 그의 말에 따르면 감정 역시 일종의 유산으로, 부모의 억압된 감정은 다음 세대로 타고 내려간다. 실제로 많은 사람들이 부모로부터 폐쇄성과 슬픔을 물려받는다.

주의가 만연하다.

여기서 한 가지 짚고 넘어가야 할 점은 '파괴적 성향'과 '편견'은 결코 선천적인 것이 아니라는 점이다. 이런 성격은 지속적인 괴롭힘과 멸시와 같은 심리적 상처를 받음으로써 활성화된다. 패런스는 유년기에 창피를 당하거나 멸시받는 일은 아이에게 말할 수 없이 큰 상처를 준다고 말하며, 이로 인해 아이들이 공격적이고 화를 잘 내는 성향으로 변할 수 있다고 말했다. 가해자와 아이가 가까운 사이일수록 그 영향은 더욱 커진다.

적절한 인간관계의 거리는 어느 정도일까?

정서적 폭력은 보통 '애정 욕구'와 '독립적 욕구'가 균형을 잃을 때 발생한다. 애정 욕구가 넘치면 친밀감의 표현이 무서운 집착이 되고, 독립적 욕구가 강해지면 앞서 말한 '관계 거부자' 또는 '애착 불능' 상태가 되고 만다.

대부분의 사람은 더 넓은 세상으로 나아가고 싶어 하면서, 동시에 안정적인 환경에서 환영과 사랑을 받길 원한다. 직장 생활에서도 마찬가지다. 회사에서 직원으로 인정받고 환영받는다고 느끼면 애정 욕구는 충족된다. 더 나아가서 자신의 능력을 자유롭게 개발하고, 새로운 아이디어를 적극적으로 제안하고, 스스로 책임을 지고 업무를 해나갈 수 있으면 그 직원은 독립적으로 살아가는 데 필요한 거리감도 충분히 유지하고 있다고 볼 수 있다.

하이델베르크 대학의 심신의학계 의사인 마르쿠스 쉴텐볼프Marcus Schiltenwolf는 환자와 의사의 관계 역시 무조건 친밀하다고 해서 좋은 것이 아니라고 설명한다. "도움이 필요한 환자에게는 적절한 도움을 주고 충분히 안심시키는 일이 중요합니다. 하지만 타인에게 선을 긋는 성향의 환자에게 친밀감은 오히려 독이 됩니다. 적당한 거리감이 필요한 환자는 의사가 그 선을 지켜주며 심리적 문제를 스스로 잘 극복해낼 수 있다고 말해주는 것만으로도 충분합니다."

한 사람이 성인이 되어 어떤 형태의 인간관계를 형성할지는 어린 시절의 경험에 따라 달라진다. 안정과 분리의 반복으로 이루어진 이 시기에

경고! 정서적 폭력을 알리는 신호

정서적 폭력이 너무나 심각한 정도에 이르러 치료를 받아야만 하는 여러 징조가 있다. 뮌헨의 사회심리학자 디터 프라이Dieter Frey는 의학적인 차원에서는 정서적 폭력이 가해자나 피해자 모두에게 심각한 영향을 끼친다고 말한다. 예를 들어 가해자는 정서적 폭력이 일어나는 순간에 자신을 완전히 통제할 수 없는 상태가 된다. 누군가 단어 선택이나 몸동작, 혹은 목소리 톤에서 극도로 충동적인 경향을 보인다면 이때 알람을 울려야 한다.

피해자의 경우에는 '심리적 압박감'이 중요한 요소가 된다. 자존감이 떨어지거나 심할 경우 정체성 손실과 같은 심리적 문제가 일어나고, 이와 더불어 혈액순환 문제, 섭식·수면 장애 등과 같은 신체적 문제까지 생기면 이미 심각한 상태다. 이를 직장 생활에 적용해보면 '번 아웃' 현상이나 마음속으로 미리 사직서를 쓰는 행동과 연관시킬 수 있다. 정서적 폭력의 피해자는 항상 피곤하고, 무시당하고, 아프다고 느끼고는 한다.

는 인간관계에서 느끼는 다양한 감정을 배운다. 감정이 생기지 않으면 먼 훗날 이는 피할 수 없는 일상의 가혹함이 되고 상황을 이성적으로만 평가하게 된다. 아니면 자신이 따돌림 당하고, 어디에도 속하지 못하며, 무시당하고, 사랑받지 못한다고 느낄 수도 있다.

정서적 폭력의 치료 가능 여부는 전적으로 심리적 압박감의 정도와 일상에서 당한 피해의 강도에 달려 있다. 쉴텐볼프는 "의학적인 차원에서 볼 때 정서적 폭력이 유년기에 겪은 폭력적 경험을 떠오르게 한다면 이미 심각한 상태입니다"라고 말한다. 이밖에도 증상이 일시적으로 나타나는 것이 아니라 3개월 이상 지속되면 환자가 치료를 받아야하는 긴급한 상태라고 한다. 이에 대한 사례는 굉장히 많다. 상사로부터 이상한 트집을 잡혀 많은 직원들 앞에서 여러 차례 안 좋은 말을 듣게 된 팀장이라든가, 사장이 산더미처럼 많은 일거리를 던져놓고도 능력이 부족해 일을 제대로 처리하지 못한다고 핀잔을 주는 것을 견뎌야 하는 비서도 있다. 하루도 아니고 몇 날 며칠 동안 계속해서 이런 일이 일어난다고 생각해보라. 극단적인 예로 어떤 엔지니어는 절대 정해진 기한 내에 완료할 수 없는, 다시 말해 해낼 수 없는 목표를 해내라고 강요받았다. 그는 부족한 인력과 쌓여가는 피로를 견뎌가며 계속해서 일을 해야 했는데, 결국 몇 년 동안 수면 장애를 앓다가 심근경색을 일으키고 사망했다.

감정적이고 폭력적으로 변하는 사람들

일부러 알미운 짓을 하거나 빈정대는 사람을 떠올려보자. 불특정 다수를 향한 화살은 그다음 단계가 되면 어떤 특정한 사람을 염두에 두고 농담을 하거나, 자신보다 약한 사람에게 괜히 화를 내기도 한다. 그래도 대놓고 이런 나쁜 행동을 하는 사람은 사실 많지 않은 편이며, 자기가 경계선을 넘었다고 느끼면 뒤돌아서 자신의 행동을 후회하는 사람도 많다.

문제는 이와 달리 다른 사람에게 상처를 입히고도 이를 전혀 알아채지 못하는 부류다. 이런 사람은 굉장히 자기중심적이며, 자신이 상대방보다 우월하다고 느끼는 찰나의 순간을 즐기기 위해 누군가를 괴롭히는 행동을 할 만큼 어리석다. 그런데 이런 정신병적 성향을 보이는 사람도 다른 사람의 감정에 이입할 수 있는 방법이 최근의 연구를 통해 밝혀졌다. 그 방법은 마치 어린 아이가 다른 사람의 감정을 이해하도록 학습하는 방법과 같다. "지금 그 사람이 어떤 기분인지 상상할 수 있어?" 혹은 "네가 그 사람 입장이라고 생각해 봐." 같이 다른 사람의 입장에 서서 상대방을 바라보도록 질문하는 것이다.

'다혈질인 사람' 역시 문제가 된다. 끓어오르는 화를 제멋대로 분출시킴으로써 누군가를 상처 입히고 끌어내리는 사람들. 이들은 대부분 심리적으로 불안정하고 언어폭력조차 서슴지 않는다. 게다가 자신의 화를 어떻게 해소해야 하는지 알지 못하는 경우가 많다. 이들에게 피해를 입는 경우, 절박한 방어가 대부분 아무런 소용이 없더라도 절대 여기에 굴하지 않아야 한다. 그렇지 않으면 화를 내고 욕을 하는 행태가 더욱 심해지기 때문이다.

한편 '가학적인 기질'의 사람도 있다. 이들은 다른 사람의 정신적 고통을 고소해하고 남에게 더 심한 고통을 주기 위한 방법을 찾는다. 더욱 소름끼치는 사실은 이들은 이 과정에서 양심의 가책은 조금도 느끼지 않는다는 것이다.

'굴욕을 당했다'고 느끼는 순간, 누구나 자신이 쓸모없고, 의존적이며, 도움이 되지 못한다는 느낌을 받는다. 어떻게든 방어해보지만 헛수고처럼 보이는 경우도 많다. 그렇게 되면 동시에 자책과 죄책감이 물밀 듯이 밀려든다. 또한 사회 중심에 스며들어 소속감을 느끼고 싶은 열망과 정서적인 안정도 함께 상처 입는다. 정서적 상처가 반복될수록 이들은 또

다시 사회 가장자리로 밀려나게 되고, 이때 어떠한 도움도 없이 온전히 상처를 홀로 감당해야 할 경우, 어느 순간부터 그 가장자리에 자리를 잡게 된다.

이런 사람의 처지는 중증 병을 앓고 있는 사람과 유사하다. 암 환자 역시 통제력과 정체성 상실에 맞서 싸우는 경우가 많다. 스스로의 자존감을 높이고 간병인과의 긴밀한 관계를 통해 내적 안정을 찾고, 심리적으로 도움을 받는 환자는 생존확률이 더욱 높아진다. 특히 병이 발병하고 나서도 자존감을 유지하거나 금세 회복하는 경우, 환자는 병에 걸려도 고통을 덜 느끼고 면역 체계도 훨씬 안정적이며 더 오래 산다. 정서적 폭력의 경우도 이와 비슷하다. 피해자가 경험한 사건에 '어떻게 대처하느냐'가 매우 중요하다. 심리적으로 안정되고, 주변 사람과의 관계가 견고하고, 전반적인 심리적 자원이 풍부한 사람은 이런 나쁜 경험으로부터 자신을 방어해낼 수 있다.

이것도 폭력일까? - 괴롭힘, 모욕, 무시

폭력: 남을 거칠고 사납게 제압할 때 쓰는 주먹이나 발 또는 몽둥이 따위의 수단이나 힘.

왜 하필 폭력이라고 표현할까? 폭력이라는 개념은 거칠게 들릴 수 있다. 우리는 모두 때때로 누군가에게 무시받거나 비난당하고 질책받는다. 이런 일은 살면서 누구나 겪는 일인데 이렇게 심각한 문제로 만들 필요가 있을까?

문제의 핵심은 '우리 모두가 겪는 일'이라는 것이다. 모두에게 일어날 수 있는 일이기 때문에 오히려 '폭력'이라고 강하게 명명해야 한다. 그렇지 않을 경우 이를 그냥 대수롭지 않은 일로 넘기다가 그 상처가 쌓이고 쌓여 더 큰 문제로 발전할 수 있다. 반대로 '정서적 폭력'이라는 꼬리표를 달아놓으면 수많은 사람이 "제가 지금 정서적 폭력에 시달리고 있어요. 누군가 저를 괴롭히고 있는데 왜 이런 폭력을 당했는지, 어떻게 맞서 싸워야 할지도 모르겠어요. 도와주세요!"라고 외칠 수 있을 것이다. 폭력에 대하여 의학 · 심리학 · 사회학이라는 전공 분야의 경계를 넘어 모두가 동의하는 의견이 있다. 폭력의 원인이 당사자의 책임이라는 것은 무책임하고 위험하다는 것이다. 한 의사는 이를 두고 "피해자의 탓으로 돌리는 일은 개인이 정서적 폭력에 대항할 수 있는 모든 의지를 무너뜨립니다. 자기 효능감을 잃게 만드는 것이죠"라고 말했다.

분명 '폭력'이라는 단어는 어려운 개념이다. 어떤 심리학자는 '정서적 장애' 혹은 '정서적 억압'이라는 표현이 더 적절하다고 주장한다. 폭력의 개념은 행위 자체는 물론 그 의도에 따라 미수에 그치는 일까지 범위가 다양하다. 물론 괴롭힘과 놀림과 같이 일상에서 일어나는 유쾌하지 않은 일을 모두 정서적 폭력이라고 할 수는 없다. 그렇게 되면 폭력의 심각성을 경시할 위험이 따르기 때문이다. 누군가가 한 번 던진 기분 나쁜 말, 또는 상사의 불평과 지속적으로 당한 따돌림이나 오랜 시간 동안 무시당한 일과는 같은 선상에 둘 수 없다. 따라서 정서적 폭력이라는 주제는 인간의 생물학적인 특성과 사회적 · 역사적 관점을 모두 고려해서 생각해야 한다. 예를 들어 조악한 교육 교본과 아동을 강하게 키워야 한다는 시대의 흐름, 특정 직업 분야의 사람을 무시하는 풍조 등은 일부

세대를 거치면서 대물림되기도 한다. 그런 점에 있어서 정서적 폭력은 단순히 개인의 심리적 진단이나 일부의 문제로만 여겨지는 것이 아니다. 어쩌면 위험한 사회적 무능력까지도 반영된다. 심신의학과 수석 의사 요람 로넬Joram Ronel은 말했다. "독일에서는 크게 소리치고 다투는 갈등 상황은 거의 일어나지 않습니다. 그보다는 차라리 문을 닫고 방에 들어가버리는 경우가 흔하죠." 그의 말에 따르면 위와 같은 유년기의 경험을 여러 가지 사회적 문제와 연결 지어 생각하면 현 상태를 이해하는 데 도움이 된다고 덧붙였다.

취리히 대학교의 심리학자 안드레아스 매르케르Andreas Maerker는 은근한 괴롭힘과 무시는 메타 커뮤니케이션Meta communication에 속한다고 설명한다. 이는 의사소통 과정에서 전달되는 표면적인 메시지가 아니라, 그 안에 함축된 메시지를 말한다. 표정과 말투 등 비언어적인 메시지를 갖고 있는 메타 커뮤니케이션은 전달되는 언어적 메시지와 일치하는 경우가 일반적이지만, 때로는 서로 모순되는 경우도 있다. 말하는 것을 넘어서 또 다른 무언가를 표현하는 셈이다. 이 경우에는 겉으로 드러나지 않더라도 부정적인 의도와 업신여김을 포함하고 있다고 할 수 있다.

정서적 폭력은 사치스러운 걱정일까?

정서적 폭력이 이미 기본 욕구를 충족한 사람들, 소위 잘사는 사회의 '사치스러운 걱정'인지 아니면 실제로 점점 더 많은 사람들에게 벌어지는 '심리적 안정의 위협'인지를 놓고 심리학 분야에서도 열띤 논쟁이 벌어진다. 하이델베르크 대학병원의 마르쿠스 쉘텐볼프는 정서적 폭력이 결코 잘사는 곳에 한정된 문제가 아니라고 주장했다. "현대사회에서 우리는 집단과 조화를 이룰 줄 알고, 창조적이며, 적극적으로 행동하면서, 스트레스를 극복할 수 있는 초인적인 인격을 필요로 합니다. 지구상에 그렇지 않은 나라가 있을까요? 비단 잘사는 나라만의 문제가 아니란 소리입니다."

쉘텐볼프는 반복해서 정서적 폭력에 노출되면 사람들은 견딜 수 없는 스트레스와 압박감을 받고, 다중 작업처리 능력이나 적응 능력 역시 떨어진다고 한다. 사회에서 요구하는 바를 충족시킬 수 없게 되는 것이다.

한편 사회심리학자 디터 프라이는 이렇게 주장한다. "예전 세대에서는 상하 간의 수직적인 관계가 일반적이었고, 사람들이 다양한 형태로 억압당하며 권력을 행사하는 일이 많았습니다. 그러나 요즘 세상은 그렇지 않습니다. 오늘날 우리는 다행히 인간의 존엄성이 헌법에 명시되어 있는 시대에 살고 있죠. 이전의 사회와는 다르게 이런 존엄성이 침해될 경우 이에 대한 분노가 훨씬 큽니다."

그러나 그의 주장을 조금 더 비판적인 시선으로 생각해보자. 분명 우리는 예전에 비해 좋은 세상에 살고 있다고 말할 수 있다. 그럼에도 자본주의적 관계가 지배적인 현대사회에서 비윤리적이며 인간을 경시하는 태도로부터 개인을 충분히 보호할 수 있는 장치는 준비되어 있지 않다. 성공 지향적인 사회일수록, 사회의 모든 구성원에 대한 압박도 증가할 위험도 크다. 성과주의와 치열한 생존 싸움이 반복될수록 약자의 희생은 불가피하다. 대부분의 학자들은 전체적으로 이전보다 오늘날 남을 괴롭히는 일이 빈번하게 일어나는 것은 아니지만, 강도 면에서는 훨씬 세졌다는 의견에 동의한다. 따라서 우리 모두에게 이런 일에 대처할 수 있는 기술이 더욱 더 중요해졌다.

신체적 폭력에 비해 가벼운 문제라고요?

끔찍한 일을 겪은 사람은 오랫동안 정신적 외상에 시달릴 수 있다. 신체적 · 성적 학대뿐만 아니라 사고를 당하는 등의 다양한 일이 마음에 괴로운 상처를 남긴다. 심한 경우에는 유괴를 당하거나 전쟁을 경험했을 수도 있다. 그런데 이와 관련한 연구는 아직도 가야 할 길이 멀다. 우리는 정신적 외상으로 인한 심리적 후유증을 대부분 'PTSD(외상 후 스트레스 장애)'로 진단한다. PTSD는 수십 년이 지나도 여전히 베트남 전쟁의 끔찍한 꿈을 꾸는 참전 용사나 시리아, 아프가니스탄 등의 내전지역에 파견되었던 병사들을 통해 널리 알려졌다. 그들이 겪었던 끔찍한 경험은 깊게 뿌리를 내려 오랜 시간 동안 기억 속에 생생히 살아있었다. 취리히 대학의 심리학과 교수 안드레아스 매르케르는 말했다. "정서적 폭력의 흔적을 깔끔하게 정리할 수 있다면, 이 분야에 다양한 가설이 세워지지 않았겠죠."

정신적 폭력의 후유증으로 반드시 외상 후 스트레스 장애가 일어나는 것은 아니다. 다시 말해, 외상 후 스트레스 장애를 겪지 않는다고 해서 정신적 폭력을 당하지 않았다는 의미도 아니라는 뜻이다. 정신적 폭력은 의학적 · 심리학적 관점에서 종합적으로 연구되고 있다. 심리적으로 상처를 받는 일이 신체에 어떤 종류의 영향을 끼치는지, 얼마나 큰 영향을 끼치는지, 폭력의 양상에 따라 그 영향은 어떻게 다른지에 대한 연구는 여전히 진행 중이다. 전 세계 수많은 나라마다 정신적인 괴롭힘을 '정서적 폭력'이라고 판단하는 기준이 다른 것도 그 때문이다. 하나의 사건을 동일한 기준에 맞추어 판단하기에는 지구 전체의 생활 조건은 그 격차가 너무나 크다.

매르케르는 세계의 다른 곳에서 온 심리학자와 대화를 하다 보면 같은 경험을 할 때가 많다고 한다. "정신적 외상과 그 후유증에 대해 이야기하다 보면 다른 문화권에서 온 동료는 유럽과 북미 출신인 서구 사람들이 기껏해야 일상적인 문제를 너무 부풀려서 호들갑을 떤다고 생각합니다."

너무나도 공감하는 대목이다. 목숨을 잃을까 봐 끊임없이 두려움에 떨고, 전쟁과 내전, 종족 간의 분쟁, 억압, 고문, 혹은 추방의 위협에 직면한 사람은 이런 문제들이 일부 선진국들의 '팔자 좋은 고민'이라고 생각한다. 분명 그들의 눈에는 약간은 하찮게 보일 수도 있다. 나라 전체가 황폐해지고, 누군가는 불을 지르고 집단 학살을 자행하며, 약탈하는 살인귀에게서 살아남아야 하는, 생존 자체가 위협받는 두려움과 비교했을 때 직장에서 받는 약간의 스트레스를 무엇이라고 단정 지을 수 있겠는가?

나보다 심각한 문제를 안고 살아가는 사람을 보면, 분명 이만한 생활환경에 감사할 줄 알아야 하며 자신의 운명에 너무 불평해서는 안 된다는 생각이 든다. 심리치료사 만프레드 뤼츠Manfred Lütz는 전자 우편과 스마트폰 때문에 언제 어디서나 연락이 되어 스트레스라고 말하는 사람들에게 재미있지만 뼈가 있는 말을 건넸다. "30년 전쟁(1618~1648. 독일을 무대로 신교와 구교 간에 벌어진 종교전쟁) 동안 사람들은 24시간 내내 연락이 가능한 상태로 지냈습니다. 아무래도 그때가 훨씬 더 힘들었겠죠?”

그러나 개인이 앓는 심리적 고통은 어떤 과학적 방법을 통해서도 측정할 수 없다. 고통에 수반된 스트레스 역시 마찬가지다. 다른 사람이 느낀 괴롭힘의 정도와 충격을 정의내리는 것은 불가능하다. 모든 고통은 언제나 주관적이다. 그렇기에 정서적 폭력이라는 주제를 다루는 일이 어려운 것도 사실이다. 어떤 관점으로 보느냐에 따라, 피해자에게 장기적인 영향을 끼칠 수 있는 정서적 폭력이 될 수도 있고 언급조차 할 필요 없는 사소한 문제라고 말할 수도 있다. 예를 들어 폭력을 당한 피해자는 몇 년이 지나도 고통스러운 기억 때문에 자다가도 눈이 번쩍 뜨일 상황인데, 다른 사람들은 어쩌면 사건을 완전히 잊어버리거나 관련 이야기를 들으면 싱글거리며 웃음이 터질 수도 있는 것이다.

하지만 확실히 알아두어야 할 점이 있다. 정서적 폭력으로 인한 누군가의 고통을 피상적으로 경솔히 대한다면, 피해자는 엄청난 압박감을 느끼게 되며 이는 2차 가해로 번질 수 있다. 피해자가 모욕을 당해 감정적으로 상처를 입은 상태인데, 다른 사람들이 그 상처를 조롱하거나 이를 하찮게 여기는 경우다. 그러면서 위로를 한답시고 “그리 심한 일도 아닌데 왜 그래. 그렇게 예민하게 좀 굴지 마”라고 말을 건넨다. 정말 역겨운 조언이다. 이런 판단은 제 3자가 할 수 있는 일이 아니다.

정신적 외상이 스트레스 장애로 진행되면

취리히의 심리병리학자 안드레아스 매르케르의 연구는 정신적 외상이 얼마나 자주 다양한 형태로 나타나는지를 보여준다. 그는 독일에서 250개가 넘는 다양한 지역 출신과 연령대의 성인에게 정신적 외상 경험에 대한 조사를 펼쳤다. 질문에는 전쟁이나 강간, 유년기의 성적 학대, 심한 사고, 폭력 행위, 자연재해, 유괴 등의 끔찍한 경험들이 포함됐다. 조사 결과, 독일 인구의 약 0.5퍼센트가 약간 넘는 사람들이 '복합적 PTSD'를 앓았다. '전형적인 PTSD'의 증상을 보이는 사람은 인구의 1.5퍼센트에 이르렀다.

두 집단의 사람들 모두 특히 사진과 냄새, 소리를 통해 충격적인 기억을 떠올렸다. 그들은 모두 당시의 심리 상태로 되돌아갈 때가 많다고 말했다. 복합적 PTSD를 앓는 사람에게서는 추가적인 인격 변화를 관찰할 수가 있었는데, 이런 환자는 사람들과 안정적인 관계를 맺는 데 어려움을 호소했다. 무엇보다 타인에게 깊은 불신감을 갖고 있어서 다른 사람들과 친밀해지지 못했고 자존감은 바닥을 치고 있었다.

안드레아스 매르케르는 유년 시절 성적 학대를 당했거나, 청소년 혹은 성인이 되어서도 계속해서 성적으로 피해를 입은 사람에게 복합적 PTSD의 형태가 가장 많이 관찰되었다고 밝혔다. 그에 비해 전형적인 PTSD는 심한 사고를 겪었거나 충격적인 사건을 직접 목격한 사람에게서 가장 흔하게 나타났다.

2018년에 나온 이 연구 결과는 복합적 PTSD가 주로 성폭력 및 아동학대의 경험으로 유발되었다는 그동안의 연구 결과와 일치한다. 매르케르는 "복합적 PTSD의 발병이 더 흔한 나라를 대상으로 한 연구에 따르면 추가적인 복합적 PTSD의 원인을 지속적인 전쟁이나, 추격, 포로, 고문 등의 충격적인 경험으로 추측해볼 수 있습니다"라고 덧붙였다. 난민과 아프리카의 소년병, 시리아와 소말리아, 아프가니스탄, 혹은 남수단에서 발생한 내전의 희생자는 유럽에서 심한 학대를 당한 적이 있는 희생자의 증상과 유사한 모습을 보였다. 끊임없는 불안과 두려움이 특징인 복합적 PTSD의 원인을 '일상의 억압'으로 추정하는 심리학자도 있다. 아직까지 전세계의 다양한 표본 집단을 대상으로 정확한 조사가 이루어진 적이 없기 때문에, 여러 가지 가설 중에 어떤 것이 정확한 원인이라고 말할 수는 없다.

매르케르는 PTSD의 종류에 따라 치료 방법이 다르다고 설명한다. 일반적인 PTSD의 경우, 몇 주 혹인 몇 달 이내로 환자의 고통을 줄여주는 치료법이 있는 반면에, 복합적 형태의 PTSD는 최근 들어서야 그 치료법이 개발되었기 때문에 현재로서는 더욱 더 많은 치료법을 연구해야 하는 상황이다. 2013년, 매르케르는 국제적 협력 단체와 함께 WHO(세계보건기구)에 복합적 PTSD의 추가 증세를 질병목록에 등록해줄 것을 요청했다. 다소 시간이 걸리기는 했지만 2018년 봄이 되어 WHO는 이 제안을 받아들였다. 이러한 결실은 단지 학술적인 측면에서만의 성과가 아니다. 전 세계의 의사와 치료사는 이 리스트에 적혀 있는 질병의 범주에 따라 적절한 치료법을 결정한다. 심리적 질환이 목록에 등록되어야만 치료로써 인정을 받고, 이에 상응하여 치료비도 지원받을 수 있다는 뜻이다.

1장을 마치며

▶ 정서적 폭력에는 분명한 가해자와 피해자가 존재한다.

▶ 단순한 나쁜 짓과 괴롭힘이 정서적 폭력으로 넘어가는 것은 한순간이다. 두 가지의 행동은 언제나 동일 선상에 놓여 있다.

▶ 작은 농담에도 크게 상처받는 사람이 있고 심한 모욕을 들어도 상처받지 않는 사람이 있다. 정서적 피해는 제 3자가 판단할 수 없다.

▶ 어쩌다가 누군가를 괴롭히거나 가끔씩 얄미운 짓을 한다고 해서 모든 사람이 정서적 폭력의 가해자가 되는 것은 아니다. 상처를 입히려는 의도와 타인과의 관계를 종합적으로 판단해야 한다.

▶ 다혈질인 사람이라고 무조건 정서적 폭력을 휘두르라는 법은 없다. 단순히 스스로를 제어하는 데 서툴고 심리적으로 불안정한 사람일 수도 있다.

▶ 위협과 위험을 인지하는 기준은 세계적으로 다르다. 그러므로 정서적 폭력을 단순히 여유 있는 나라의 '사치스러운 걱정'으로 치부하는 것은 무리가 있다.

CHAPTER 2

우리를 진정으로 아프게 하는 것

무시와 무관심 : 나는 투명인간이었어요

상처를 주는 수단은 여러 가지가 있다. 개인에 따라 상처를 받는 형태나 폭력을 인지하는 방법은 매우 다양하다. 어떤 이는 딸을 지나칠 정도로 엄하게 비난하며 힐책하는 엄마의 말을 정신적 폭력이라고 단정한다. 아들이 하는 일이라면 무엇이든 신뢰하지 못하는 아빠의 무시하는 눈빛이나 고개를 가로젓는 행동을 정신적 폭력이라고 말하는 사람도 있다. 정신적 폭력은 폭언이나 혐오와 같이 공공연하게 드러내는 공격적인 형태도 있지만 '은근한 형태'로 표현되는 경우가 더욱 많다. 그중에서도 가장 폭력이라는 사실을 알아차리기 힘든 것이 무시와 무관심인데, 정신적 폭력을 당하는 사람은 자신의 감정에 초점을 맞추지 못하고 상대의 의도대로 조종당한다.

많은 심리학자들이 무시당하거나 무관심 속에 방치된 경험이 심각한 정신적 외상을 초래한다고 평가한다. 애착 관계 전문가이자 아동심리치료사인 카를 하인츠 브리쉬는 관심을 받지 못하고, 적절한 반응을 얻지 못하는 일은 '특히나 마음에 상처를 남기는 쓰라린 경험'이라고 말한다. 또한 이러한 상처는 아동이든 성인이든, 부부든 독신이든 상관없이 적용되며 사적인 영역뿐 아니라 직장에서도 마찬가지라고 덧붙였다.

화가 났을 때 그냥 입을 꾹 다물고 상대에게 말을 걸지 않는 것이 규칙인 가족이 있다. 무시함으로써 잘못의 대가를 치르게 하는 것이다. 이런 집에서 자란 아이는 겉으로 보기에 문제가 없는 듯하고 물질적으로 부족함이 없더라도 사실 정서적으로는 매우 굶주린 상태다. 적재적소에 필요한 인정과 관심을 받지 못하고, 관심을 받더라도 주로 비방이나 비난의 형식으로 표현되는 경우가 많기 때문이다. 아이에게 중요한 애착 관계의 사람이 감정을 지나치게 배제한 채 아이를 대할 경우, 아이가 겪는 정신적 피해는 신체적 · 성적 폭력에 의한 피해와 비슷하거나 동일하다. 이때 부모가 어떤 이유로 아이에게 관심을 쏟지 않는지는 중요하지 않다. 부모가 장애가 있든, 인격적으로 문제가 있든, 아니면 단순히 차가운 성격을 지닌 사람이든 이유는 전혀 중요치 않다.

인간은 사회적 존재다. 포유류에 속하는 동물이지만 '호모 사피엔스'로서 협력할 수 있는 특별한 능력이 있다. 그렇기에 다른 사람과 교류하고, 관계를 맺고, 서로가 공감을 주고받으며 사는 것이 우리가 건강을 유지하는 전제조건이다. 울름 대학 심신의학과 과장을 맡고 있는 하랄트 귄델Harald Gündel 의사는 "고독은 사람을 병들게 한다"고 말했다. "다른 사람으로부터 가치를 인정받지 못하고 어떤 피드백이나 공감도 얻지 못한다면, 마음은 물론 뇌와 온몸에 영향을 받게 됩니다. 특히 이는 염증 지표에 영향을 주는데, 이는 몇 가지 신체적 · 정신적 질환의 원인이 되기도 합니다."

지그문트 프로이트는 그의 책《아이가 매를 맞고 있어요Ein Kind wird geschlagen》에서 차라리 매를 맞는 것이 지독한 무관심 속에 방치되는 것보다는 낫다는 점을 시사했다. 프로이트가 만난 피해자 중에는 언쟁이 끊이지 않는 등 문제가 많은 관계에 시달리는 사람이 많았다. 이들은 이때의 충격으로 평생 동안 분노를 품은 채 살아가야 했다. 그러나 이들이 받은 상처는 지독한 무관심 속에 방치된 경우에 비하면 상대적으로 덜했다. 누군가에게 아무런 관심과 공감도 받지 못한 채 자란 사람은 '존재적 자기멸시'에 빠지기 쉽다. 자신은 아무것도 아니며 앞으로도 가치 없는 인간일 뿐이라는 생각, 사회적으로나 감정적 고리를 붙들지 못하고 온 우주에서 나 혼자 버려진 느낌이 드는 것이다. 자존감이 무너지는 것은 물론, 이는 극심한 심리적 파멸의 고통으로 이어진다.

신체적 학대는 물리적인 고통과 심한 굴욕감을 동반한다. 그러나 몇몇 학자들은 신체적 폭력이 아예 관심을 받지 못하는 '방임 학대'보다는 더 참기 쉽다고 이야기한다. 물론 모든 종류의 학대는 어떤 이유에서든지 결코 정당화될 수 없다. 하지만 신체적 폭력은 육체에 또렷한 증거를 남기고, 폭력이 가해지는 순간에 가해자가 피해자에게 전하는 행동과 감정이 밖으로 드러난다. 이때 피해자에게 전달되는 것은 대부분 공격성과 분노, 증오뿐이긴 하지만 말이다.

마이애미 대학의 심리치료 전문가인 찰스 네메로프Charles Nemeroff는 '무관심으로 생긴 정신적 외상은 생물학적으로 극복하기 어려운 상처를 남긴다'고 주장한다. 또한 그는 아이가 관심을 받지 못할 때 가장 심각한 외상을 입는다고 덧붙였다. 고통의 단계를 나누는 것이 조금 이상하게 들릴지도 모르지만, 정서적 학대가 불러일으키는 악영향은 신체적 · 성적 학대보다 훨씬 더 심각하다. 뮌헨 대학병원의 정신적 외상 전문가이자 의사로 일하고 있는 마르틴 자크Martin Sack는 사람이 지속적인 무관심 속에 방치될 경우, 모든 의욕이 사라지고 감정 또한 느낄 수 없으며 삶의 질이 급격하게 떨어진다고 말한다. 보통 대부분의 학대에서는 피해자가 가해자를 향한 분노와 저항 같은 자기 보호 감정을 발달시킨다. 좋은 쪽은 아니지만 삶의 강력한 목표가 생기는 셈이다. 하지만 방임 학대를 당한 피해자는 마주할 상대방이 존재하지 않는다. 증오를 쏟아낼 대상이 없는 것이다. 목표를 잃은 증오는 결국 방향을 잃고 자신을 향한다.

런던의 아동 심리치료사인 마이클 루터Michael Rutter 역시 "결핍에 대한 기억이 가장 큰 상처가 되는 것인지도 모른다"라며 동의를 표했다. 이미 몇 해 전 애틀랜타와 마이애미의 심리치료사들이 실시한 실험에서 어린 시절의 학대가 성인이 되어서도 다양한 인지적 · 심리적 결핍 형태로 흔적을 남긴다는 사실을 발견했다. 그중에서도 무관심은 가장 심각한 정서 장애를 야기했다. 이들은 감정 처리 능력은 물론 시각적인 정보에 대한 기억력과 목표 지향적인 문제 해결력 역시 일반적인 성인에 비해 크게 떨어졌다. 다시 말해, 인지적 피해가 신체적 피해로 이어진 것이다.

애정을 볼모로 한 협박 :
사랑하는 사람이 주는 상처의 파급력

"이런 것도 못 해줘? 네가 날 사랑하는 줄 알았는데."

도대체 그가 하고 싶은 말은 무엇일까? 그는 단단히 화가 난 채 감정적으로 야비하게 굴었다. 일방적인 기대와 요구를 한 보따리 쏟아내며 가슴 아픈 말로 상처를 줬다. 그러면서 이미 오래전부터 반복됐지만, 한 귀로 듣고 한 귀로 흘려버렸던 비난도 해댔다. 이런 말은 정서적 협박의 또 다른 전형적인 수법이다. 가족이나 연인 관계에서 자주 오가는 이런 말은 강력한 무기가 될 수 있다. 애정을 볼모로 한 정서적 협박은 상대가 양심의 가책을 느끼도록 만드는 것이 특징이다. "당신이라면 나를 더 잘 알 거라고 생각했어"라든가 "내 기분이 어떤지 생각해봐. 굳이 말 안 해도 알잖아?"라는 말도 마찬가지다. 이 말을 들은 당사자는 자기가 상대에게 충분한 관심을 보이지 못했다는 생각에 미안해한다. 더 나아가 상대는 왜 무시당했다고 느끼는지, 도대체 어디가 불만족스러운 것인지 혼자서 원인을 알아내야 하는 벌을 받는다. 마치 승부 조작과 같다. 게임을 시작하기 전부터, 누가 온갖 비난을 감수하며 모든 일에 책임져야 할지 미리 정해져 있는 것이다.

당신이 사랑하는 사람을 떠올려보라. 그 상대는 부모가 될 수도 있고 연인이나 친구가 될 수도 있다. 당신은 아마 그 사람을 위해서라면 무슨 일이든 다 하려 할 것이다. 사랑하는 사람에게 사랑받고 싶고, 동시에 그를 실망시키지 않으려고 노력하는 것은 매우 자연스러운 일이니 말이다. 그런데 종종 이들이 내가 줄 수 있는 것 이상으로 더 큰 애정과 관심을 원할 때가 있다. 이들이 기대하는 것을 충족시키지 못했을 경우, 둘 사이의 관계를 지탱해주는 기둥이 흔들리기도 한다.

"엄마가 바라는 건 별 거 없어. 그냥 조금만 일찍 집에 오라는 것뿐인데…… 너무 많은 걸 바라는 거니? 엄마가 너 때문에 얼마나 속상한지 너는 아마 상상도 못 할걸!"

엄마는 이제 막 열여섯이 된 아들에게 말했다. 아니, 고작 열여섯 살짜리 청소년이 어떻게 이런 것을 생각할 수 있겠는가! 아들은 엄마의 말에 아랑곳하지 않고 친구들과 놀러 나갔다. 그는 엄마가 왜 지금 이토록 분개한 것인지, 심지어 그게 자기 때문이라고 하는지 이해할 수 없었다. 아무리 생각해봐도 자신의 행동 중 어떤 것이 잘못되었는지 도무지 찾을 수 없었다. 그저 기분이 좋지 않았다. 엄마에게 저항하지 않고 원하는 대로 따를까 생각도 해봤다. 하지만 그렇게 했다가는 다음번에도, 그 다음번에도 자유는 없을 것 같았다. 외출하기가 점점 더 어려워질 것이 불 보듯 훤했다. 만약 나가더라도 '엄마를 생각하는 마음에' 좀 더 일찍 집에 돌아와야 한다고 생각하게 될 것 같았다. 행여 이번 일을 잘 넘기더라도 다른 일에서 계속 잔소리를 들을 것이라는 불길한 예감도 들었다.

이 상황을 공정하게 평가하려면 엄마가 무슨 의도로 그런 말을 했는지 파악하는 것이 중요하다. 무엇보다 아들을 사랑하고 좀 더 가까워지고 싶은 마음은 확실히 알겠다. 하지만 아들은 걱정이 끊이지 않는 엄마 때문에 분명 피곤했을 것이다. 그래도 이런 경우라면 어느 정도 이해할 수 있다. 그런데 만약 엄마가 자신의 감정만을 중요하게 여겨 그런 말을 한 거라면? 그러니까 사실은 자기가 외출하거나 다른 사람과 즐길 기회가 거의 없어서 아들에게 같은 감정을 강요하는 거라면 이는 아들의 감정을 조작하려는 것이다.

이처럼 우리는 가까운 관계일수록 터무니없이 많은 것을 요구하기도 한다. 게다가 상대가 어떻게 행동해야 하고 무엇을 주어야 할지를 일방적으로 정하는 경우가 많다. 특히 사춘기에 들어선 아이와 부모의 관계가 그렇다. 부모는 계속해서 아이를 통제하려고 하고 아이는 점점 가족이라는 울타리를 벗어나려는 과정에서 부모와 아이가 대치할 가능성이 매우 높다.

에너지 뱀파이어 :
당신의 에너지는 도둑맞고 있다

지인이나 친구 중에 만나기만 하면 끝없이 이야기를 들어주길 바라는 사람들이 한두 명쯤 있다. 이들은 상대방은 원한 적도 없는데 속까지 다 보일 만큼 마음을 활짝 열어 보이면서 모든 것을 털어놓고 싶어 한다. 다른 사람이 항상 자기와 무엇인가를 같이하고, 자기에게 시간을 내주고, 자신의 문제에 귀 기울이기를 한도 끝도 없이 기대한다. 궁금하지도 않은 이야기를 쉴 틈 없이 쏟아내는 이들을 만나고 돌아오는 날이면, 왠지 모르게 피곤해져 집에 돌아와 쓰러지곤 한다.

인생에 무슨 비상사태가 이리도 많은지, 이들은 매번 복잡하게 얽히고 설킨 상황에 놓이고 궁지에 몰리고 언제나 급한 일이라며 만나기를 청한다. 이들이 혼자 힘으로 문제 상황에서 빠져나오는 경우는 매우 드물다. 문제가 생길 때마다 다른 사람을 불러 자신의 이야기를 털어놓기에 바쁠 뿐이다. 그러면 사람들은 또다시 이들의 이야기를 들어주고, 답을 해주고 적절한 조언을 건네야 한다. 온 정성을 기울여 도대체 지금 무엇이 문제인지에 집중해야 하는 것이다. 왜냐면 이들은 "너라면 어떻게 할 거야?", "나 지금 어떻게 해야 하지?", "어떻게 생각하는지 제발 말 좀 해 봐!" 이런 식으로 계속해서 상대방의 의견을 묻기 때문이다.

물론 처음 한두 번은 상대의 이야기를 경청하고 옆에서 함께 있어주려고 당연히 신경을 쓸 것이다. 고민이나 근심거리가 생겼을 때 그것을 친한 사람에게 알리고 도움을 구하는 것은 누구나 하는 일이니까. 그러면 또 주변 사람은 따로 부탁하지 않아도 당연히 곁에 있어준다. "네가 정말 큰 도움이 됐어"라고 말하는 이들의 마음은 진심이다. 앞서 말한 이기적인 이야기꾼의 경우에도 고마운 마음은 진심일 것이다. 그러나 과연 이런 사람이 상대방이 최선을 다해 자신의 문제를 함께 고민해주었다고 느끼고 만족했을까?

메기는 전화를 할 때마다 지금 통화를 해도 되는 상황인지, 귀찮게 하는 것은 아닌지 묻는 법이 없다. "있잖아, 진짜 중요한 일이야. 너랑 지금 꼭 이야기해야 돼."

클라라는 오늘 회사에서도 깨지고 엄마와도 사소한 일로 다툰 직후라

지치고 힘들었지만, 친구이기 때문에 대화를 이어갔다. "그 사람이 나랑 헤어지려고 해. 어쩌면 좋아? 진짜 헤어지면 어떡해. 난 정말 견디지 못할 거야."

클라라는 이 상황이 어떻게 흘러갈지 이미 알고 있다. 먼저 메기를 진정시키고 한 시간 정도 달래고 나면, 그녀는 남자친구의 잘못에 대해 이야기하기 시작할 것이다. 그러고는 다시 또 한 시간, 그녀의 편에 서서 공감을 해주고 나면 통화는 겨우 마무리될 것이다. 하지만 클라라는 자신의 이야기는 한 마디도 꺼내지 못할 것이다. "오늘은 네가 정말 필요해. 이번엔 진짜 헤어질 거 같단 말이야." 클라라가 뭐라 말을 꺼내기도 전에 메기는 계속해서 말을 이어갔다. "내가 어떡해야 해? 이제 더 이상 뭘 해야 할지도 모르겠어."

꽤 심각한 상황이 아니냐고 말할 수도 있지만 사실 이런 절규 역시 메기와의 통화에서 늘 등장하는 패턴이었다. 클라라는 이제 대꾸할 기운도 없었다. 매번 친구가 처한 어려움을 들어주고 그녀에게 조언을 해줘야 하는 '의무'가 반복됐다. 통화는 거의 3시간 후에나 끝났다. 전화를 끊고 난 뒤, 클라라는 완전히 진이 다 빠지고 지쳐버렸다. 하지만 이번 통화로 끝난 것이 아니다. 다음번 통화 역시 늘 그렇듯이 똑같이 흘러갈 테니.

아무리 가까운 사이라고 해도 다른 사람을 위해 언제나 시간과 자리를 마련할 수는 없다. 시기적으로 적절하지 않을 때도 있고, 다른 사람의 말에 맞장구쳐줄 상황이 아닐 때도 있다. 그런데도 어떤 사람들은 무조건 자기가 처한 어려움과 문제만을 말하고 싶어 하고, 다른 사람이 이를 들어주기를 바란다. 이들은 듣는 사람의 입장을 전혀 고려하지 않는다. 자신의 이야기를 듣는 상대가 부담스럽게 느낄 수도 있다는 것, 상대가 다른 사람의 걱정거리에 언제나 관여할 수는 없다는 사실을 인지하지 못한다. 그래서 상대가 관심이 없다거나 끼어들기를 원하지 않는다는 신호를 보내도 알아차리지 못한다. 이런 사람들은 항상 똑같은 질문과 똑같은 문제를 던진다. "어떻게 해야 돼?", "너라면 어떤 결정을 내릴 거야?"

물론 살다 보면 모든 것이 뒤죽박죽이 되어 혼란스러울 때가 있다. 급작스러운 변화가 일어나는 시기도 있다. 이때 친한 지인이나 진정한 친구가 곁에 있다면 정말 좋다. 때로는 이런 사람들이 세상을 헤쳐 나가는 데 매우 중요한 역할을 해주기도 한다. 누구든 힘든 시기에는 누군가에게 속마음을 털어놓고 안식을 찾을 수 있어야만 한다. 하지만 상대방을 배려하지 않은 채 끊임없이 매달리고, 해답과 답변을 요구하는 사람은 인간관계에서 서로 주고받는 균형을 깨트린다.

우정도 예외가 아니다. 상대가 요구해 오는 것이 귀찮을 정도로 커지면 지금껏 맺어왔던 관계마저 순식간에 흔들리고 만다. 우정과 인간관계는 모두 자유의지와 상호 작용에서 기인한다. 한 사람이 같은 문제를 반복해서 끄집어내며 자신의 입장만을 이야기한다면 균형 잡힌 관계를 이어나갈 수 없다. 상대에게서 과할 정도로 많은 것을 요구받다 보면, 언젠가는 지치기 마련이고 이용당했다는 느낌마저 들기 때문이다. 기운을 다 빨아먹는 '에너지 뱀파이어'에게 잡힌 셈이다. 에너지 뱀파이어는 어떤 관계에도 득이 되지 않는다. 상대를 본인의 자기중심적 사고를 지키는 데 이용하기 때문이다. 하지만 정작 자신은 이런 사실을 깨닫지 못

'에너지 뱀파이어'를 알아차리는 법

- 언제나 한쪽이 일방적으로 문제를 꺼내놓는다.
- 문제에 대한 해결책을 찾기보다는 불만을 쏟아낸다.
- 문제로 다루는 주제가 거의 항상 같다. 예를 들어 몇 년 동안 반복되는 못된 애인 이야기나 나쁜 상사에 대한 불평들!
- 자신의 이야기만 쏟아내려 하고 상대의 고민에 대해서는 깊이 공감해줄 생각은 없어 보인다.
- 다른 사람이 언제나 자신의 이야기를 들어 주고 자기 입장에서 이해해 주길 바란다. 자신에게 시간을 집중적으로 내어주기를 요구하기도 한다. 이런 것을 즉각, 바로, 지금 당장 그 자리에서 해주길 바란다면 더욱 큰 문제다.
- 자기에게 충분히 신경을 쓰지 않는다면 감정적으로 호소하거나 비난도 서슴지 않는다.

한 채, 무엇이 문제인지도 알지 못하며 계속해서 자신의 문제만 내세우려 한다.

가끔은 전형적인 비난과 감정적 협박까지 덧붙인다. "너라면 끝까지 내 편이 되어줄 거라고 생각했어. 지금 네가 정말 필요한데 나를 모른 척하다니 너무 힘들다. 네가 그럴 줄 전혀 몰랐어."

에너지 뱀파이어는 불행해지면 불행해질수록 다른 사람에게서 점점 더 큰 것을 요구한다. 이런 사람에게는 친절하지만 확실한 방법으로 경계선을 그을 필요가 있다. 만약 에너지 뱀파이어가 자신과의 관계를 방해하려 든다면, 이런 관계는 우정과는 완전히 별개라는 점을 철저하게 인식시켜야 한다. 당신과의 관계가 나에게는 압박이 되고, 정신적으로 온 힘을 다 빼앗고 있다는 말을 확실히 해야 한다.

우정이라는 관계는 절대 완벽한 평행을 이루는 법이 없다. 때로는 누군가 좀 더 많이 의지할 때도 있고, 때로는 그 반대의 경우가 발생하기도 한다. 하지만 한쪽으로 치우치는 불균형 상태가 반복되고, 우정이 마치 심리치료처럼 누군가를 구출해주는 관계로 변할 위험이 보이면 이제는 시기가 온 것이다. 서로를 위해 무엇을 노력할 것인지, 혹은 노력할 의향이 있는지. 상대의 일에 어디까지 관여할 것인지, 한계가 어디까지인지에 대해서 설명할 시기가.

가스라이팅 :
문득 모든 것이 의심스러워지기 시작하면

"네 말이 맞아, 나한테 잘못이 있어."

"확실히 내가 너무 예민한가 봐."

"오늘 내가 뭔가 잘못한 게 아닐까?"

이런 질문이나 비슷한 생각이 꼬리에 꼬리를 물고 있다면, 당신은 이미 정신적으로 조작당하고 있을 가능성이 높다. 가스라이팅 기술은 피해자가 느끼는 감정에 정당성을 부여하는 데 있다. 언젠가 자신이 실수투성이인데다 부족하다고 느껴질 때, 그 틈을 놓치지 않고 반복적인 반응으로 피해자 스스로를 고립시키는 것. 그것이 '가스라이팅'이다.

가해자는 피해자가 전혀 기억하지 못하거나 하지 않은 일을 가지고 마치 실제인 것처럼 주장한다. "네가 그런 식으로 행동하니까 문제를 일으키지"라든가 "그 친구가 화를 내다니, 네가 뭔가 잘못한 거 아냐?"라는 식이다. 이런 지속적인 조작 탓에 피해자는 스스로 가해자가 말한 것을 믿어버리거나, 자신이 잘못된 판단을 했을 것이라며 두려워하는 경우가 많다. 실제로 이러한 '허위 주장'과 '사실 왜곡'은 피해자가 자신이 느끼는 감정과 인지기능을 더 이상 믿지 않고 가해자의 말을 무방비하게 신뢰하게 될 때까지 반복된다. 처음에는 상대를 의심하기도 하지만 결국 피해자는 절망에 빠지고 만다.

가스라이팅은 정서적 폭력 중에서도 가장 음험하지만 범죄 행위까지 동반되는 경우는 드물다. 그렇기 때문에 폭력으로 인지되는 경우가 극히 드문데 이 역시도 악의가 가득한 질 나쁜 폭력이다. 주로 쓰이는 수법은 속임수와 거짓말, 피해자의 심리를 불안하게 만드는 방법이 있다.

어쨌든 가스라이팅이 추구하는 목표는 상대와의 관계에서 권력을 쥐고 상대를 휘두르는 것이다. 상대가 자주 불안을 느끼고, 의견 내기를 포기한 채 스스로 착각한 것이 틀림없다고 인정해버리면 가해자의 조작 전술은 성공했다고 볼 수 있다. 여자의 마음을 설레게 하는 호색한부터 뻔뻔한 거짓말쟁이까지 여러 유형의 조작 수법이 있다. 로빈 스턴은 자신의 책에서 미국 대통령인 도널드 트럼프Donald Trump를 두고 가스등을 만지작거리는 사람 가운데 한 명이라고 묘사했다. 그에 따르면 트럼프 대통령은 자신의 트위터에서 좌파 진보주의의 견해를 가진 코미디언이자, 트럼프 비판가로 유명한 존 올리버John Oliver가 자신을 토크쇼에 초대했다고 말했다. "존 올리버가 내 측근에게 전화를 걸어 자기가 진행하는 쇼

가스등의 불빛이 흔들거리면

미국의 심리치료사 로빈 스턴Robin Stern은 이런 보이지 않는 폭력에 대해 '가스등 효과Gaslight effect'라고 이름 붙였다. 이것은 1944년 영화『가스등』에서 따온 것인데, 영화는 한 부부의 인생을 주제로 다룬다. 남편인 그레고리는 그의 아내이자 부유한 상속녀 폴라의 재산을 노리고 사랑을 가장한 세뇌를 통해 그녀를 정신병자로 몰아간다.

그레고리는 폴라에게 브로치를 선물하고 이를 숨긴다. 폴라는 브로치를 찾으려고 하지만 당연히 찾을 수 없고, 그레고리는 폴라에게 물건을 잘 잃어버리는 사람이라며 비난한다. 잃어버린 적 없다며 폴라는 해명하지만 아무리 찾아도 브로치가 나오지 않자 결국 자신이 잃어버렸다고 생각하며 자책하게 된다. 부부가 함께 식사를 하는 동안에는 항상 가스등의 불빛이 흔들린다. 그런데 그레고리의 눈에는 불빛의 흔들림이 전혀 보이지 않는 듯하다. 귀중품이 사라지고, 늘 있던 물건들이 제자리에 없고, 두 사람은 서로 나눈 대화의 내용을 완전히 다르게 기억한다. 가스등이 흔들릴 때마다 그레고리는 폴라를 다그친다.

그레고리는 폴라가 불안해할수록 그녀를 점점 더 외부와 차단시킨다. 그녀에게 일어난 이상한 사건들은 모두 그녀의 머릿속에서 상상한 것에 지나지 않는다고 믿게 만들고, 그녀 스스로 자신이 미쳐가는 중이라는 생각을 주입시킨다. 그레고리는 물건을 숨기거나 가구만 옮겨놓은 게 아니었다. 다락방에 올라가 가스의 양을 조작하여 가스등의 불빛이 흔들리게 만든 다음 폴라의 감각까지 조작했다.

에 나와달라고 했더군요. 그래서 저는 대꾸했죠. 됐어! 안 가! 지루하기 짝이 없는 그 토크쇼에 시간 낭비, 에너지 낭비 하고 싶지 않거든요."

이 이야기는 앞뒤가 맞지 않는다. 올리버는 실제로 트럼프 대통령을 초대한 적이 없고, 다른 사람을 통해 쇼에 나와달라는 부탁을 한 적도 없다고 했다. 그런데도 트럼프는 정반대의 이야기를 주장했다. 심지어 트럼프는 한 라디오 방송에 나와 올리버가 한 번이 아니라 네다섯 번씩이나 쇼에 와달라고 자기에게 사정했다고 말했다. 트럼프의 이런 황당한 속임수는 올리버가 자신의 인지력을 의심하고 '내가 정말 트럼프를 초대하고 까먹은 건가?'라는 혼란에 빠지게 만들었다. 올리버는 나중에 자신의 토크쇼에서 "상대가 너무 당당하게 나와서 혼란스러웠어요. 혹시나 제 기억이 잘못된 게 아닌지 몹시 불안했습니다"라고 털어놓았다. 그는 자신이 아니라 자신의 주변인 중에 누군가가 실수로라도 트럼프를 초대한 것은 아닌지 알아보기도 했다고 말했다. 그러나 당연하게도 그런 사람은 아무도 없었다.

이 사례에서 주목할 것은 올리버가 쉽게 겁을 먹고 웅크리는 겁쟁이라거나 소심한 성격이 아니라는 것이다. 사실 그는 정반대의 성향을 지닌 사람이다. 명백한 거짓 주장에 올리버같이 자존감 높은 사람도 잠깐이나마 자신의 인지 능력을 의심했다. 심지어 올리버와 트럼프는 전혀 가까운 사이도 아니었다. 두 사람은 개인적으로나 가족관계, 직업, 혹은 경제적인 면에서도 어떠한 공통점이 없었다. 이 사례는 심리적 조작이 얼마나 무서운 힘을 가졌는지를 보여준다.

외상 후 스트레스 장애 :
상상력만으로 사람을 죽이는 방법

오랜 전투 끝에 군인은 포로로 잡혀 적에게 넘겨졌다. 무방비 상태의 군인은 적군이 자신의 눈을 가리자마자 뒤통수에 총부리를 겨누는 것을 느꼈다. 단 몇 초의 시간이 흘렀을 뿐인데 마치 시간이 멈춘 듯했다. 군인은 죽음에 대한 두려움으로 바지에 실수까지 했다.

적군은 그들끼리 몇 마디를 주고받은 뒤 포로를 곧바로 재판에 송부하기로 결정했다. 그러나 이들은 독단적으로 자비를 베푸는 양 행세하면서 희생자를 우선 살려두었다. 적군은 그를 두고 심리적 고문을 즐기기 시작했다. 그들끼리 농담을 주고받으며 깔깔거리고, 안대를 벗겼다 씌웠다를 반복하기도 했으며, 장전되지 않은 권총을 일부러 발사시키는 소리를 내어 죄수를 공포에 휩싸이게 만들었다. 이런 식으로 자신들의 힘을 과시하는 것이다. 마치 포로에게 "네가 죽느냐 사느냐는 우리 손에 달렸어"라고 말하는 듯 자신들이 지배자의 위치라는 사실을 뽐냈다. 군인의 머릿속에서는 어쩌면 다음 순간에 총에 맞아 죽거나, 폭행을 당하거나, 혹시 갑자기 놀랍게도 풀려날 수 있지는 않을까, 온갖 생각이 스쳐 지나갔다.

위와 같은 상황은 대다수의 서부 영화와 범죄 영화에 많이 등장한다. 안타까운 사실은 이런 일이 현실에서도 비일비재하게 일어난다는 것이다. 간신히 죽음의 문턱에서 벗어난 사람은 그 후 오랫동안 외상 후 스트레스 장애에 시달린다. 이제는 마지막 순간이 다가왔다는 강한 확신

탓에 공포가 마음속 깊은 곳에 새겨졌기 때문이다. 그러다가 공포가 사라지고 모든 것이 단순한 장난이나 놀이에 불과했다는 것을 알게 되면 심리적 고통은 더욱 커진다. 무력감 역시 마찬가지다.

의학 역사를 살펴보면 인도에서 1930년대에 의사들이 사형을 선고받은 사람을 대상으로 끔찍한 실험을 한 사례를 찾아볼 수 있다. 의사들은 범죄자의 눈을 가리고 침대에 사지를 단단히 묶었다. 그러고는 그에게 "이제부터 당신의 팔과 다리를 잘라낼 겁니다. 마취제 때문에 고통은 거의 느끼지 못하겠지만, 피는 많이 흐를 거예요."

의사들은 범죄자의 피부에 상처를 낸 후, 침대 네 귀퉁이에 미리 매달아 두었던 물주머니에 작은 구멍을 냈다. 물주머니 아래에는 양철 대야를 놓아서 물이 떨어지는 소리가 또렷하게 들리도록 했다. 시간이 흐르자 물이 천천히 대야로 떨어졌다. 그러자 놀라운 일이 일어났다. 남자의 맥박수가 점차 느려지더니 어느 순간이 되자 남자는 더 이상 전혀 움직이지 않았다. 죽어버린 것이다. 사실 남자가 흘린 피는 기껏해야 물컵 하나도 완전히 차지 않을 만큼 적은 양이었다. 결국 남자는 과다출혈로 죽은 것이 아니라, 자신이 지금 죽어가고 있다는 상상 때문에 사망에 이르렀다.

2장을 마치며

- ▶ 정서적 폭력은 다양한 유형으로 나타난다. 때로는 신체적·성적 학대보다 더욱 심각한 결과를 남길 수도 있다. 인간은 사회적 동물로서 타인의 반응에 대응하도록 진화했기 때문이다.
- ▶ 감정적 협박은 특히 가족이나 연인 관계에서 자주 발생한다. 반복해서 기대하는 바를 말하고, 애정의 증거를 요구하고, 원하는 것이 충족되지 않으면 재빨리 상대에게 잘못을 뒤집어씌워 관계를 흔든다. 이런 방법 때문에 피해자는 초기에 심한 죄책감을 느끼게 된다.
- ▶ 에너지 뱀파이어는 상대가 언제나 자신을 위해 완전히 헌신할 것을 바란다. 이들은 가까운 사람들이 계속해서 자신한테 더욱 집중하고, 자신이 어떻게 느끼는지를 알아서 파악하고, 영원히 충고와 조언을 해주기를 바란다. 그러면서 옆에 딱 달라붙어 떨어지지 않을 것처럼 군다. 한 사람은 주고, 다른 한 사람은 받기만 하는 것이다. 이런 일방적으로 불균형적인 관계는 장기적으로 유지할 수 없다.
- ▶ 다양한 정서적 폭력 중에서 특히나 야비한 것이 '가스라이팅'이다. 이 수법을 사용하는 사람은 상대가 인지하고 느끼는 것이 사실과 다르다고 생각하게 만든다. 이러한 조작이 계속되다 보면 언젠가 피해자는 모든 실수와 잘못을 자신 탓이라고 믿게 된다. 심지어 자존감이 강한 사람조차 이런 뻔뻔한 거짓말이 반복되면 서서히 불안해진다.
- ▶ 누군가에게 사로잡혀 죽음의 문턱까지 밟고 살아남은 사람은 사건이 끝난 후에도 정신적 파멸의 고통을 받는다. 가해자는 상대를 완전히 무력한 상태에 빠뜨리며, 자신의 입맛대로 심판하기도 하고 자비를 베풀기도 한다. 이때 피해자는 절대적인 무기력을 느끼게 되는데 이런 감정은 오랜 시간이 지난 후에도 계속해서 마음속에서 지워지지 않는다.

CHAPTER 3

감정 폭력의 함정

농담과 상처, 그 미묘한 경계

매년 여름이 되면 호수 주변의 맥줏집을 찾는 두 남자가 있었다. 둘은 이곳에서 며칠 동안 자연 속에서 휴가를 즐겼다. 이 둘은 학생 시절부터 절친한 친구였다. 지칠 때까지 숲속을 돌아다니다 저녁에는 푸짐한 만찬을 즐겼다. 해마다 즐기는 연례행사는 여기서 끝이 아니었다. 만날 때마다 해리는 학창 시절의 이야기를 늘 새롭다는 듯 상세히 늘어놓았다. 그중에서도 그의 자존심을 건드리며 유별나게 못되게 굴던 선생님의 이야기는 언제나 빠지지 않았다. 벌써 40년이나 지난 이야기지만 그는 마치 어제 있었던 일처럼 당시의 일을 생생하게 떠올렸다. 그때의 기억은 아직도 해리를 괴롭히고 있었다. 하지만 피터는 "이상하지? 나는 그 선생님이 어땠는지 기억도 안 나"라며 의아해했다. "물론 많은 일을 잊어버리기도 했고 어떤 것은 미화되기도 했겠지만, 나에게 그때의 기억은 걱정거리 하나 없던 즐거운 시절이었는데 말이지."

두 친구 모두 비교적 순탄한 삶을 살았다. 가정도 평범했고 직장에서 성공도 거두었다. 물론 가끔은 나쁜 일을 겪기도 했지만 둘 중 어느 누구도 심리적 상처를 받거나 대인기피증을 앓은 적도 없다. 평범한 성격에, 평범한 문제를 안고 살아가는 지극히 보통의 인간이었다. 그럼에도 한 사람은 자신을 벌하던 선생님에 대한 안 좋은 기억을 여전히 떨치지 못하고 계속해서 이를 떠올렸다. 반면에 다른 한 명은 선생님께 가끔씩 잔소리를 들었던 것 빼고는 그 시기를 정말 행복한 학창 시절로 기억했다. 두 사람은 학창 시절 내내 함께였다.

어떻게 이런 일이 가능할까? 해리는 수십 년이 지나도 여전히 불편했던 대화와 선생님의 멸시 섞인 눈빛, 그리고 다른 모욕적인 일을 기억한다. 그런데 이와 동시에 같은 일을 겪은 친구는 이미 벌써 안 좋은 기억들을 잊어버렸거나, 기껏해야 농담처럼 웃어넘길 수 있는 가벼운 일화 정도로 기억한다. 분명 당시에는 그에게도 괴로운 일이었을 텐데 말이다.

마르부르크필리프스 대학의 심리학자 빈프리트 리프Winfried Rief는 "누구도 한 번의 나쁜 기억을 트라우마로 분류하지는 않습니다"라고 말한다. 그에 따르면 모욕이 정서적 폭력으로 이어지느냐 아니냐는 피해를 입은 횟수와 시점에 따라 다르다고 한다. 다시 말해, 정신적 충격을 받은 시기와 그 기간이 얼마나 지속되었는지가 더욱 중요한 변수로 작용한다는 뜻이다. 예로 루마니아에서 발생한 아동 학대 사건을 조사해본 결과, 피해를 입었을 당시 생후 6개월 미만이고 그 후 바로 양육 가정에 보내진 아이의 경우에는 뇌 발달에 경미한 손상만 나타났다. 반면 사건 당시 연령이 6개월이 넘은 아이의 경우에는 확실히 뇌의 발달이 더디게 나타났다. 정서적으로 상처를 받은 시기가 이를수록 뇌가 손상될 확률이 높다는 것이 일반적인 견해다. 하지만 학대의 기간이 짧다면 지속적으로 폭력에 노출된 경우에 비해서는 뇌에 손상이 일어날 위험성이 낮다. 따라서 정서적 폭력과 정신적 질환의 상관관계는 폭력의 횟수와 기간을 종합적으로 고려해야 한다.

또한 가해자가 누구인지도 매우 중요하다. 정신적으로 괴롭히고 상처를 가한 주체가 부모나 연인과 같은 소중한 사람이라면, 단순히 스쳐가는 사람이 준 피해보다 심각한 영향을 미치는 것이 당연하다. 같은 수준의 나쁜 말이나 무관심한 태도라도 사랑하는 사람 때문에 상처를 받는다면 세상이 무너지는 듯한 충격을 받을 수 있다.

폭력의 주체와 더불어 정서적 폭력 뒤에 어떤 의도가 있는지를 살펴보는 것도 중요하다. 튀빙겐 대학병원 심신의학과 과장 슈테판 치펠Stephan Zipfel은 "정서적 폭력을 판단하는 일은 가해자가 일정 수준의 괴롭힘을 의도적인 계획 아래 이루어진 것인지 아닌지를 밝혀내는 것이 관건입니다"라고 강조한다. 급작스럽게 폭발적인 분노를 표출하는 것은 누군가에게 갑자기 천둥이 내려치는 것처럼 큰 두려움을 안길 수 있다. 하지만 이런 분노는 금세 사그라지고, 대부분의 경우 누군가를 파괴하려는 의도는 들어 있지 않다. 그렇기 때문에 다시 언급되지 않는다면 파괴적인 압박감이 커지지도 않고 서서히 잊힌다.

모든 '공격'을 벌할 수는 없다

시끄럽고 화를 잘 내고 다소 공격적이라고 해서 무조건 나쁜 사람이라고 말할 수는 없다. 네 살배기 아이가 강아지를 괴롭힌다고 해서 나쁜 아이라고 단정할 수 있을까? 그렇지 않을 것이다. 물론 아이의 행동이 동물학대라고 말할 수도 있겠지만 아이의 동기는 단순한 '호기심'일 것이다. 만약 이 아이가 강아지를 때려 처벌을 받는다면 어떨까? 물론 아이는 교훈을 얻어 강아지를 공격한 행동이 나쁘다는 것을 알고, 자신의 공격적인 성향을 자제하는 법을 배울 것이다. 또한 행동을 조심하고 자신을 통제해야 한다는 것도 학습할 것이다. 하지만 그럼에도 불구하고 공격적 성향이 남아 있다면?

스위스 바르멜바이드 클리닉의 심신의학병동 과장 요람 로넬Joram Ronel은 아이의 공격적 성향을 너무 어린 시절부터 억제시키면, 나중에 커서 오히려 이를 잘 조절하지 못한다고 말한다. 그는 "그렇게 행동하면 안 돼"라고 다그치기보다는 놀이를 통해 분노를 표출하는 법을 가르치고, 좋은 방향으로 갈등을 해결할 수 있는 능력을 기르도록 지지해주는 편이 좋다고 조언한다.

이는 다음과 같은 맥락으로도 이해할 수 있다. 어려서부터 내재된 공격성을 부모의 통제하에 건전하게 표출하도록 교육받으면, 훗날 다른 사람을 괴롭힐 위험도 줄어든다는 것이다. 로넬은 "자신의 분노를 제대로 드러내지 못해서 일부러 비꼬고, 멸시하는 사람들이 있어요. 이런 사람들이야말로 다른 사람의 삶을 더 힘들게 만들고는 합니다. 대부분 소극적인 공격성을 어떻게 다루어야 할지 훈련받지 못했기 때문에 이런 행동을 하는 겁니다"라고 말한다.

하지만 가해자가 의도적으로 상대에게 굴욕감을 주고, 상대의 자존심을 꺾고, 자기에게 굴복시키려 했다면 이는 다른 문제다. 이때 가해자는 본인의 목적을 위해 피해자의 입장을 전혀 생각하지 않기 때문이다. 가해자는 자신의 권력을 과시하고 다른 사람 앞에서 피해자의 위에 군림하려 한다. 이런 가학적인 의도와 상대를 복종시키려는 심리가 투영된 행동은 모두 감정적 폭력이라고 할 수 있다.

어떤 사람이 화를 내며 욕을 내뱉는 바람에 상처를 받았다고 생각해보자. 이때 당신이 가장 먼저 해야 할 일은 상대의 의중을 파악하는 것이다. 실제로 나쁜 의도를 담고 있는지 아니면 단순히 자신의 감정에 취해 화난 감정을 표현한 것뿐인지 생각해보라. 보이는 것이 다가 아니라는 말을 다시 한 번 곰곰이 생각해볼 필요가 있다. 일방적으로 화를 내는 사람을 두둔하는 것이 아니다. 다만, 이렇게 생각하는 편이 당신의 정신 건강에 좋다. 가족이나 연인 관계에서는 종종 흥분해서 함부로 말을 내뱉는 경우가 많다. 이럴 때는 못 들은 척 무시하는 것도 방법이다. 잠시 시간을 갖고 상대가 다시 진정했을 때 진심 어린 사과를 받고, 상대에게 들었던 모욕을 마음속에 너무 오래 품지 않고 흘려보내는 일도 중요하다.

우리는 언제부터 스트레스를 느낄까?

인간은 발달 과정의 아주 이른 시기부터 상처받는 생물이다. 심지어 태아일 때도 엄마가 심리적 압박감을 느끼면 스트레스를 받는다. 말 그대로 '피부로' 함께 느끼는 것이다. 영유아기는 애착 관계를 형성하고 안정감을 느끼는 것이 가장 중요할 때다. 인생의 첫 순간부터 친밀감이 결여되고 인간관계에 문제가 생길 경우 더욱 민감하게 반응한다. 아직 말은 못하더라도 주위 환경에서 분위기를 파악할 수 있는 예민한 안테나를 지녔기 때문이다.

이후 사춘기에도 유년기와 비슷하게 까다로워지는 순간이 찾아온다. 심리학자 빈프리트 리프는 "누구나 알고 있을 거예요, 선생님이 건넨 잘못된 말과 나쁜 꾸지람이 청소년이 가진 많은 가능성을 망가뜨릴 수 있다는 사실을요"라고 말한다. 청소년은 예민하고 아직 성숙하지 않았기 때문에 상처받기가 쉽다. 리프는 어리면 어릴수록 사람은 심리적으로 쉽게 상처받는다고 주장했다. 뮌헨 공과대학병원 심신의학의 주임과장 마르틴 자크도 이에 동의했다. 그렇기에 의심과 불안으로 가득한 유소년기에 괴롭힘을 당하는 것은 특히 치명적인 일이다. 한 사람의 인생에 지속적인 영향을 끼칠 수 있기 때문이다. 그런데 자크는 재미있는 말을 덧붙였다. "반대로 연령대가 상당히 높아지는 시기에 우리는 다시 한 번 상처받기 쉬워집니다." 고령자의 경우, 불쾌함을 잊게 해줄 긍정적인 경험이 더 이상 쌓이지 않는다. 따라서 부정적인 경험을 한 횟수가 단 한 번일지라도 이로 말미암아 더욱 큰 스트레스를 느끼게 되는 것이다.

함부르크 대학병원의 심리학자 이본 네스토리우치Yvonne Nestoriuc는 "나쁜 경험은 충분히 다른 좋은 경험으로 덮을 수 있다"고 설명한다. 물론 덮는다고 해서 아픈 기억이 완벽하게 사라지는 것은 아니다. 그러나 당장 매일 떠오르진 않을 것이고 어느 정도 일상적인 생활을 할 수 있을 것이다. 이러한 기억 처리 전략은 인간의 본능이다. 아픈 기억의 범주는 가볍게 넘어갈 수 있는 얄미운 짓부터 거친 행동까지 다양하다. 심각한 학대로 치명적인 손상을 겪은 경우를 제외하면 우리는 스스로를 지키는 방법을 알고 있다.

"저도 학교에서 피구를 할 때 팀을 나누면 매번 맨 끝에 남는 아이였어요. 아무도 절 선택하려고 하지 않았죠." 네스토리우치는 웃으며 말했다. "처음에는 기분이 나빴지만 언제부터인가 아무렇지도 않았어요. 제가 피구보다는 육상과 댄스 종목 같은 데 더 흥미가 있다는 사실을 알게 됐거든요. 그 후로는 구기 종목은 원래부터 나와 맞지 않았던 것이라고 생각하기로 했죠."

지속적인 대화를 통해 부정적 경험을 덮는 치료를 하면 학대 경험이 점점 기억의 뒤편으로 밀려난다는 연구 결과도 있다. 그렇다고 나쁜 일을 겪은 사람의 고통을 축소해서는 안 된다. 다만 이를 통해 사람은 자체적으로 정신적 상처에 대한 치유 능력을 갖고 있으며 저항력이 굉장히 강하다는 사실을 알 수 있다.

언젠가 모든 기억은 되살아난다

단순히 재미로 자기보다 작은 아이를 괴롭히는 남자아이들이 있었다. 아이들은 겨울이면 다른 아이들의 모자와 장갑을 빼앗고, 여름에는 축구공을 빼앗았으며, 때로는 아이들을 때리기도 했다. 피해를 당한 아이들은 오랫동안 이 사실을 단 한 번도 부모에게 말하지 않았다. 덩치 큰 남자아이들의 보복이 두려웠기 때문이다. 가해 집단에서 대장 역할을 하던 아이들은 대부분은 가죽점퍼를 입고 다녔는데, 아이들은 멀리서 누군가 비슷한 점퍼를 입은 것만 보아도 무서워할 정도였다. 한번은 피해 아이들 중 한 소년이 멀리서 자기를 괴롭히던 아이들 중 한 명이 보이자 재빨리 주변의 주유소로 들어가 숨었다. 어리둥절해하는 주유소 주인에게 소년은 잠깐만 자신을 숨겨달라며 빌기도 했다. 아이의 나이는 고작 열 살이었다. 공포에 떨며 자신을 괴롭히는 아이가 사라질 때까지 기다리는 것 말고는 그 상황을 빠져나갈 다른 방법을 찾지 못했다.

며칠 후 소년이 친구와 함께 길을 걷다 다시 불량배 무리를 만났다. 이번에는 소년이 다른 방법을 선택했다. "내 책가방을 빼앗아 갈 거면 빨리 가져가도록 해. 어차피 너넨 그렇게 할 거잖아. 공책이 아깝기는 하지만, 뭐 새로 사면 되니까 상관없어." 소년은 힘주어 말했다.

불안한 상황을 마주하면 사람들은 각기 다르게 반응한다. 두려움에 떨거나, 정신적 충격에 따른 극심한 스트레스 증상을 보이기도 하고, 아무런 영향을 받지 않는 것처럼 행동하기도 한다. 심지어 쌍둥이들조차 스트레스 상황에 반응하는 양상이 다르게 나타나기도 한다. 왜 유전적으로 비슷한 조건을 갖추거나, 같은 일을 겪고도 어떤 사람은 다른 사람들보다 심리적 질환에 취약한 걸까? 왜 약간의 혼란에도 힘들어하고, 이내 스트레스 증상을 보이거나 불안 장애 또는 우울증에 걸리는 사람이 생기는 걸까? 반대로 안 좋은 일을 겪고 힘든 일이 계속되는 상황에서도 평정심을 유지하는 사람도 있다.

심리학적으로나 의학적으로 이렇게 반응이 극단적으로 갈리는 이유는 아직 구체적으로 밝혀지지 않았다. 단순히 운이 좋아서 일 수도 있고, 뇌의 신경생물학적 연결에 문제가 있어서 스트레스 상황을 '위기'라고 인식하지 않기 때문일 수도 있다. 환경, 유전자, 정신적 충격의 강도 혹은 신경생물학적 우연 등 모든 조건과 수많은 요인이 '정신적 위기 상황을 벗어나는 방법'을 결정한다.

이와 관련된 예시를 하나 살펴보자. 어릴 때부터 훈련을 계속해온 동계 스포츠 선수가 있다. 이 선수는 어렸을 때 급히 경사진 산을 내려오다가 짙은 안개에 휩싸여 오랫동안 이리저리 헤맨 경험이 있다. 그러나 곧바로 길을 다시 찾아 산 아래로 돌아왔고, 어린 선수는 다소 놀라기는 했지만 그 후에도 몇 번이나 열악한 조건에서 다시 스키를 탔기 때문에 그렇게 심한 충격을 받은 것 같지는 않아 보였다. 그러다가 서른 중반 즈음 일이 터졌다. 친구들과 스위스에 스키를 타러 갔다가 악천후로 인해 시야가 나빠지자, 갑자기 불안감이 엄습해 오면서 공포에 사로잡혔다. 친구들이 그를 진정시키느라 한참 시간이 걸렸을 정도였다. 어째서 그는 그동안 아무 일 없이 스키를 탈 수 있다가 이제 와서 갑자기 공포에 빠졌을까?

드레스덴 공과 대학의 한스-울리히 비트헨Hans-Ulrich Wittchen은 "모든 사람은 평생에 한 번쯤 심리적 질환을 앓게 된다"라고 주장한다. 확실히 심리적 질환을 겪는 사람이 생각보다 훨씬 더 많다. 매년 유럽 연합에 속한 전체 국민 가운데 3분의 1 이상이 최소 한 번 이상, 일주일 이상의 기간에 걸쳐 심리적 질환을 앓은 경험이 있다는 통계 자료도 있다. 중년 성인보다는 젊은 성인이, 높은 사회 계층의 사람보다는 낮은 사회 계층의 사람이 더욱 자주 심리적 질환에 고통받는다. 심리적 고통에 시달리는 사람들 중 3분의 2는 어린 나이부터 그 증상이 발현된다. 비트헨은 "심리적인 병은 아동기와 청소년기의 성장 과정에 지대한 영향을 미칩니다"라고 설명한다. 통계적으로 봤을 때, 심리적 괴로움을 호소하는 사람은 보통 사람들보다 학업을 더 일찍 중단하고, 사회에 적응하는 데 더욱 많은 어려움을 겪으며 불안 장애를 동시에 앓기도 한다.

심리적 고통은 개인과 사회의 건강은 물론 경제적인 면에도 엄청난 타격을 입힌다. 그럼에도 치료를 위한 의료 지원은 여전히 뒤쳐져 있다. 수요에 보조를 맞추지 못하는 실정이다. 미국에 사는 환자의 경우, 제대로 된 심리 치료를 받으려면 평균 9년을 기다려야 하고, 독일에서도 6년을 대기해야 한다. 게다가 적절한 치료를 받기 전까지 이리저리 의사를 찾아 옮겨 다녀야 한다. 사람들은 자신을 괴롭게 하는 병의 진짜 원인이 어디에 있는지도 모른 채, 온갖 약물과 기계 치료란 치료는 다 받아본다. 심지어 선진국에서도 정신 건강에 관한 한 일종의 문맹주의가 여전히 지배적이다. 관련 의료 지원이 부실하기 때문이다. 학교에서도 심리적인 상처와 폭력에 대해 다루지 않으며, 번 아웃을 제외하고는 심리적 질환을 문제로 삼지 않는다. 비트헨은 심지어 의과 수업에서조차 잠깐 스쳐지나가듯 배우는 수준이라며 안타까워했다.

2009년 11월, 독일 축구 골키퍼였던 로베르트 엥케 선수Robert Enke가 자살로 생을 마감한 후에 '심리적 고통'에 대한 논쟁이 한차례 불붙었다. 그러나 시간이 지나자 금세 수그러들었다. 아주 조금 변했을 뿐이다. 2018년 전반기에 축구선수인 페어 메르테자커Peer Mertesacker는 프로 스포츠 선수로 뛰었을 당시 심리적 압박감이 얼마나 컸는지 언론에 밝혔다. 그는 억대의 돈이 오가는 축구 세계에서 정작 선수의 정신 건강을 보살피는 데는 어떤 노력과 돈도 들이지 않는다고 신랄하게 비판했다. 그는 친구였던 로베르트 엥케의 장례식이 끝난 뒤의 일을 떠올리며 이렇게 말했다. "모든 것을 다 내려놓고 싶은 심정이었어요. 로베르트가 죽은 후 일주일이 지나자 모든 것이 예전과 똑같아졌으니까요."

몇몇 연구가는 최근에 어떤 성향의 사람이 심리적으로 나약해질 수 있는지를 밝혀냈다. 연구 결과에 따르면 모든 것을 통제하려고 하고, 아이를 과잉보호하지만 반면에 정서적으로는 보듬어주지 않는 부모 아래에서 자란 아이들이 훗날 불안 장애나 우울증에 걸릴 확률이 높았다. 우울증을 겪는 부모 아래서 자란 아이도 마찬가지였다. 물론 모든 아이들이 그런 것은 아니기에 우울증을 확실하게 예견할 수 있는 것은 아니다. 앞서 말했듯이 같은 조건에서도 심리적 질환을 겪는 사람과 아닌 사람이 나뉘는 원인이 시원하게 밝혀지지 않았기 때문이다.

유전자나 뇌의 문제일까?

따뜻한 유대감과 긍정적 신체 접촉이 불안과 압박감, 스트레스로 지친 우리를 지켜줄까? 몬트리올 맥길 대학의 신경생물학자 마이클 민네이Michael Meaney는 '유년기에 겪은 일이 신체에 끼치는 영향'에 대해 분자적 차원에서 수많은 연구를 실시했다. 연구 결과에 따르면, 다른 동물보다 새끼를 더 많이 핥고 안아주는 쥐의 새끼가 눈에 띄게 스트레스를 덜 받았다. 확실히 엄마에게서 받은 친밀함과 애착은 스트레스를 완화시키는 '글루코코르티코이드 수용체glucocorticoid receptor' 형성을 담당하는 유전자에 중요한 영향을 미친다는 것을 보여준다. 결과적으로 봤을 때 동물의 새끼는 부모와의 신체접촉이 많을수록 스트레스 호르몬인 코르티솔cortisol을 이길 수 있는 자기수용성 도킹 스테이션docking station이 증가했다. 따라서 이런 새끼는 스트레스를 받는 상황에 처했을 때에도 훨씬 덜 흥분했으며 스트레스 반응이 일어났을 때 역시 온화하게 지나갔다. 스트레스 해소를 위한 호르몬들이 몸속의 수용체를 통해 연결되어 스트레스를 분해함으로써, 압박을 주는 상황이 몸에 해를 끼치지 않게 한 것이다.

그런데 최근 이런 실험과 관련하여 주목할 만한 결과가 사람에게서도 입증되었다. 부모에게서 받은 친밀감과 애정이 스트레스에 견딜 수 있는 저항력을 키워주고 아이를 단단하게 만들었다. 더불어 애정이 듬뿍 담긴 신체적 접촉이 얼마나 유용한지도 과학적으로 증명되었다. 이와 반대로 학대나 무시를 당한 경우, 또는 자살을 시도한 경우에는 스트레스 호르몬 분해를 위한 도킹 스테이션이 훨씬 적었다. 이런 경우 몸에 많은 무리가 가고 병에 걸릴 위험 역시 높아질 수 있다. 그래서 어린 시절 심리적으로 손상을 입은 사람의 신체 저항력은 평생 약한 수준에 머문다.

게다가 얼마 전에 세포 메커니즘의 비밀 중 하나가 밝혀졌다. 유년기 때 트라우마를 겪게 되면 DNA 속에서 글루코코르티코이드 수용체의 형성에 관여하는 유전자의 수가 더 적어진다는 것이다. 이를 통해 정서적 폭력이 분자적 차원에서 어떻게 유전자와 아주 작은 단계의 신호물질까지 파괴하는지를 알 수 있다. 최근에 수십 편에 달하는 전문적 연구 보고서를 통해 다른 사람과의 상호 관계가 늘면 스트레스에 더욱 잘 대처할 수 있도록 신경전달물질이 늘어나고 다른 요인의 활동성은 약화된다는 것이 상세히 입증됐다.

정서적 폭력이 가해진 시점과 강도에 따라 심리적 또는 신체적 후유증이 생길지 여부가 좌우되는데, 여기에 유전적 변이genetic variation 역시 중요한 역할을 한다. 인간은 각각의 구성 유전자(생물이 본래부터 가지고 있어 환경적인 조건에 따르지 않고 항상 그 기능을 다할 수 있는 유전자)와 다형 현상(같은 종種의 생물이면서도 형태나 형질이 다양하게 나타나는 현상)에 따라 천차만별로 변화한다. 정신적 학대와 만성적인 괴롭힘을 받게 되면 정신적으로도 육체적으로도 피폐해지고, 평생을 긴장 상태로 지내면서 성급히 흥분하는 사람이 될 수도 있다. 반면 이런 경험을 했어도 저항력이 있어서 일상에서 요구되는 것을 적당히 안정적으로 처리하며 살아갈 수도 있다는 소리다.

그러나 민네이는 어떤 사람이 최악의 상황에서도 심리적 건강을 유지하고 어떤 사람은 그러지 못하는지 정확한 원인을 아직 밝혀내지 못했다고 인정했다. 그에 말에 따르면 정신적 피해의 정도가 심각하다고 해서 그 상처가 오래가는 것도 아니라고 한다. 전 세계적으로 충격을 받았던 9.11테러나 끔찍했던 오클라호마 폭탄 테러를 경험한 사람들 중에, 몇 년 동안 지속적인 심리적 괴로움을 호소한 사람의 수는 전체 피해자 중에서 약 40퍼센트에 불과했다고 한다. 이런 수치는 예상했던 수준에 비해 높지 않을뿐더러 다른 지역에서 일어난 충격적인 사건과 비교했을 때도 비슷한 수준에 머물렀다. 물론 심리적 질환의 확률을 높이는 데에는 어린 시절에 노출된 정신적 외상, 신생아 때의 저체중, 가난과 같은 범주의 다양한 '예측 변수'가 있기는 하다. 그러나 그중 어느 하나도 단독으로 놓고 볼 때 심리적 질환의 주요 원인으로 설명할 수는 없다.

인간관계를 보면 폭력의 흔적이 보인다

"난 자신이 없어." 여자가 말했다.

"하지만 네가 진심으로 마음을 열고 다가오지 않는다면, 우리는 절대 가까워질 수 없어."

"난 못 해……."

여자가 울먹이며 남자에게 말했다.

"그러기엔…… 내 상처가 너무 커."

놀랍게도 여자에게 상처를 준 사람은 남자가 아니었다. 그녀를 무시하고 경멸하는 태도로 대한 것은 다름 아닌 그녀의 '엄마'였다. 심지어 가끔은 때릴 때도 있었다. 성인이 되어 독립을 한 후에도 여자는 집에 찾아가고 싶을 때면 아빠에게 우선 엄마가 집에 있는지를 물었다. 엄마가 없다는 사실을 확인해야만 집에 갈 용기를 낼 수 있었기 때문이다. 여자는 평생 동안 엄마와의 관계를 회복하지 못했다.

남자는 여자에게 안정적인 관계를 만들기 위해서는 먼저 상대가 다가오는 것을 받아줘야 한다는 것을 알려주었다. 여자는 얼마 동안 남자와 함께 노력하는 듯 보였지만 결국 머지않아 사이가 소원해졌다. 아무리 노력해도 다른 사람을 조건 없이 신뢰할 수 없었다.

그런데 어렸을 적에 여자를 무시하고 힘들게 했던 사람이 과연 엄마뿐이었을까? 집에서 목소리를 내지 않던 아빠는 어떨까? 그는 딸에게 비방을 퍼붓는 아내 앞에서 딸 편을 들어주지 않았고, 딸을 보호하기 위해 나서지도 않았다. 이런 불안한 상황에서 조금이나마 신뢰할 수 있는 사람에게 지지받지 못한다면, 이미 무너지기 시작한 자존감은 통째로 흔들리기 마련이다.

텍사스 덴턴 대학의 셸리 리그스 교수Shelley Riggs는 어린 시절에 지속적이고 반복적인 정서적 폭력을 경험한 사람은 훗날 불안한 유대 관계를 맺게 된다고 말한다. 이런 사람들은 겁이 많고, 불안정하며, 누군가 자신에게 가깝게 다가오는 것을 꺼린다. 한편으로는 친밀함에 목말라 하면서 동시에 누군가 자신과 가깝게 지내려하면 공포에 몸을 사리는 것이다. 이들은 연인을 만들더라도 헤어지는 비율이 월등히 높다. 애정 관계 역시 불안정하기 때문이다. 심리적인 상처를 품은 사람은 연인 관계에서 상대방이 자신을 조건 없이 받아들인다는 사실을 믿지 못하기 때문에 안정감을 느끼지 못한다. 다른 사람을 전적으로 신뢰하는 경우도 드물다. 그렇다고 해서 결코 관계를 완강히 끊지도 않는다. 이러지도 저러지도 못하는 동안 불신과 의심의 응어리가 남는다. 가장 소중한 사람에게 잔인한 실망감만 받다 보니 마음을 열고 진정으로 신뢰할 상대를 찾지 못하는 것이다. 이런 경험은 기억에서 천천히 지워지기도 하지만, 지워지지 않고 죽을 때까지 남아 있는 경우도 있다. 이 상태라면 신뢰가 바탕이 되는 연인 관계를 이루는 일은 평생 불가능하다.

불안감을 잘 다루는 사람들의 비밀

의학과 심리학 분야에서 '심리적으로 안정된 상태'로 평가되는 것은 주변 상황과 무난하게 조화를 이루도록 자신의 감정을 조절할 수 있는 상태를 말한다. 성공이나 만족과 같은 긍정적인 감정이나 분노, 슬픔, 실망 등 부정적인 감정 모두 마찬가지다. 기쁘다고 해서 세상이 떠나갈 듯 환호를 지르거나, 속상하다고 해서 금방이라도 죽을 것처럼 하소연하며 지나친 반응을 보이지 않는 것이다. 요컨대 과하지 않고 편안하고 온화한 기분을 유지하는 것이라 할 수 있다.

타인과의 관계에서도 마찬가지다. 누군가에게 곧장 분노를 쏟아붓고, 관계를 급작스럽게 끊거나 상대에게 잘못을 전가하고 죄책감을 심어주려 한다면 심리적으로 안정된 사람이 아니라고 본다. 하이델베르크 대학병원의 마르쿠스 쉴텐볼프 의사는 심리적 안정 상태를 '불안감'을 잘 다룰 줄 아는 상태라고 정의한다. "우리의 삶은 결코 안정적이지 않습니다. 따라서 안정감이란, 안정적인 기분뿐만 아니라 적응력도 포함합니다. 상황에 적응하고 변화에 잘 대응할 수 있는 사람이 더 좋은 삶을 살고, 어쩌면 더 오래 산다고 말할 수도 있습니다."

누군가에게 비판받을 때마다 일일이 토를 달고, 자신의 말에 반박이라도 하면 곧바로 달려들어 공격하는 것은 자신의 기대수명만 낮출 뿐이다. 결국 끝도 없이 불평을 늘어놓는 사람은 자신의 생명에 해를 끼치는 셈이다.

사람들은 무너지기 쉬운 감정을 다양한 행동 유형과 양상으로 드러낸다. 자아도취적 성향의 사람은 조금만 모욕을 당해도 매우 민감하게 반응한다. 쉽게 화를 내고 흥분한다. 애정결핍과 정서적 분리불안에서 비롯된 경계성 성격장애자는 모든 게 못마땅하고 공허함을 느끼기 때문에 자신을 제외한 다른 모든 것들이 안정적이라며 불만을 쏟아낸다. 유년기에 심리적으로 안정적인 환경에서 충분한 애착을 느끼고 부모로부터 올바른 스트레스 해소법을 배운 사람은 대부분 정신적으로 저항력이 강한 사람으로 성장한다. 또한 유전자 가운데 특정한 변이가 스트레스를 제대로 처리하고 압박감을 쉽게 견딜 수 있게 한다. 이와 더불어 문제의 원인을 타인에게서만 찾지 않고 자신도 마찬가지로 실수를 저지를 수 있다는 생각을 하는 것도 강한 정신력의 반증이다. 이런 모든 것이 스스로를 개선하고 변화시킬 수 있는 좋은 동기가 된다.

반대로 유소년기에 정서적 폭력과 같은 상황에 노출된 사람은 정신적 질환과 신체적 장애를 앓을 확률이 높아진다. 게다가 지금 당장은 아니더라도 나중에 우울증과 불안 장애에 걸리기도 더 쉽다. 연인 관계에서도 갈등과 악의적 비방이 자주 오가고, 사회생활을 하면서도 대화와 협상을 할 마음의 준비 자세를 갖추지 못한다. 이런 사람은 자신이 버림받거나 속을지도 모른다는 불신과 두려움으로 타인과 관계 맺는 일 자체를 피하기도 한다. 자신을 위험에 내맡기고 다시 상처받기보다는 아예 이런 일이 일어나지 않도록 철저히 막겠다는 식이다. 결과적으로 지속되는 불안감 때문에 지나치게 방어적인 행동을 보인다.

정서적 폭력의 피해가 이와 정반대의 양상으로 나타나는 경우도 있다. 이른 시기에 위험한 관계에 자주 빠지고 남을 위해 과할 정도로 자신을 희생하는 것이다. 무턱대고 성급하게 성적 관계에 자신을 내던지기

적응 장애: 익숙한 일상에 변화가 찾아올 때

정서적 폭력은 적응 장애로 이어질 수도 있다. 익숙한 일상에서는 모든 것이 마찰 없이 제대로 굴러간다. 하지만 개인적 혹은 직장에서 변화가 생기면, 적응 장애가 있는 사람은 통제력을 잃는다. 그러다 보니 사회에 어울리지 못하는 경우도 있고, 우울감을 호소하거나 혹은 갑작스럽게 공격적인 반응을 보이기도 한다.

독일의 임상 심리학자 안드레아 매르케르는 최근 들어 '적응 장애'에 대한 연구에 집중하기 시작했다. 그는 적응 장애를 '정신이 감기에 걸린 상태'라고 표현한다. 물론 적응 장애 역시 만성적 질환이 될 수 있다. 적응 장애는 눈에 띄는 특이한 증상이 없다. 누군가와의 관계를 끝맺을 때나 이직 또는 이사를 했을 때와 같이 새로운 변화에 적응하는 일을 무척이나 어려워한다는 점이 두드러질 뿐이다. 적응 장애가 있는 사람은 변화를 마주하기 전부터 두려움이나 압박감에 시달린다.

적응 장애의 다른 증상으로는 항상 화가 난 듯 하고, 사회생활에서 뒤로 빠지거나, 항상 같은 생각에 빠져 있는 일이 잦다는 것이다. 예전에는 큰 문제 없이 일상생활을 해왔으나 새로운 상황에 부딪힌 경우, 어쩔 줄 몰라 하며 당황한 채 경로에서 완전히 이탈하는 사람들도 있다. 이들은 모든 것이 갑자기 아무래도 상관없는 듯 무관심해지고, 공허한 인상을 풍기며, 수년간 해온 취미생활에도 흥미를 잃고 친한 사람의 모임에서도 갑자기 어울리지 못한다.

도 한다. 피해자는 인정받고 싶어 하는 욕구와 자신의 가치를 제대로 인지하지 못하기 때문에 상대는 물론 자신마저 힘들게 한다. 제대로 된 가치평가를 해본 적이 없는 탓도 있겠지만, 이들 대부분은 자신에게 관대하지 못하고 좋은 가치 평가를 받을 만한 자격도 없다며 괴로워한다. 그 결과 자신에게 피해를 줄 것이 불 보듯 뻔한 사람이라도 쉽게 받아들이는 것이다. 제 3자의 입장에서는 이런 질 나쁜 사람들을 단번에 알아차릴 수 있기에 피해자가 왜 자꾸만 같은 실수를 저지르는지 이해하지 못한다.

이렇게 아무런 거리낌 없이, 심지어 때로는 너무 성급하게 가까운 관계가 되고 싶어 하는 또 하나의 이유는 뭐라도 느끼고 싶다는 '간절함' 때문이다. 이들에게는 언제나 누군가가 필요한 동시에, 자신도 누군가에게 필요한 존재가 되길 바란다. 또한 우주에 떠있는 듯한 무감각에서 벗어나기 위해서이기도 하다. 이들은 유소년기에 당한 정서적 폭력의 탓으로 이른바 '감각의 진동 능력'을 잃어버린다. 그래서 더욱 센 고통이나 즐거움 같은 강한 자극을 원한다. 다시 말해 이들은 공허함만 느낄 뿐, 어떤 반응도 인지하지 못한다. 기쁜 일이나 나쁜 뉴스, 어느 것도 이들에게 특정한 감정을 일으키지 않는다. 이런 사람은 깊은 슬픔은 물론 날아갈 듯한 큰 기쁨도 알지 못한다. 짧은 기간에 사랑에 빠져 성관계를 허용하는 것은 친밀감을 구하려는 절망적인 시도로 볼 수 있다. 자신에게 상처를 줄까 봐 두려운 마음에 거부했던 타인의 애정을 다시 느껴보고 싶은 강렬한 갈망과 연결되는 것이다.

3장을 마치며

▶ 모욕과 무시가 어떠한 정신적·신체적 흔적을 남길 것인지는 여러 요인에 의해 결정된다. 폭력을 당한 시점과 기간, 그리고 가해자와의 관계와 같은 요소가 영향을 미치는 주요 요소다. 이와 더불어 피해자의 성향과 주위 환경, 유전인자도 중요한 역할을 한다.

▶ 어린 시절의 정신적 외상은 당장이 아니더라도 먼 훗날 스트레스 장애로 발현할 가능성이 크다. 이에 비해 성인이 된 후 충격을 받는 사람은 심리적으로 다시 안정을 찾을 가능성이 높은 편이다.

▶ 정서적 폭력이 얼마나 오래 지속되었는지는 매우 중요하다. 잠깐 모욕을 당했던 일은 기억에서 충분히 지워질 수도 있다. 그러나 반복해서 오랫동안 굴욕당한 일을 기억 저편으로 보내는 데에는 굉장히 오랜 시간이 필요하다.

▶ 다른 사람에게 존중받고 또 스스로를 소중히 다룰 줄 아는 사람은 정신적인 스트레스 상황에서 충격을 덜 받는다. 다시 말해, 지속적인 친밀함과 애정을 통해 스트레스에 저항할 수 있는 수많은 세포와 분자의 활동이 활성화되기도 한다는 것이다.

▶ 정서적 폭력을 겪은 사람은 누군가와 깊고 안정적인 유대관계를 맺는 일을 힘겨워한다. 다시 실망하고 상처받을까 봐 두려운 것이다. 두려움은 신뢰와 애착을 쌓는 일을 어렵게 한다.

▶ 정서적 폭력을 경험한 사람 중 일부는 누군가에게 일방적으로 애정을 쏟아붓기도 한다. 밑 빠진 독에 물 붓는 격이다. 스스로 자신의 가치가 낮다고 평가하기 때문에 타인에게 심혈을 기울인다. 혹은 강렬함을 느끼고 싶다는 생각과 채울 수 없는 갈망으로 자신의 몸과 마음을 함부로 대하기도 한다.

CHAPTER 4

마음의 상처는 몸도 병들게 한다

당신이 자꾸만 아픈 진짜 이유

정서적 폭력은 몸과 마음을 병들게 하고 꽤 심각한 흔적을 남긴다. 의학계에서는 다양한 모습으로, 다양한 시기에 표출되는 이러한 문제에 오랫동안 주목하지 않았다. 최근에서야 수많은 연구를 통해 심리적 고통과 학대, 또는 다른 종류의 정신적 충격이 신체에 어떤 여파를 남기는지 알려지고 있다. 발표된 연구 결과에 계속해서 다른 학자들의 소견이 추가되는 중이다. 모욕과 멸시를 당한 경험이 많은 사람은 몸속 스트레스 수치가 지속적으로 상승하여 약간의 자극만 받아도 스트레스가 폭발한다. 이럴 때마다 몸은 매번 위험 신호를 내보낸다.

신경전달물질은 뇌 안에 있는 시상하부와 뇌하수체라는 제어회로를 통해 부신으로 이동한다. 이 신경전달물질이 부신을 자극함으로써 코르티솔과 아드레날린 같은 스트레스 호르몬을 증가시킨다. 이렇게 몸이 끊임없이 가열되면 각종 질병에 걸릴 확률이 높아진다. 또한 신체 장기의 기능이 저하되고 동맥도 더 빨리 막히거나 굳어진다. 번번이 멸시당하거나 무시당하는 일이 일상화가 되면 우리 몸에서는 통각 역치(고통을 느끼게 하는 최저 자극량)가 낮아져 면역체계가 손상된다. 정신적 외상을 겪은 후에는 염증 수치도 오른다.

정서적 폭력을 당한 사람의 몸은 단기적으로든 장기적으로든 '스트레스 덩어리'가 된다. 이 상태에서 스트레스가 계속해서 증가하면 다른 외부 요인이 없어도 몸속에 염증이 점점 많아진다. 의학에서는 이런 염증성 반응을 '상향 조절up regulation'이라고 부르는데, 이로 말미암아 인터류킨-6과 같은 염증을 일으키는 전달물질의 농도가 짙어진다. 그러면 우리 몸은 장기적 방어체제에 돌입하고 싸울 태세를 갖춘다. 하지만 실제로는 몸에 침투한 바이러스나 박테리아가 없기 때문에 싸울 상대를 찾지 못하고 결국 우리 몸 자체를 공격하게 된다. 그 결과, 세포와 내부 장기가 공격을 받아 제 기능을 하지 못하고 더 빨리 노화하는 것이다.

루마니아에서 실행된 실험에 따르면, 차우세스쿠 체재 아래 운영된 악명 높은 고아원에서 유년기를 비참하게 보낸 사람들이 일반 사람들에 비해 훨씬 병에 자주 걸렸다는 사실을 알 수 있었다. 예전의 고통스러운 장소에서 벗어나 멀리 떨어진 따뜻한 가정에 위탁되었더라도 이들은 수십 년 동안 온갖 종류의 질환과 염증에 시달렸다.

세계적으로 유명한 베를린 샤리테병원의 심리학 교수 사비네 아우스트Sabine Aust는 말한다. "충분한 보살핌을 받지 못했거나, 부모와 너무 일찍 떨어져 강제적 사회 고립 상태에 빠진 아이들은 그렇지 않은 아이에 비해 훨씬 자주 아프고 사망률도 높으며 인지 발달 및 정서 발달 역시 훨씬 더디게 진행됩니다. 정신적 학대를 겪은 어린 아이는 말할 것도 없죠." 그는 이런 현상들이 의학적으로 '스트레스 축'이라고 불리는 시상하부 뇌하수체 부신축이 계속해서 움직이게 되면서 대뇌 측두엽의 해마를 지속적으로 건들기 때문에 손상이 오는 것이라고 설명했다.

뇌는 마음과 함께 병든다

인간의 뇌는 여러 구조로 이루어져 있는데, 그중 '변연계'는 뇌간으로부터 신호를 받아 감정을 입히는 역할을 한다. 이 변연계에 위치한 '해마'는 중앙신경체계에서 감정을 처리하고, 다른 사람의 행동에 반응하도록 하는 핵심 기관이다. 대뇌 변연계는 생후 1년이면 충분히 발달한다. 그런데 이때 아이가 정서적으로 학대당하면 또래의 아이보다 해마가 작은 상태로 남게 되어 그 기능이 손상된다. 즉, 이른 시기에 멸시와 모욕을 경험한다면 감정을 이해하고 분류하고 표현하는 능력이 더디게 발달하는 것이다.

이런 경우 아이는 불안감을 조장하는 자극과 불편한 상황에 더욱 격한 반응을 보인다. 감정을 미세하게 조정하는 일 역시 힘들어한다. 또한 몸에서 느끼는 고통도 다른 아이에 비해 훨씬 크다보니 아주 작은 자극과 놀림만으로도 패닉 상태에 빠질 수 있다. 심리적 저항력이 제 기능을 하기도 전에 그 순간 뻣뻣하게 얼어버리기 때문이다. 사비네 아우스트는 놀랍게도 '고통'과 '감정'을 처리하는 몸의 기관은 대부분은 일치한다고 말한다. 따돌림과 괴롭힘을 당할 때 마음만 아픈 것이 아니라 몸도 아픈 데는 다 이유가 있었던 것이다.

거부와 거절을 당한 후에 이로 말미암은 스트레스가 우리 몸에 어떤 영향을 끼치는지는 다양한 유전적 요소에 따라 달라진다. 유전질 안에 'GG유전자형'이 들어 있다면 유년기에 정신적 충격을 받은 후 청소년기나 성인이 되었을 때에 우울증과 같은 심리 장애를 일으킬 위험이 크다. 기분을 좋게 만드는 화학물질인 옥시토닌 분비와 연관이 있는 GG유전자형은 자존감 저하 및 거부 민감성과 연관이 있다. 반대로 'AT-변형'이 유전질에 있으면 공감 능력과 사회적 능력(스트레스와 환경적 결핍이나 박탈을 극복하는 능력)이 더욱 강해진다.

정서적 폭력 이후 심리치료를 통해 보살핌을 받는 일도 필요하다. 스트레스 때문에 손상된 해마를 복구하거나, 최악의 결과를 맞지 않도록 상황을 완화하는 데 도움이 되기 때문이다. 소아과 의사인 브리쉬는 일주일에 몇 시간씩 집중적으로 심리치료를 받으면 뇌가 다시 조금씩 발달한다고 설명한다. 뇌와 신경체계의 모든 부분은 놀라운 회복능력을 갖추고 있으며 성인이 되어서도 여전히 바뀔 수 있다는 사실은 우리를 안도하게 한다. 의학계에서는 이러한 전환 능력을 '유연성'이라고 부른다. 하지만 상처가 크고 오랫동안 지속된 경우, 또는 치료 시기가 늦었을 경우에는 뇌의 회복과정은 지루할 정도로 더디게 진행된다. 길고 지난한 싸움이 되는 것이다.

심리치료 분야를 전공한 의사들은 불쾌한 일을 겪고 난 후 보살핌과 믿음으로 병든 심리를 치료하는 과정을 아주 예쁜 말로 표현했다. "우리는 늦은 보금자리를 짓고 있습니다!"라고 말이다. 상상하기 어렵겠지만 버거운 짐과 같은 과거의 안 좋은 기억을 일부러 좋게 바꾸려고 하지 않고도 현재의 삶에 만족할 수 있다. 사람은 불쾌한 기억이 떠오르면 반항심을 느끼기 마련이라, 무엇이 진정으로 자신에게 도움이 되며 스스로를 단단하게 만드는지를 알게 되고, 자신에게 심리적 자가 치유능력이 있다는 사실을 배우게 된다.

'힘들어 죽겠어'라는 말은 현실이 된다

"아, 정말 스트레스 받아 죽을 것 같아!"

삶이 너무 고단하고 마음대로 되는 일이 하나도 없을 때, 우리는 이런 말을 굉장히 쉽게 내뱉는다. 최근 학자들은 이런 말이 현실이 될 수 있다고 경고한다. 실제로 스트레스 상황이 심리적인 고통뿐만 아니라 몸도 아프게 만든다는 사실을 구체적으로 입증해가고 있는 것이다.

몸과 마음이 입는 피해는 서로 밀접하게 관련되어 있어서 수많은 병의 원인이 정신적인 부분에 영향을 받는다는 사실과 그 뒤에 숨어 있는 세포와 분자의 작용 등의 병리생리학적 원리도 점차 밝혀지고 있다. 다행스러운 점은 심리학이라는 한 분야에서만 이런 주제에 관심을 갖는 것이 아니라, 다양한 분야의 참여도가 점점 올라가고 있다는 것이다.

2017년 12월, 미국 댈러스에서 전 세계 심장전문의와 혈관전문의를 대상으로 최대 규모의 '미국 심장협회 의회'가 열렸다. 회의에 참가한 의사들은 어린 시절의 정서적 학대와 성인이 된 후의 심장마비 및 뇌졸중의 상관관계에 대해 토론했다. 의사의 주장에 따르면 학대와 집단 따돌림, 무시와 같은 요인은 위의 질병뿐만 아니라 다른 혈액순환 질환도 유발하며, 다양한 질병에 걸릴 확률을 높인다. 가혹한 스트레스를 견뎌야 했던 아동과 청소년은 성장한 이후에도 몸에 밴 나쁜 습관을 방치하는 경향이 있다. 이런 사람은 좋지 않은 식습관이 있거나 운동량이 적고 위험한 행동을 하는 경향이 강하기 때문에, 과체중이 되기 쉽고 고혈압과 당뇨병에 걸릴 위험도 크다. 또한 관상동맥경화증이나 심장마비, 뇌졸중과 같은 혈관 질환을 일으킬 확률도 높다.

독일에는 근심이나 걱정 때문에 과도하게 먹어 살찐 사람을 뜻하는 '쿰머슈펙Kummerspeck'이라는 단어가 있다. 또한 좌절이나 슬픔에 젖어 폭주하는 현상을 뜻하는 '프루스트자우펜Frustsaufen'이라는 단어도 있다. 우리는 바보 같게도 이런 단어를 일상에서 별 뜻 없이 가볍게 쓰고는 한다. 그래서 정신적인 고통에 대한 보상의 형태로 이런 행위가 실제로 행해지고 있다는 실태를 충분히 깨닫지 못하고 오히려 피해를 줄 때가 많다. 심리적 압박으로 인해 먹고 마시고 싶다는 충동에 사로잡힌 사람들은 쉽게 건강이 파괴될 수 있는 안타까운 상황에 놓여 있다.

유년 시절 당했던 학대와 나쁜 경험은 혈압을 높이는 직접적 원인이 될 수도 있다. 어린 나이에 성폭행을 당한 소녀는 성인이 되어 이런 일을 겪지 않은 여성보다 고혈압 질환을 앓을 확률이 43퍼센트나 높다. 정서적 폭력으로 인한 증오와 분노가 구체적으로 혈액순환 체계와 신진대사에 어떻게 손상을 가하는지는 아직 밝혀지지 않았다. 그렇지만 우리 몸을 망가뜨리는 스트레스가 높아졌기 때문이라고 추측할 수는 있다. 스트레스가 커지면 괴로운 경험에 대한 정신적 · 신체적 · 생체적 반응이 염증 세포와 스트레스 호르몬을 더욱 활성화시키고, 몸 안의 혈관이나 장기를 계속해서 공격하도록 조장한다. 극심한 스트레스 상태가 면역체계를 망가뜨린다는 사실은 이미 잘 알려져 있다. 이외에도 스트레스는 신경체계와 호르몬 조절에 커다란 손상을 입힌다. 이른 시기에 이런 심한 손상을 입으면 아이의 발육까지 저해된다.

애틀랜타 에모리 대학의 샤키라 수글리아Shakira Suglia 교수는 "아이가 이런 정신적 외상을 경험했다는 사실 자체가 비극입니다"라며 안타까워했다. 아동과 청소년이 신체적 학대와 성폭력을 경험하거나, 지속적으로 폭력을 목격해야만 하는 상황에 처할 때도 있다. 이후 이들이 두 번 다시 같은 일을 겪지 않는다고 해도 그 당시 받았던 부정적인 영향은 짧은 기간에 사라지지 않는다. 완전히 잊히기까지 수십 년의 세월이 걸리기도 한다. 이와 마찬가지로 정서적 폭력에 노출된 아이의 경우 역시 물리적 폭력을 당한 아이와 비슷한 양상을 띤다는 연구 결과도 있다. 여러 학자가 강조하듯이 가장 중요한 목표는 누가 뭐래도 폭력을 예방하는 일이다.

영어에서 모욕과 그 밖의 부정적인 경험을 표현할 때 '역경Adversity'이라는 단어를 많이 사용한다. 역경이라는 개념에는 신체적 · 정신적 안전을 위협하거나 생활환경 전반을 흔들어놓을 수 있는 모든 일이 포괄적으로 들어 있다. 모든 종류의 학대와 무관심, 무시, 집단 따돌림, 또래 집단의 괴롭힘, 혹은 가정 폭력이 역경의 요인이 될 수 있겠다. 또한 부모의 이혼이나 부모 중 한 명이 사망하는 것도 아이의 안전을 위협하는 일이다. 부모가 약물 중독자거나 범죄율이 높고 차별과 가난이 난무하는 환경에서 자랄 경우 아이는 계속해서 역경에 부딪힐 확률이 높다. 예상과는 다르게 미국과 유럽처럼 잘사는 국가에서도 응답자의 60퍼센트에 달하는 사람이 유년 시절에 정서적 폭력을 경험한 적이 있다고 대답했다. 전쟁과 배고픔, 테러에 물든 지역에서 정서적 폭력을 겪은 사람의 수는 당연히 더 많다. 단순하게 생각해보면 지구상의 절반 정도의 사람들이 정신적 상처를 극복해야 하는 셈이다.

정신적으로 고통을 겪는 사람이 무조건 눈에 띄는 행동을 하는 것은 아니다. 이들이 느끼는 심리적 압박감과 통증을 바로 알아볼 수 있는 것도 아니다. 자신이 이런 폭력에 노출되어 있다는 것조차 인지하지 못하다가, 더 많이 억압되고 극한 상황에 다다라서야(말 그대로 하루하루를 견디는 것이 힘들어지면) 비로소 무엇 때문에 자신이 힘든 것인지 고민하는 경우도 있다. 그때가 되면 이미 신체적으로나 정신적으로 비슷한 증세가 나타난다. '내가 지금 직장에서 곤란한 위치에 처해 있나?', '해고당할지도 모른다는 이야기를 듣고 난 뒤 허리와 심장이 아픈 건가?', '남자친구와 싸우고 나서 이 남자가 찾아올까 봐 매일 두려워하는 건가?'

고민에 빠진 환자들을 많이 대해본 의사는 이 현상을 '측면 바람 안정성의 결여'라고 설명한다. 풀어서 말하자면, 무엇인가 부족하고 어딘지 모르게 손상을 입은 사람들이 살면서 강한 바람이 불어와 항로를 유지하기가 어려워지면 비로소 문제점이 드러난다는 것이다.

하지만 정서적 폭력을 겪은 모든 아동이 일찍 혈관이 굳어지고 신진대

상심 증후군: 심장, 더 무엇을 바라는 거야?

흔히 사랑하는 사람과 헤어지거나 소중한 사람을 잃었을 때 '심장이 찢어질 것 같다'는 표현을 쓴다. 그런데 하버드 대학과 위스콘신 매디슨 대학의 공동연구팀이 9년간 미국의 결혼한 노부부 27만 3,189쌍을 대상으로 '배우자의 죽음이 남은 이들의 삶에 어떤 영향을 미치는지'에 대해 조사한 결과, 사랑하는 사람을 잃는 경우 정말로 심장이 망가질 수 있다는 사실을 밝혀냈다. 100명 중 7명에게서는 심박동이 불규칙하게 되는 심방세동 질환이 나타났으며 이는 뇌졸중과 심부전의 위험을 높였다.

1990년 일본의 의사들은 정신적 스트레스와 불안감, 슬픔, 갈등 상황 등이 심장에 나쁜 영향을 미친다는 사실을 최초로 입증했다. 그들은 극심한 고통을 겪은 후 환자의 심장이 이상하게 좁아지고 쪼그라드는 현상을 관찰했다. 이때 움츠러든 심장의 모양이 일본에서 낙지를 잡는 항아리를 닮았다고 해서 이 질환을 '타코츠보 증후군(일본어로 타코는 문어를, 츠보는 항아리를 뜻한다)'이라고 이름 붙였다. 이 병은 '상심 증후군' 또는 '스트레스성 심근증'이라는 이름으로 더 잘 알려져 있다.

상심 증후군에 걸린 환자는 격한 통증과 함께 가슴이 꽉 조여오는 것을 느낀다. 동시에 숨이 막히고 심장 박동에 한계가 온다. 심전도가 눈에 띄게 변하기 때문에 심근경색이라고 진단하는 의사도 많다. 상심 증후군과 심근경색의 차이는 대부분 심장 카테터(체강 또는 구멍이 있는 장기에서 액체를 빼거나 넣는 외과 기구)를 통해 진찰했을 경우에만 구분 가능하다. 상심 증후군 환자의 경우, 심근경색과는 달리 관상동맥이 대부분 열려 있지만 심근 내의 가장 작은 혈관에 일시적 경련이 일어나기 때문에 통증이 생기고 심장 박동 정지라는 심각한 상황을 초래할 수 있다. 병원에 며칠 입원하고 나면 통증이 사라지는 경우도 많은데 그렇다고 환자가 꾀병을 부리는 것은 절대 아니다.

사가 느려지는 것은 아니다. 이를 보면 인간의 몸은 생체적 측면이나 환경조건에 맞춰 '보호작용 원리'가 작동하는 것이 분명하다. 본능적으로 위험을 줄이고 질병이 발전하지 못하도록 차단한다. 이는 문화적 · 사회적으로도 마찬가지다. 우리는 이런 보호 장치를 통해 아동을 더욱 잘 보호할 수 있다. 이른 시기에 폭력을 예방함으로써 치명적인 피해로부터 아이를 지킬 수 있는 것이다. 다만 위험에 처한 환자를 일찍 알아차릴 수 있는 의사용 지침서나 추천서가 아직까지 너무 부족한 상황이다. 그렇기 때문에 감정적 폭력에 대해 더욱 많은 연구가 필요하다. 지금까지 정서적 폭력과 그것이 인체에 미치는 악영향에 대한 단편적인 연구만 이루어졌을 뿐이다. 그러나 연구가 시작됨으로써 이런 문제가 실생활에서 얼마나 중요하며, 얼마나 많은 사람들이 이 문제를 안고 사는지를 알게 된 것은 커다란 성과다. 또 원인불명의 질병이나 통증이 나타났을 때, 혹시 정서적 폭력이 원인이 아닐까 생각해볼 여지를 마련했다는 점에서도 의의가 있다.

심장을 조이는 '감정 과다 현상'

여자는 부모에게서 따뜻한 말을 들어본 적이 거의 없다. 칭찬이나 다정함은 기대조차 할 수 없었고 언제나 혼난 기억밖에 없다. 그나마 제일 나은 것은 무슨 일이 있었을 때 경고만 받고 그냥 지나간 일이다. 여자는 어려서부터 집안일을 도맡아 하고 부모를 도왔는데, 집에서는 그 모든 것이 당연한 일처럼 여겨졌다. 부모는 이에 대해 고맙다고 생각조차 하지 않았고 아빠는 걸핏하면 독설을 퍼부었다. "쓸모없는 것 같으니라고. 너 같은 애는 독가스실로 보내야 돼!"

어느덧 여자는 67세가 되었고, 얼마 전에는 심근경색이 의심되어 병원으로 실려 왔다. 정원에서 일을 하던 중 갑자기 가슴에 통증이 밀려오고 숨이 막히더니, 기절했던 것이다. 다행히도 즉시 구급차에 실려와 병원에서 빠른 조치를 받았다. 놀라운 점은 그녀의 심장에는 아무런 이상이 없었다는 것이다. 심지어 의사는 상태가 최고라며 칭찬했다. 관상맥관도 좁아지지 않았고, 혈관도 여전히 피를 잘 전달하고 있다는 결과가 나왔다. 중환자실에 누워 며칠을 보내던 여자의 머릿속에 갑자기 어렸을 때의 기억이 떠올랐다. 나중에 밝혀진 일이지만 그녀의 심장은 스트레스 과다로 인해 아팠던 것이었다. 의사는 그녀가 마음속에 품고 있던 스트레스가 어느 순간 한 번에 전부 올라와서 그렇다고 설명했다. 여자는 아직 재활병원에 입원한 채 치료를 받고 있다.

최근 상심 증후군에 대한 연구에서 흥미로운 사실이 추가로 발견됐다. 취리히와 독일의 의사들로 구성된 연구팀은 매우 드물기는 해도 부정적인 감정뿐만 아니라, 긍정적인 스트레스도 심장에 통증을 일으킬 수 있다는 결과를 내놓았다. 의사들은 이런 증상에 '행복 심장 증후군'이라는 병명도 붙였다. 연구 보고서의 저자로 참여했던 취리히 대학병원 엘레나 가드리 박사는 인생에서 느끼는 기쁨과 슬픔이 심리뿐만 아니라 신체적으로도 이어지는 듯하다고 말했다. 심장의학자 크리스티안 템플린 Christian Templin은 상심 증후군은 서로 얽히고설킨 전형적인 피드백 고리의 예시를 보여준다고 말했다. 어떤 작용이든 크기는 같고 방향만 반대인 반작용이 있기 마련인데, 이 반작용이 다시 돌아와 스스로에게 영향을 미칠 때 이를 '피드백의 고리'라고 한다. 그에 따르면 심리적 혹은 신체적 자극은 슬프거나 기쁜 사건에 대한 감정이 심장과 뇌, 그리고 중앙 신경 체계의 동일 경로에서 처리되고 있다고 한다.

자식의 결혼이 주는 기쁨, 50년 동안 만나지 못했던 친구와의 재회, 손자가 태어나 할머니가 된 행복, 혹은 제일 좋아하는 축구팀이 매번 형편없이 지다가 드디어 승리했을 때 느끼는 쾌감처럼, 갑자기 찾아온 기쁨은 너무 벅차서 가슴으로 다 받아들이기 힘들 때가 있다. 조사에 참여했던 사람들은 이런 즐거운 경험을 했을 때 통증을 느꼈지만, 자기공명영상(MRI) 촬영 결과 증상이 없다는 말에 안심했다. 그렇지만 그들이 느꼈던 통증처럼 긍정적인 감정이라 해도 극심한 감정 변화는 가끔씩 우리 몸에 흔적을 남긴다. 요컨대 벅차오르는 감정은 말 그대로 심장을 꽉 조일 수 있다는 뜻이다. 이런 상태는 아무래도 정서적 폭력이라고 말하기보다는 '감정 과다'라고 표현하는 편이 알맞겠다. 그러나 이렇게 갑작스럽게 감정이 넘쳐흘러 심장 기능에 장애가 오는 것은 일반적인 상황은 아니다. 순간적으로 일어나는 예외 상황에 비해 부정적 감정이 지속적으로 압박해오면 심장 기능의 이상으로 건강을 해칠 수 있다.

간병인 역시 근심에 병든다

가족 중에 알츠하이머나 파킨슨 병 또는 다발성 경화증같이 만성적으로 진행되는 병을 앓는 환자가 있는가? 그렇다면 이들의 상태가 계속해서 악화될 뿐, 완전한 치유를 기대할 수 없다는 것을 알 것이다. 사랑하는 사람의 정신 능력이나 신체 기능이 점점 저하되는 것을 보고 있노라면 가족들의 스트레스 수치는 날이 갈수록 치솟는다. 그 외에도 간병인의 건강을 해치는 요소는 다양하다. 우선 환자가 좋아질 가망이 없는 것을 알면 우울증에 걸릴 확률이 높아진다. 또 간병일은 긴 시간과 강도 높은 헌신이 필요하기 때문에 다른 사람과의 교류 및 사회적 · 직업적 활동이 제한받게 된다. 이 역시도 우울증의 원인이 되기도 한다. 더불어 면역력과 신체 건강 상태도 나빠진다.

2018년에 미국의 심장전공의들은 인공심장 이식술이 환자와 그와 가까운 관계에 있는 사람에게 어떤 영향을 미치는지를 연구했다. 환자의 심장상태는 좌심실보조 인공심장(LVAD – left ventricular assist device)을 이식받은 후에 훨씬 좋아졌다. 반대로 가족 구성원은 수술 받은 환자를 보살피고 지원해야 하기 때문에 안타깝게도 많은 스트레스를 받았다. 이런 상황은 다시금 가족 구성원의 심장 건강에 나쁜 영향을 끼칠 수 있다. 게다가 사랑하는 사람이 아프다 보니 간병인 입장에서는 근심이 커져 부가적으로 더욱 큰 스트레스를 받는다.

근심과 불안과 같은 부정적 감정은 몸을 약하게 만든다. 정신적 스트레스가 커지면 환자를 돌보는 가족의 면역력은 교감 동통(함께 괴로워하는 현상)을 느끼며 뚝 떨어진다. 약해진 면역력 탓에 눈에 띄는 증상이 나타나기도 한다. 간병인들은 일반 사람들과 비교했을 때, 헤르페스herpes나 엡스타인 바Epstein-Barr 같은 바이러스에 더 잘 걸린다. 이런 것을 보면 치매를 앓는 가족을 수년간 간병한 사람의 피부의 상처가 긴 시간이 지나도 회복되지 않는 것도 놀라운 일은 아니다.

스트레스가 몸을 망가뜨리는 과정

만성적 스트레스는 온몸의 기관 전체에 손상을 입힌다. 의사들은 사람이 계속해서 스트레스 상황에 놓이고 자아가 공격당하는 느낌을 받으면 심장 질환이 일찍 생기거나 동맥 경화가 빨리 진행되는 등의 증상이 생긴다는 것을 안다. 하지만 증상이 발현될 때도 있고 아닐 때도 있기 때문에 언제 면역 체계나 통증 감각이 손상되고 때로는 허리나 위장, 혹은 심장에 문제가 생기는지 구체적인 원인을 찾지는 못했다. 의학자들은 얼마 전에야 겨우 만성적 스트레스가 어떻게 뇌에서 몸 전체의 기관에 퍼지고, 특히 심장과 혈관 전체에 영향을 미치는지를 밝혀냈다.

아메트 타바콜Ahmed Tawakol이 이끄는 하버드 대학교 의학 연구팀은 중년 성인 300명을 조사했다. 그중 심한 스트레스를 호소하는 집단에 속한 사람의 뇌는 편도체가 지나치게 활성화되어 있었다. 편도체는 두려움과 분노 같은 감정을 처리하는 부분으로, 스트레스를 받는 즉시 골수와 몸의 구석구석에 신호를 보내 백혈구 숫자를 늘리고 다른 염증매개물질을 방출한다. 그들의 혈관은 이미 경화 정도가 심했고, 혈액 순환 역시 원활하지 않은 상태였다. 이로 말미암아 감염되지도 않았는데 몸 여기저기에 자꾸 염증이 생기고 그 과정에서 지속적으로 몸을 공격한다. 염증은 조직 중에서도 동맥을 공격하여 해를 입힐 수 있는 위험한 존재다. 공격당한 동맥은 후에 경직되거나 두꺼워진다. 이런 일이 반복되면 결국 혈관이 비대해지고 굳어져서 이른 시기에 동맥이 좁아진다. 협심증, 심근 경색 혹은 뇌졸중 등 다양한 질병의 원인이 되는 것이다. 타바콜은 의사들은 통증을 일으키는 다른 위험요소를 찾는 동시에, 정기적으로 환자가 만성적 스트레스에 노출되어 있지 않는지를 묻고 여기에 맞춰 적절한 치료를 해야 한다고 조언했다.

스트레스 때문에 생긴 만성적 염증은 혈관 속에만 괴물을 심어놓는 것이 아니라, 한동안 몸속에 남아 모든 조직과 기관에 방대한 해를 입힌다. 이렇게 되면 염증매개물질이라고 물리는 특수한 전달 물질이 몸의 모든 기관에 비상벨을 울린다. 인터류킨-6과 종양괴사인자알파(TNF-Tumor Nectrosis factor alpha), C-반응성 단백질, 이 세 가지 수치가 높아지면 면역 활동이 증가한다. 이에 대해 염증도 저항 반응을 일으키기 때문에 더 많은 염증이 생긴다. 염증매개물질은 원래 염증을 공격하는 효과가 있지만 계속해서 저항 물질과 면역 세포를 자극하다 보니, 자기 몸을 스스로 공격하고 파괴하고 만다.

염증이 생기면 여러 가지 신경전달물질과 세포, 방어 반응들이 주도면밀한 상호 작용을 시작한다. 외부의 공격으로부터 몸을 지켜야 하기 때문에 작전을 완벽하게 수행해야 한다. 많은 양의 스트레스 호르몬이 분출되면 방어 세포가 활발해지고 개체수도 많아져서 온몸으로 퍼져 나간다. 또한 공격에 뛰어난 물질을 지원받아 스트레스 호르몬과 싸운다. 이렇게 잘 조작된 방어체계는 전투력도 강하고 군대 수도 빠르게 늘릴 수 있다. 유일한 단점이라면 앞서 말했듯이 스트레스로 인한 염증의 경우에는 자기 몸을 적으로 착각하고 싸운다는 것이다.

전 세계적으로 다양한 실험을 통해 얻는 광범위한 데이터에 따르면, 정신적 스트레스와 부정적 감정은 마치 흡연처럼 심근경색이나 뇌졸중을 일으킬 확률을 높인다. 심지어 스트레스는 고혈압, 높은 콜레스테롤

만병의 원인: 스트레스

심리적 스트레스 계속해서 커지거나 정신적으로 자주 위기에 몰리면 몸은 당연히 그 영향을 받는다. 신경전달물질과 염증 세포가 활성화되고, 호르몬 수치가 변하고, 고통을 자각하는 역치 수치가 떨어진다. 개인별로 통증 역치 수준이 다른데, 이 수치를 통해 정신적 충격이 얼마나 큰지 알아볼 수 있다.

스트레스 호르몬과 염증매개물질은 위장을 공격해서 위산으로부터 위벽을 보호하는 막을 약하게 만들기도 한다. 초기 단계에서는 신물이 올라와 구역질이 나고, 다음 단계로 넘어가면 위액이 역류하다가 시간이 지나면서 통증이 심해지고 궤양이 생길 위험이 있다. 혈관에 먼저 손상이 가는 사람도 있다. 혈관 벽이 딱딱하게 굳고, 혈압은 오르락내리락하며, 달라지는 피의 양에 탄력적으로 반응하지 못한다. 이런 상태가 지속되면 동맥이 경화되고, 혈액의 흐름이 점점 느려지다가 어느 순간 멈춰버려 동맥경화와 심근경색, 뇌졸중 같은 질환이 생길 수 있다.

만성 통증 역시 스트레스와 뗄 수 없는 관계다. 뼈도 살아 있는 조직이므로 끊임없이 생성되고 소멸되는 과정에서 언제라도 스트레스와 염증의 공격을 받을 수 있다. 통증 역치가 낮아지고 근육의 긴장 상태가 높아지면 통증이 장기화될 수 있다. 그러니까 허리 통증은 반드시 나쁜 습관 때문에 생기는 것이 아니라, 정신적 스트레스가 원인인 경우가 훨씬 많다. 직장에서 오랫동안 스트레스를 받고 자신의 능력을 제대로 인정받지 못하는 사람 역시 심한 만성 통증을 앓을 확률이 높다. 스트레스는 지금까지 건강하고 아픈데 하나 없던 사람이 급작스러운 만성 통증을 느끼게 하는 가장 흔한 원인이다.

수치와 당뇨처럼 흔히 알려진 전형적인 위험 질환보다 훨씬 더 위험하다. 스트레스로 인한 압박감과 주변인과의 관계에서 느끼는 불만족에서 오는 스트레스 수치는 2.67 정도다. 흡연(2.87)보다는 낮지만 당뇨(2.37), 고혈압(1.91)보다는 높다.

최근 10년 동안 매일 스트레스에 시달린다고 호소하는 사람이 늘어났다. 직장에서의 업무 증가, 고용 불안, 혹은 동료와의 원만하지 않은 관계 등 현대사회 스트레스 증가의 원인으로 볼 수 있다. 네덜란드 레이던 대학의 일제 보트Ilza Bot 교수는 머리가 받는 스트레스를 심장도 똑같이 받는다고 주장하며, 동료 의사들에게 치료과정에 이러한 추세를 더 많이 고려해야 한다고 호소했다.

4장을 마치며

- ▶ 정신적 폭력은 우리 몸의 거의 모든 기관에 영향을 끼친다. 감정적인 폭력을 당하면 면역체계가 망가지고, 통증에 민감하게 반응하며, 상처 회복도 더뎌진다. 따라서 지속적으로 스트레스를 받는 사람은 병균에 감염되기 쉽다. 더욱 심각한 것은 감염되지 않더라도 내부에서 염증이 발생하여 몸의 여러 기관을 공격한다는 것이다.
- ▶ 정서적 폭력은 뇌의 기능도 변형시킨다. 피해자는 특히 감정과 경험을 처리하는 뇌의 구조가 제대로 발달하지 못하기 때문에 갑작스러운 변화와 스트레스를 순조롭게 처리하지 못한다.
- ▶ 사람마다 스트레스로 손상을 입는 부위는 다르다. 대부분은 심장과 위장, 허리가 가장 큰 피해를 입는다. 우리 몸에서 손상이 어떤 형태로 나타나는지는 사람에 따라 매우 다양하게 나타난다.
- ▶ 정서적 폭력을 당하면 동맥은 더 쉽게 막히고, 혈관은 탄력성을 잃으며, 피의 흐름이 느려지거나 혈전이 많이 생긴다. 그 결과 심근경색과 뇌졸중과 같은 심장 질환이 나타날 수 있다.
- ▶ 뼈도 살아 있는 조직이기 때문에 장기간 정서적 폭력에 노출될 경우 손상된다. 또한 불안과 긴장은 근육을 딱딱하게 굳힌다. 이런 증세는 허리 통증이나 정형외과 치료를 필요로 하는 다른 통증으로 발전할 수 있다.

PART 2

가해자와 피해자는 누구인가?

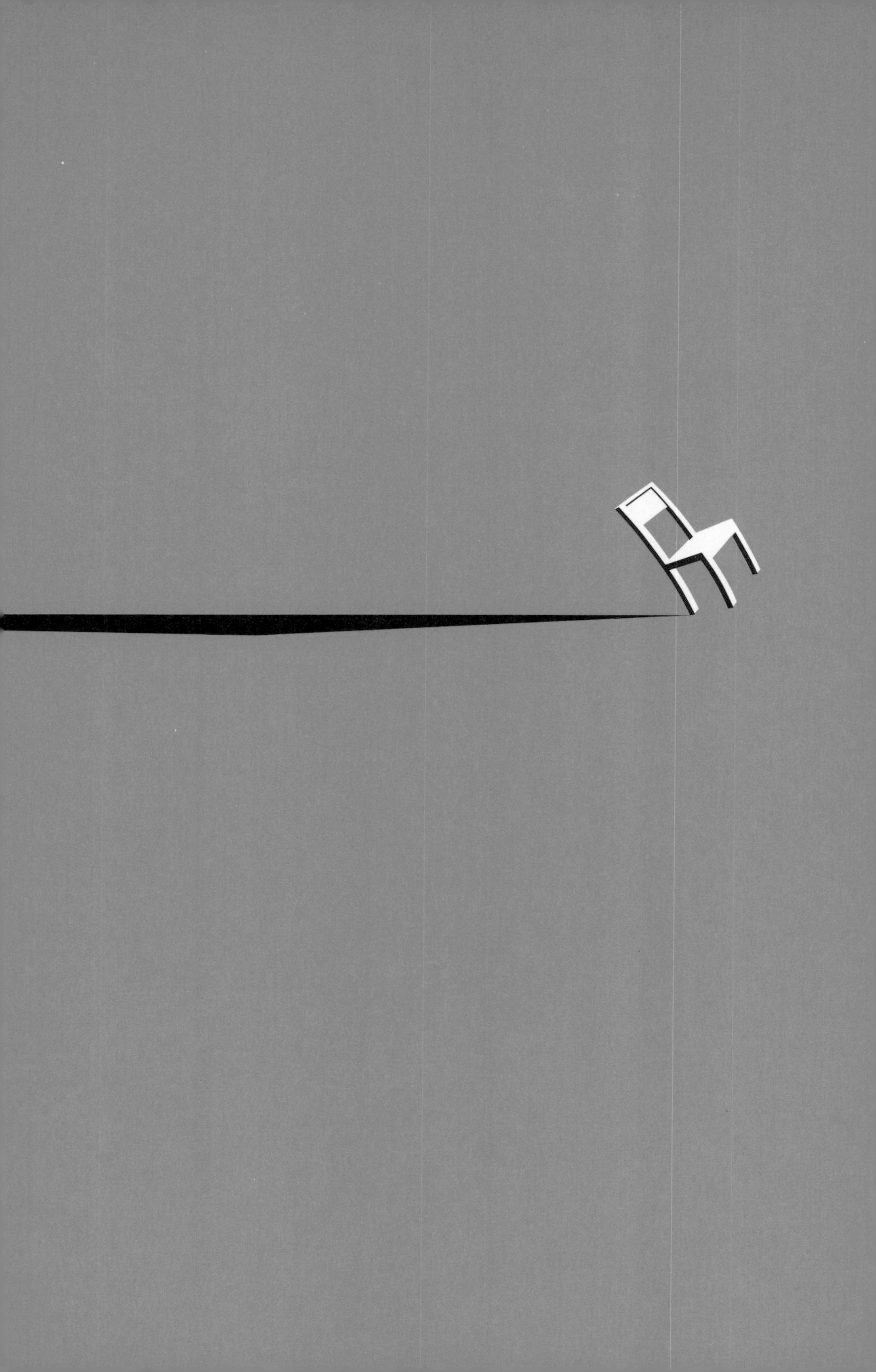

CHAPTER 5

| 부모 |

자식은 부모의 감정 쓰레기통이 아니다

쉽게 상처받는 아이와 상처 주는 부모

엄마는 멍하니 밖을 쳐다보거나 심할 때는 허공만 맥없이 응시했다. 아무것도 없는 방에서 말이다. 태어난 지 겨우 몇 주밖에 안 된 아기는 엄마와 조금이라도 눈을 마주치고 관심을 얻으려고 애썼다. 미소를 지어보이고, 팔을 이리저리 휘젓고, 기지개를 켜며, 자기가 이곳에 있다는 사실을 알리려고 온힘을 다해 노력했다. 하지만 모두 소용 없는 일이었다. 엄마는 미동도 하지 않았다. 아이는 아무리 노력해도 엄마가 반응이 없자, 엄마의 관심을 얻으려는 손짓 발짓을 그만두고 가만히 있기 시작했다. 표정마저 굳어진 아이는 이제 마음속으로 지친 듯한 기색이었다.

텍사스주 덴턴 대학교 셸리 리그스Shelly Riggs 교수는 정서적 학대가 일상생활에서 가장 빈번하게 일어나는 폭력이며, 동시에 가장 큰 손상을 입히는 학대 형태라고 경고했다. "아이의 경우 문제는 더욱 심각해집니다. 부모가 상처의 원인인 동시에 해답이기도 한 어려운 상황에 처한 셈이니까요."

다른 사람도 아니고, 자기가 사랑하고 태어난 순간부터 의존할 수밖에 없는 부모에게 상처를 받게 되면 정서적으로나 육체적으로 커다란 타격을 입게 된다. 이 상처는 쉽게 사라지지 않고 아이가 성인이 되더라도 큰 괴로움을 유발하기도 한다. 아이의 상처를 치유할지, 아니면 새로운 상처를 낼지는 모두 부모에게 달려 있다. 부모는 아이에게 굴욕감이나 모욕을 준 것을 만회하려고 노력해야 한다. 최소한 아이가 거부당했다는 느낌은 받지 않게 해야 한다. 그렇지 않으면 아이는 영원히 고통 속에 살게 될 것이다. 정서적 폭력을 입은 피해자는 사람들 사이에서 생활하고 관계를 맺는 일을 힘들어하기 때문이다. 개인마다 차이가 있지만 일반적으로 정서적 폭력은 수년이 지난 후에도 또렷하게 기억나며, 장기간에 걸친 피해를 입히거나 아예 삶 전체를 파괴하기도 한다.

아기는 세상에 나온 첫날부터 자신이 안전한지, 편안함을 느낄 수 있는지, 또 앞으로 잘 지낼 수 있을지를 본능적으로 안다. 아기에게 주변 환경과의 첫 소통 언어는 '접촉'이다. 아기는 주변 분위기와 변화에 매우 민감하게 반응한다. 아주 섬세한 안테나를 지니고 있는 셈이다. 애정이 부족하다 싶으면 이를 몸으로 표현하는데 짜증을 내고, 긴장하고, 울음을 터뜨리는 것이 바로 그 신호다. 다시 말해 아기는 몸 전체로 스트

'베이비 블루'를 아시나요?

엄마가 된 지 얼마 안 된 여성은 '베이비 블루Baby blue'라고 불리는 산후 우울증에 걸릴 수 있다. 출산 후 85퍼센트에 달하는 여성이 일시적으로 우울감을 경험하게 되기 때문에 본인 및 가족은 물론, 심지어 의사조차 이러한 우울증은 일부러 치료하지 않아도 되는 가벼운 증세로 생각하기도 한다. 그러나 산후 우울증은 유년기 아동의 애착장애라는 심각한 결과를 초래할 수 있기 때문에 절대 과소평가해서는 안 되는 질병이다. 가끔은 오랫동안 침울함이 지속되면서 외부 자극에 무감각해지고 아이의 행동이나 상태에 거의 반응을 보이지 않는 엄마도 있다. 그러면 아이도 마찬가지로 얼마 안 가서 엄마에게 어떠한 기대도 하지 않게 된다. 주변에 이런 엄마가 있다면, 자신이 얼마나 아이를 등한시하는지 영상으로 찍어 보여주는 것도 큰 효과가 있다. 화면을 보며 자신이 얼마나 아이에게 관심을 두지 않고, 모른 척했는지 자기 눈으로 확인하면 대부분 깜짝 놀란다.

그런데 우울증이 사라진다고 해서 아이와의 관계가 자연스레 회복되는 것은 아니다. 다시 말해 우울증이 없어지면 엄마의 상태가 약간 호전될 수는 있겠지만, 아이를 정서적으로 홀대하는 일은 계속될 수 있다. 최근에는 좋은 부모가 되기 위한 예비 부모 훈련 강좌와 프로그램도 꽤 생겼다. 어렸을 때의 나쁜 경험을 극복하고 어떻게 하면 아이와 안정적인 관계를 형성할 수 있는지, 아이에게 감정적으로 안정감을 주는 방법이 무엇인지, 아이의 요구에 어떻게 적절한 반응을 보여야하는지 배우려는 사람들이 많다. 처음 부모가 되면 아이가 무엇을 필요로 하는지, 아이를 어떻게 대해야 할지 모르는 게 당연하다. 하지만 꾸준히 노력한다면 아이가 하는 표현을 구분할 수 있게 되고, 아이가 울 때마다 당장 큰일이 난 것은 아니라는 사실을 알게 될 것이다.

레스에 반응한다.

하이델베르크 대학병원인 안나-레나 치틀로브Anna-Lena Zietlow 교수는 강연 중 우울증에 걸린 엄마에 대한 이야기를 하며 이렇게 말했다. "놀아주고 안아주고 백방으로 애를 써도, 엄마 품에 안겨 있는 아기는 엄마가 자신에게 관심이 없다는 사실을 곧바로 알아차립니다." 그녀의 말에 따르면, 엄마의 부정적인 피드백은 아기에게 매우 광범위하게 영향을 끼친다. 아기의 몸은 언제나 긴장되어 있고 스트레스를 강하게 받는다.

엄마가 아이에게 거의 반응을 보이지 않아 서로 상호작용이 이루어지지 않으면 아기에게는 치명적이다. 인지적 · 정서적 발달이 다른 또래 아이에 비해 늦어지고, 지능 지수 역시 평균 아래에 머물며, 언어 발달과 수면 습관에도 더 많은 문제를 보인다. 청소년기에는 지나치게 우발적인 행동을 보이거나 우울감을 느끼기도 한다.

엄마도 '엄마'는 처음이라서

갓 부모가 된 사람에게 자다 깬 아기를 재우려고 잔뜩 예민해진 채 매일 밤잠 못 이루는 일보다 힘든 일이 또 있을까? 대부분의 부모는 희망을 품고 이런저런 시도를 하던 중 부모 세대의 사람에게서 이런 조언을 듣곤 한다. "그냥 울게 내버려 둬, 우리 때는 다 그렇게 키웠어."

결론부터 말하자면 이런 양육 방식은 시대에 한참이나 뒤떨어진 나쁜 조언에 불과하다. 이들은 아이가 단순히 심심하고 지루하거나 잠이 오지 않아 우는 것이라는 잘못된 논리를 펼친다. 울면 엄마, 아빠가 곧장 뛰어오리란 것을 알고서 아이가 우는 것이므로 절대 속아 넘어가지 말고 아기한테 모든 것을 맞춰주면 안 된다고 경고한다. 이 얼마나 나쁘고 모진 생각인가. 태어난 지 몇 달이 채 되지 않은 아기는 단지 8시간을 내리 잘 수 없는 것뿐이다. 낮과 밤의 생체 리듬은 태어난 후로 조금 더 시간이 지나야 안정적으로 자리 잡는다. 또한 갓난아이는 지금 우유를 마셨다고 해도 몇 시간이 지나면 다시 배가 고프다. 아기가 혼자서 잠들고 스스로 빠진 공갈 젖꼭지를 찾아 입에 넣는 법을 배우려면 긴 시간이 필요하다.

독일의 부모는 아이가 혹시나 버릇이 나빠지지는 않을까 아직도 전전긍긍한다. 부모가 바로 반응을 보이지 않고 울게 내버려 두면 아기는 당연하게도 더 오랫동안 운다. 많은 의사들은 우는 아이는 가능한 빨리 달래는 것이 좋다고 추천한다. 뮌헨 하우너 소아전문병원의 플로리안 하이넨Florian Heinen은 아이의 버릇이 나빠진다는 이유로 아이를 불안하게 만들라는 얼토당토않은 조언은 아이의 발달에 부정적 영향만 끼칠 뿐이라고 말했다. "아기의 울음은 부모에게 보내는 뚜렷한 신호입니다. 아기에게는 부모가 필요해요. 자기를 봐주길 원하고, 관심받길 원해서 우는 겁니다. 쉽게 말해 사랑을 원하는 거죠."

독일 하우너 소아병원 원장 카를 하인츠 브리쉬는 특히 독일에서 부모가 아이를 냉혹하게 다루는 것은 나치 시대의 조악한 양육 방식이라고 설명했다. "그 당시 아이를 낳은 엄마라면 누구나 요한나 하레르Johanna Haarer의 《독일 엄마와 첫 아기die deutsche Mutter und ihr erstes Kind》라는 책을 양육서로 참고했었죠. 책에는 기저귀를 갈아주고 젖을 먹인 뒤에는 절대 아이 방에 다시 들어가지 말라고 쓰여 있습니다. 이렇게 하지 않으면 아이의 버릇이 나빠진다고요." 사실 아기가 우는 것은 폐를 튼튼하게 하는 좋은 현상이다. 실제로 하레르는 폐 전문의였기 때문에, 왜 이런 말을 책에 적었는지 굳이 말하지 않아도 알 듯하다. 문제는 1970년대까지도 많은 여성이 이 나치식 교육 지침서를 선물 받았다는 것이다. 이 책은 여러 세대를 거치면서 독일의 부모들이 감정을 배제한 채 애정을 주지 않고 아이를 키우도록 만들었다. 하레르는 자신의 양육방식을 전혀 미화하지 않고 '냉대하기'라는 이름을 붙이기까지 했다.

이런 교육 방식을 따르면 아이는 오히려 잠드는 법을 배우지 못하고 좌절하고 불안해한다. 브리쉬는 이런 상황에 처하면 아이의 뇌에서는 비상 프로그램이 작동한다고 말한다. 마치 동물이 극적인 위협 상황에서 살아남으려고 죽은 체를 하는 것과 같은 반응이다. 아이는 몇 날 밤을 울어도 아무도 오지 않는다는 것을 깨닫고 더 이상 애정을 받으려고 시도하지 않는다. 하지만 혼자 침대에서 자는 법을 배우는 것이 아니라 잠들기를 포기하고 자신의 의지를 더 이상 내비치지 않는다. 이런 일이 반복되면 아이는 스트레스에 대처하는 법을 학습하지 못하고 아이의 뇌는 더디게 발달한다.

진화생물학자인 재레드 다이아몬드Jared Diamond는 오히려 문명화가 덜 된 많은 나라에서 아기가 불안해하거나 울면 엄마가 곧바로 달려간다고 주장했다. 이들은 훨씬 자주 갓난아이를 등에 업어 자연스럽게 신체 접촉을 한다. 장기적으로 봤을 때 이런 나라의 전통적 양육 방식이 아이의 건강에 훨씬 유익하다는 것이 그의 설명이다. 게다가 이들은 아이가 원하는 것을 그때그때 들어주는데도 아이를 버릇없게 만든다는 의혹은 받

부모의 자존감이 문제일 때

여자는 루마니아에서 독일로 이주한 지 30년도 훨씬 넘었다. 독일로 와 가정을 이루고 딸도 두 명이나 낳았다. 두 딸은 이미 성인이 되었고 남편은 몇 년 전에 세상을 떴다. 이토록 세월이 많이 흘렀지만 아직도 어렸을 때 입양된 집 양어머니가 자기를 때리고, 쓸모없는 인간이라고 말했던 일이 자꾸만 생각났다. 이런 일을 겪어서일까? 그녀는 단 한 번도 '언젠가 마음의 안정을 찾고 살 수 있을 거야'라는 확신을 하지 못한 채, 평생 소심한 사람으로 살았다.

자기 자신에 대해 아무런 애착도 느끼지 못하는데, 아이들이 차례로 독립을 하고 남편마저 세상을 뜨자 커다란 허무함이 밀려왔다. 양어머니에게 당한 정서적 폭력은 아직도 여성의 마음속에 크게 자리 잡고 있었다. 그녀에게는 자신을 신뢰하고, 모든 행동 결정권이 자신의 손에 있다는 것을 깨닫게 하는 치료가 필요했다. 더 나아가 주어진 환경과 운명의 장난을 그저 수동적으로 받아들이지 말아야 한다는 것을 깨달을 필요가 있었다. 이런 경우 우선 심리학자가 자기 효능감이라고 부르는 신념을 높이는 법을 배우기 위해 많은 노력과 확실한 지원이 필요하다.

지 않는다.

밤에 아이가 우는 것을 일부로 못 들은 척 무시하는 행위를 독일의 양육 방식처럼 이야기 했지만, 사실 다른 나라에서도 마찬가지다. 서구는 물론 동양의 부모들 역시 '혹시 내가 아이를 너무 버릇없이 키우는 것을 아닐까' 하는 두려움을 느끼는 것 같다. 그래서 밤에 아이가 부모를 애타게 찾더라도, 애정을 주고 위로하는 것은 절대 옳은 일이 아니라고 생각한다. 독일 바이에른주의 유년기 교육 국가기관장을 맡고 있는 파비엔느 베커-슈톨Fabienne Becker-Stoll은 "아이는 심리적 기본 욕구를 충족시키고 싶어 합니다. 스트레스를 해소하기 위해 신뢰할 수 있는 사람과 따뜻하게 살을 맞대고 싶어 하는 거죠." 그는 이런 과정을 통해 아이가 부모뿐만 아니라 다른 사람과의 안정적인 인간관계를 형성하는 능력을 키울 수 있다고 말한다. 발달 전문가인 플로리안 하이넨 역시 전문가의 입장에서 아이를 위해 부모에게 과잉 반성이 아닌 '자신감'을 처방해주고 싶다고 덧붙였다.

침묵 :
아이를 괴롭히는 가장 나쁜 훈육법

범행은 대부분 가정에서 일어난다. 수백 년, 아니 수천 년 전부터 아이를 상대로 한 수많은 끔찍한 일들이 집 안에서 벌어졌다. 교육이라는 이름 아래 아이는 어떤 권리도 주장하지 못하고, 정서적으로 학대당하고, 매 맞고, 심할 경우 부모에게 노예 취급당하기도 했다. 그런데 이러한 나쁜 훈육 방식은 사라지지 않고 여전히 주위에서 관찰된다. 교육이 고문처럼 변질된 것이다. 요즘에도 많은 가정에서 훈계를 핑계 삼아 아이의 자존심에 상처를 주고 괴롭힌다. 때로는 매우 난폭해서 외부인의 입장에서 보면 충격을 받을 정도다. 혹은 처음 봤을 때는 인식하지 못하다가, 자세히 한 번 더 관찰해야 얼마나 치밀하고 비열하게 아이를 괴롭히는지 확인할 수 있을 정도의 방식도 많다.

한 여성의 사례를 살펴보자. 그녀는 이미 손녀가 두 명이나 있는 할머니다. 대부분의 아이들이 그렇듯 이 두 손녀는 그녀의 눈에 거슬리는 행동을 자주 했다. 시끄럽고 까불거리며 물감을 벽 전체에 발라놓아 골치를 썩였다. 사실 이런 행동들은 아이들이 일반적으로 하는 일이지만, 인내심에 한계가 온 할머니는 지칠 대로 지쳐서 딸에게 말했다. "쟤네가 말을 안 들으면 그냥 이틀 동안 애들한테 한 마디도 하지 마. 그러면 다시 네 말을 잘 들을 거야. 진짜 효과 만점이야." 남의 자식에게 한 말이 아니고 아직 유치원에 다니는 자신의 손녀들에게 한 말이다. 할머니는 어렸을 적에 틀림없이 비슷한 일을 견뎠을 것이다. 또한 자신의 경험을 통해 부모가 갑자기 아이를 외면하게 되면 아이가 얼마나 당혹스러워하는지, 이런 방법이 어떤 효과를 발휘하는지 너무나도 잘 알고 있을 것이다.

많은 가정에는 정서적 폭력을 행사하는 각각의 방식이 있다. 가정에서 일어나는 정서적 폭력의 결과는 오래전부터 잘 알려져 있다. 사랑이 가득하고 집에서 부모와의 상호작용을 하며 자란 아이는 훗날 우울증이나 다른 심리적 고통을 잘 느끼지 않고, 스트레스에도 더 강하게 버틸 수 있다. 이런 분위기에서 자란 아이는 심장 역시 더욱 안정적으로 뛰기 때문에 성인이 되어서도 심근경색과 다른 심장 질환에 걸릴 가능성이 낮다. 하지만 위의 사례와 같은 가족 관계에서는 아이의 건강이 가장 중요한 문제로 생각되지 않는다. 그보다는 집안의 위계질서가 잘 잡혀 있는 것을 당장 중요하게 생각한다. 이런 가정에서 부모는 종종 본인의 어린 시절과 마찬가지로, 견디면서 배워야만 했던 단순하지만 끔찍했던 교육 방식을 그대로 이어간다.

반대로 부모가 아이의 감정 변화에 관심을 갖고 반응하면 아이는 부모와의 관계를 안정적으로 인식한다. 부모에게 충분한 보호를 받을 수 있는 환경이라고 생각하는 것이다. 이는 아이의 정신적 발달에 직접적으로 좋은 영향을 준다.

자르브뤼켄 대학에서 엄마와 아이의 애착 관계에 대해 연구하는 심리학자 기자 아쉐르스레벤Gisa Aschersleben은 안전하다고 느낄 때, 아이의 언어 능력과 인내심, 사회적 능력이 발달한다고 설명했다. 확실히 아이에게 반응을 보이지 않는 부모보다 애정을 듬뿍 주는 부모를 둔 아이가 맥락을 읽는 능력이 뛰어나다. 신생아는 이른 시기부터 사람들이 나누는 대화와 주고받는 행동에서 감정 상태를 읽을 수 있다. 말은 이해하지 못하지만 이 감정 탐지기 덕분에 어떤 사람이 자기에게 불쾌하게 반응하는지, 아니면 자신을 편안한 마음으로 대하는 지 구별할 수 있다.

토론토에 위치한 요크 대학교의 마리아 레저스티Maria Lagerstee 박사는 다른 사람의 감정이나 상태를 파악하는 능력은 태어날 때부터 존재한다고 주장한다. 그녀의 말에 따르면 이런 '지각능력'은 애정을 통해 더욱 발달한다. 특히 엄마의 감수성은 아이가 사회적이고 감수성이 풍부한 아이로 자라도록 영향을 준다. 그래서 가족 간에 대화가 단절되고 아이가 안정적인 환경이라고 느끼지 못한다면 발달에 악영향을 미치게 된다.

물론 이런 논리에도 불분명한 부분이 있다. 외면과 냉대를 다룬 사례가 극히 드물기 때문이다. 서로를 다정다감하게 대하는 가족이 훨씬 많고, 그렇지 않은 경우에도 아이가 어떤 요인에 가장 큰 영향을 받아 성장했는지 말하기는 무척이나 어렵다. 아무리 나쁜 경험을 했더라도 아

실제로 일어나지 않았으면 그만인가요?

두 형제는 아버지가 언제라도 자기들을 때릴 수 있다는 것을 알았다. 아버지는 벌컥 화를 내는 사람이기 때문이었다. 어머니 역시 이런 사실을 잘 알고 있었기에, 아버지에게 "아이들을 때리면 집을 나가버리겠어요!"라고 자주 소리쳤다. 두 형제는 대여섯 살이 됐을 무렵부터 이런 이야기를 들으면서 자랐다. 어머니는 언젠가 남편이 아이들을 마구 때릴 것이라고 확신했다.

형제 중에 이제 49살이 된 남자가 말했다. "하루 동안 아무 일도 없으면 이번에는 잘 넘겼구나, 오늘은 살았구나, 하고 생각했습니다. 그렇지만 분명 다음번에는 맞을 거라고 생각했지요." 아버지가 실제로 두 아들을 때린 적은 없었지만, 두 아들에게는 언제나 위협적인 공포의 인물이었다. 집 안에 항상 존재하는 예상 불가능한 위험으로 마치 안전장치가 빠진 폭탄 같았다.

위의 가족 상황을 좀 더 긍정적으로 관찰할 수 있을까? 어쨌든 결과적으로 봤을 때 결국 아무 일도 일어나지 않았으니 말이다. 뮌헨 공대 심신의학과 과장이자 정신적 외상 치료 전문의인 마르틴 자크Martin Sack는 우리 사회는 두려움의 대상이 무엇인지보다는 실제로 무슨 일이 일어났는지를 더 중요하게 생각한다고 말한다. 이 사례에서는 어쨌든 폭력이 일어나지 않았으니 다행이라고 할 수 있다. 그러나 우리의 정신 건강에 더 많은 해를 끼치는 것은 어느 쪽일까? 언제나 두려움에 떨고 위협당하는 느낌, 아니면 실제로 폭력을 당한 일? 이와 같은 질문은 흥미로우면서도 우리 모두가 깊이 생각해봐야 할 중요한 문제다.

이의 저항력이 뛰어나거나, 안정적인 친구 관계 혹은 다른 요소가 있으면 이를 통해 정신적으로 균형을 찾을 수도 있다.

"가장 참기 힘든 건 침묵이었어요." 마흔이 훌쩍 넘은 여성은 어린 시절을 떠올리며 말했다. 어렸을 적에 여자의 부모님은 '얌전하게' 굴지 않으면 딸에게 차갑게 돌아서고는 했다. 도대체 '얌전하게'가 어떻게 행동해야 하는 것인지 알려준 적도 없었다. 부모가 돌아설 때마다 여자는 곧바로 자책감을 느끼며 비참해졌다. 침묵은 그녀를 무겁게 짓누르는 그림자처럼 영원히 여성의 곁을 떠나지 않았다. 문제가 생길 때마다 부모는 눈앞에 놓인 문제에 대해서조차 말을 하지 않고 완전히 침묵했기 때문이다.

집에 금기어가 있다고 고백한 여성도 있다. 그녀의 부모님이 별것도 아닌 일로 삼촌이랑 싸운 뒤, 그녀의 집에서는 절대 '삼촌'이라는 단어를 뱉을 수 없었다. "아빠 친구 분 중에 한분이 스스로 목숨을 끊었는데 그 이야기 역시 할 수 없었죠." 그녀는 쓸쓸한 표정으로 지난날을 회상했다. 마치 지뢰밭을 걸어가는 것처럼 조심스럽고 금기시되던 이런 이야기를 누군가 실수로 꺼내기라도 하면 부모는 벌을 내렸다. 냉혹한 눈빛을 보냈고 심할 경우 아이와 말도 섞지 않는 잔혹한 벌이었다.

집에서 당하는 모욕

"너는 나중에 나 없으면 어떻게 하려고 그러니? 도대체 제대로 하는 게 하나도 없어." 사춘기에 접어든 딸에게 엄마는 걸핏하면 이렇게 말했다. 엄마는 좋은 교육을 받은 사람이고 현대적이며 교육에 관해서 일가견이 있었다. 하지만 최근에 소녀에서 어른으로 성장하고 있는 딸을 보며 엄마는 자신을 책망할 때가 많았다. 딸이 자립해서 새로운 삶을 꿈꾸고, 직업훈련을 위한 프로그램을 짜거나, 간단한 건강보험 계약을 맺는 일을 할 때 조금이라도 어려워하는 기색을 보이면 엄마는 곧바로 자기 탓을 했다. 엄마는 '딸을 너무 미성숙하게 키운 것은 아닐까' 하고 걱정했다. 딸은 이것저것 참견하는 엄마가 짜증나기도 했지만 결국 부모의 지원을 기꺼이 받았다. 부모는 자식이 어느덧 성인이 되었어도 계속해서 자식의 대리인 행세를 하게 될 것이다. 엄마 스스로도 딸이 자립할 만큼 크지 못했다는 생각을 버리지 못하고, 딸 역시도 이런 생각에 주입되어왔기 때문에 이 믿음은 자연스레 현실이 될 것이다.

딸의 입장에서는 시간이 좀 걸리겠지만 '가능한 빨리 부모의 품에서 벗어나자'라는 생각을 실천을 옮겨야 한다. 자신의 문제는 스스로 해결할 수 있을 만큼 컸다는 사실을 다정하게 하지만 분명하게 부모에게 알려야 한다. 이런 말을 꺼내는 일이 딸이나 부모 모두에게 어색하겠지만, 이렇게 해야만 미성숙한 아이의 역할에서 벗어날 수 있다. 좋은 부모 역할을 하고 싶으면 딸을 무조건 보호하려 해서는 안 된다. 그 대신 딸을 좀 더 신뢰하는 것이 도움이 된다. "아이가 스스로 할 수 있어. 만약 못하더라도 이를 통해서 무언가 배우겠지"라는 식으로 생각해야 한다. 그렇게 하면 딸은 강하고, 당당하고, 독립적인 사람으로 성장할 것이다. 여러 심리학자가 말했듯이 자신감은 믿음에서 오는 것이다.

두 딸은 아버지가 항상 아들을 바랐다고 생각했다. 아버지는 '여자아이'라는 단어를 말할 때 굉장히 멸시하는 듯이 말했다. "분명 여자아이가 아니라 제대로 된 남자아이가 태어나길 바랐을걸요." 여자가 말했다. 종종 남자아이를 부러워하는 듯한 내색을 비치기는 했지만 사실 그는 두 딸을 끔찍이도 사랑하고 예뻐했다. 살아생전에는 딸들이 있어서 진심으로 행복해했다. 단지 그 사랑을 표현하지 않았을 뿐이다. 행동으로 드러내지도 말로 표현하지도 않았다. 그래서인지 두 딸은 아빠의 마음을 다르게 오해했다.

이런 이유 때문일까, 나이가 50대에 접어들었어도 두 여성은 자신의 인생에 만족하지 못했다. 늘 무언가 부족하다고 느꼈다. 학창시절부터 훗날 직장까지 언제나 좋은 평가를 받고 큰 성과를 내기도 했지만 부족했다. 그들은 어딘가 결점을 지닌 것 같은 찜찜한 기분이 지금까지도 따라다니며 괴롭히고 있다고 말했다. "쉬지 않고 지금보다 더 좋은 성적을 내고, 더 많은 것을 이루고, 더 노력해야만 한다는 느낌이 들어요." 자매 중 한 명이 말했다. 항상 가장 일찍 출근해서 가장 늦게 퇴근하고, 더 높은 자리로 승진하려는 강한 승부욕을 보이는 그녀의 하루는 오늘도 피곤하기만 하다. "아버지가 돌아가신 지 벌써 몇 년이나 지났으니, 아무리 생각해도 황당하고 비이성적인 일이죠. 그런데 아직도 아버지 마음에 들고 싶어요."

말, 말, 말, 언제나 말이 문제다

엄마는 심적으로 부담감을 느낄 때 목소리가 커졌다. 무언가 견디기

부모의 기대가 버거운 당신을 위한 카운슬링 1

우리는 누군가의 기대에 부응하지 않아도 되고, 그들이 살아보지 못한 삶을 실현시킬 필요도 없다. 연인 관계는 물론 부모와 자식 간에도 마찬가지다. 위에 소개된 사례처럼 아버지가 돌아가신 후에도 그에 마음에 들기 위해 끊임없이 노력하지 않아도 된다. 생전에 그의 기대와 요구를 원망하는 것은 당사자에게 좋지 않은 일이고, 차라리 아버지를 용서하고 이해하는 편이 훨씬 도움이 될 것이다.

나중에 밝혀진 것이지만 아버지는 청소년기와 청년기를 거치는 과정에서 자신이 불행하다고 느끼고, 전쟁 때문에 중단할 수밖에 없었던 학업 때문에 삶에서 더욱 많은 것을 이루고 싶다는 갈망을 품었다. 그래서 아버지는 자신이 이루지 못한 소망을 두 딸에게 투영했던 것이다. 하지만 두 딸은 자기 인생을 살아야 한다. 결코 아버지의 유언에 맞춰 살 필요는 없다. 지금은 돌아가셔서 말할 수 없지만, 자신의 삶을 스스로 일궈낸 딸들을 본다면 아버지도 더할 나위 없이 기뻐했을 것이다.

힘든 일이 생길 때마다 엄마는 아이들에게 버릇이 없다거나 말을 안 듣는다며 괜히 혼을 냈다. 아이들이 더 참을 수 없는 것은 엄마가 신경 쓰일 만큼 큰 소리로 혼잣말을 하다가 본격적으로 주절거리며 한탄을 늘어놓는 것이었다. "이제부터 내 생각만 하면서 살 거야. 그냥 편하게 살면서 휴가도 떠나고 돈도 펑펑 쓰고 말이야. 지쳤다고, 나도 이제……" 엄마는 화가 치밀어 오르면 이런 말을 뱉어내곤 했는데, 아들과 딸은 이 불평들을 곧이곧대로 듣고 있어야만 했다.

견디다 못한 아이들이 각자 방으로 들어갔다. 하지만 엄마의 신세 한탄은 방에서도 들렸다. 처음에는 '맞아, 엄마도 좀 편하게 살아야지'라는 생각이 떠올랐다. 엄마가 스스로의 행복을 바라는 것은 당연하고 생각했다. 하지만 얼마 안 가서 곧 무서운 생각이 들었다. '엄마가 지금 행복하지 않구나. 우리 때문에 잘 지내지 못하고 하고 싶은 것을 못하고 있는 거야!' 아이들은 무의식중에 엄마가 지금 힘들어하는 것이 '왠지' 자기 책임이라고 느꼈다.

아이는 자기가 처해 있는 환경과 가까이 있는 사람, 그리고 주변에서 들은 것을 바탕으로 세상을 해석한다. 엄마가 불행하다고 느끼는데 자기를 혼낸다? 그러면 아이는 엄마가 불행한 것은 자기 잘못 때문이라고 결론 내린다. 굳이 아이를 붙잡고 '너 때문에 내가 불행해'라고 말할 필요도 없다. 아이는 부모에게서 출발해서 자신에게 이어지는 감정이 좋든 나쁘든 모두 자신의 탓으로 생각한다. 이런 태도는 아이에게 자책하는 습관을 심어주는 것과 같다.

엄마는 도대체 왜 나를 낳은 걸까요?

항상 누군가를 방해하는 느낌이라고 했다. "무슨 일을 하든 상관없었어요. 매번 내 잘못이라고 했죠. 너무 어리고 이기적이고 시끄럽다는 온갖 이유로요." 서른세 살의 남자는 지나온 유년 시절을 떠올리며 두려워했다. 남자는 엄마가 금방이라도 쓰러질 것처럼 힘들어했고 신경이 매우 날카로운 사람이었다고 말했다. 돌이켜 생각해보면 엄마가 불쌍하기

부모의 말 때문에 상처받은 사람을 위한 카운슬링 2

부모와 같이 가까운 관계에 있는 사람에게서 들었던 말 가운데 어떤 말이 특히 상처가 될까? 구체적으로 어떤 말이 더 큰 상처를 주고, 오랫동안 마음에 남아 마음을 아프게 하는지는 알 수 없다. 만약 자신 역시 아이에게 상처를 주는 말을 하고 있지 않을까 고민한다면, 당신의 경험을 떠올리는 것이 고통스럽겠지만 다른 한편으로는 큰 도움이 될 수도 있다. 그냥 마구 퍼부은 모든 말이 폭력적이거나 모욕감을 주는 것은 아니다. 오히려 전혀 나쁜 의도가 들어 있지 않은 경우도 많다. 하지만 이럴 때도 '좋은 뜻으로 한 말이라고 해서 다 좋은 말은 아니다'라는 말을 명심해야한다.

도 하다고 했다. 그가 청소년이었을 때, 평소와 다를 바 없이 계단을 올라가는 그를 보고 엄마는 너무 시끄럽게 걷는다며 화를 냈다. 누나가 냉장고에서 무엇인가 꺼낼 때도 자기가 먹으려고 남겨놓은 것을 먹었다며 버럭 소리부터 질렀다. 남자는 엄마가 전혀 예상할 수 없을 때 화를 내고, 갑자기 과민 반응을 하는 것이 가장 큰 문제였다고 말했다. "엄마가 다음에는 무엇 때문에 화를 낼지 전혀 알 수 없었어요. 엄마는 우리 남매가 하는 모든 일이 기본적으로 잘못됐다고 생각하는 것 같았죠."

그의 유년기는 자신이 '방해물'이라는 생각으로 채워졌다. 다행히도 현재 그는 남에게 폐를 끼치지 않고 자신이 쓸모 있는 존재라는 사실을 알게 되었다. 자신의 삶에 만족하고 있지만, 아직 엄마에게 물어보고 싶은 것이 남아 있다고 한다. 엄마는 도대체 왜 아이를 낳은 거냐고.

어린아이조차 질책을 당하면 본능적으로 죄책감을 느낀다. 부모는 아이에게 가장 중요한 사람이다. 이런 상황에서 부모가 뭔가 불만을 늘어놓거나, 자신이 원하는 대로 하지 못한다고 불평하면 아이는 자기 때문에 부모가 불행하다고 속단한다. 유년 시기에 이미 감정 폭력의 희생양이 되어버린 아이는 가정의 불화를 일으키는 도화선이라고 스스로를 낙인찍는다. 그리고 이로 인해서 오랫동안 고통받는다. 가족 간에 벌어지는 갈등과 분쟁을 모두 자기와 연관 시키고, 사건에 책임을 느끼고, 모든 불화를 다 자신의 잘못으로 생각한다. 대부분의 피해자가 이런 생각을 하면서 스스로를 가치 없는 사람이라고 믿는다. 그렇기 때문에 자존감은 밑도 끝도 없이 떨어진다. 그러다 보니 이런 사람은 갈등이 일어났을 때 이 상황을 벗어나기 위해 하지도 않은 실수마저 자기 잘못이라고 말하고 그래도 분위기가 좋아지지 않는다면 이 역시 자기 책임이라고 확대 해석하는 경향이 있다.

또한 자신이 나서서 가정과 연인 관계, 혹은 직장에서 화목한 분위기를 조성해야 한다고 믿는다. 이들은 다른 사람의 기분을 좋게 만들 수 있다는 희망 아래, 분위기를 좋게 만들기 위해 미리 앞장서서 사람들이 꺼리는 업무를 맡는다. 이런 사람은 '착한 사람'이라고 인정받을지는 모르지만 항상 타인 먼저 생각하다가 자신을 희생하지 않도록 언제나 경계해야 한다.

어린 시절에 받은 상처와 괴롭힘, 비난, 과도한 요구사항 등의 안 좋은

자존감이 바닥을 친 당신을 위한 카운슬링 3

오랫동안 희생양이 되어 죄인처럼 지내온 사람이 이런 역할에서 벗어나려면 약간의 연습이 필요하다. 첫 번째 전략은 자신에게 묻는 방법이다.

'왜 나지? 그때 내가 정말 잘못했던 걸까?'

질문의 답을 얻으려면 그때의 상황을 잠시 멀리 떨어져 생각해보는 것도 도움이 된다. 제 3자의 입장에서 말이다. 직장에서 추진하던 프로젝트가 실패로 돌아간 것이 나의 잘못인가? 팀이 더욱 성장하지 못하는 것이 정말 나 때문인가? 연인 관계에서도 마찬가지다. 내가 양보를 안 하고 상대에게 먼저 다가가지 않은 게 잘못일까? 이런 비판을 들을 이유가 있나? 과연 내가 그의 말을 전부 수긍해야 하는 걸까?

직장에서 팀이 함께 맡은 업무 성과가 상사의 기대에 못 미쳐 전략 회의가 열릴 때, 성과가 부진한 사람이 모든 원인을 떠맡지 않는 것도 중요하다. 그렇게 하면 상사가 책임을 추궁하면서 한 사람을 집중적으로 공격하는 일도 없을 것이다. 이런 경험은 놀라울 정도로 많은 부담감을 줄이고 새로운 사실을 인지시킨다. "나만 문제인 것이 아니야. 책임은 모두가 함께 나누는 거야."

물론 이 연습의 목표는 앞으로 일어나는 잘못된 일을 전적으로 나의 탓으로 돌리지 말자는 것이지, 책임을 회피하자는 것이 아니다. 이루지 못한 프로젝트나 갈등 혹은 의견 충돌이 발생한 경우, 자신이 져야 할 책임이 어느 정도인지 현실적으로 측정하고 필요한 만큼의 책임을 지라는 것이다.

경험은 빨리 잊히지 않는다. 성인이 되어서도 이에 대한 기억이 계속 머물고, 어쩌면 평생을 따라다니며 괴롭히기도 한다. 이런 기억에 대해 언급하지 않고 상처를 준 사람과도 연락을 하지 않으면 기억의 뒤편으로 미뤄둘 수는 있겠지만, 그렇더라도 기억은 여전히 보이지 않는 낙인처럼 몸과 마음에 깊은 흔적을 새긴다.

엄마, 이제 제발 그만 하세요!

이제는 다 커버린 아들이 집에 오면 엄마는 항상 똑같은 말을 했다. "아니, 온 지 얼마 됐다고 벌써 간다는 거니?" 그러면서 엄마는 쌓아뒀던 고민을 끝없이 털어놓았다. 아들은 매일 반복되기만 할 뿐, 해결되지 않는 엄마의 고민에 더 이상 뭐라고 답해줘야 할지 알 수 없었다. 그러면 엄마는 "어휴, 넌 엄마 걱정은 하나도 안 되지?"라며 속상해하거나 대놓고 "너는 엄마한테 눈곱만큼도 관심이 없지?"라며 쏘아대기도 했다.

부모가 행하는 다른 형태의 정서적 폭력은 '애정을 볼모로 한 협박'이다. 이런 폭력은 자녀들의 마음에 깊은 상처를 입힌다. "아이고, 네가 안 찾아가면 이모가 몹시 실망할 거야." 혹은 "할머니께 한번 찾아가봐. 할머니가 정말 기뻐하실 거야." 이런 부드러운 문장으로 포장하는 행위를 영어로는 '감정적 공갈협박Blackmail'이라고 부르는데, 이런 말은 순종적인 아이에게조차 큰 부담감을 안긴다.

부모는 이런 식으로 아이에게 많은 것을 요구하고, 아이가 자신들이 원하는 것을 실제로 받아들이고 행했는지에 따라 가족 간의 애정을 측정한다. 이때 문제는 아이에게 양심의 가책을 느끼도록 만들고, 감정적으로 내키지 않은 일을 억지로 강요한다는 것이다.

할머니를 기쁘게 해드리고 싶다는 마음과 부모의 강요는 종이 한 장 차이에 불과하기 때문에 그 차이를 구분하기 매우 애매하다. 사실 아이를 양육하는 과정은 물론이거니와 연인 관계와 가족 관계 모두 감정적 협박 없이 굴러가는 경우는 거의 없다. 뮌헨 공과대학 심신의학과를 책임지고 있는 마르틴 자크는 이런 문제가 '인간관계의 부작용'이라고 말한다. 그는 이런 상황이 일어났을 때 그 안에 숨겨진 동기를 읽어내는 것이 중요하다고 강조했다.

항상 그렇지만 이런 상황 역시 전후 상황과 개인의 저항력에 따라 판단해야 한다. 가까운 사이의 사람끼리는 가끔씩 상대가 원하는 것을 들어줄 수 있다. 이는 스스로 마음에서 우러나와서 하는 선의의 행동이다. 반대로 아이가 부모에게 느끼는 '정서적 의존성'을 악용해 아이를 순종적으로 만드는 부모의 태도는 문제가 된다. 자녀와 부모의 관계는 보통 불균등하다. 아이가 성장하는 과정에서 부모의 애정과 관심은 없어서는 안 된다. 그만큼 아이에게는 절대적이라는 뜻이다. 성인이 되었을 때에도 부모로부터 관심받기를 원하는 마음이 완전히 사라지지 않고, 또 부모의 마음에 들고 싶어 한다.

애정을 볼모로 해서 아이를 마음대로 휘두르는 방법은 협박에 가까운 기술이다. 관심을 주지 않겠다고 위협하거나, 아이의 순종적인 태도를 지나치게 예뻐하는 태도는 아이의 자유의지를 짓누른다. 아이는 자율적이고 독립적인 성인으로 성장하지 못할 것이다. 이런 유형의 부모들은 모든 것이 전부 아이를 위한 것이라며 정당화하길 좋아하지만, 사실 이런 행동은 아이에게 큰 독이 되는 것이며 부모의 자기 지시성self-referentiality을 드러내는 것이다. 즉, 이런 부모는 아이의 안녕과 괴로움을 우선순위로 생각하지 않고, 자신의 맘에 드는지 아닌지에 맞추어 행동한다.

아이의 자존감을 기르는 아빠의 역할

'남자'는 가끔씩 집에서 성가신 존재로 취급받는다. 그러다 보니 자녀 교육에 관해서도 할 말을 제대로 하지 못하는 경우도 있다. 남자 역시 새로운 생명을 함께 만들어내지만, 아기가 처음 태어난 후 몇 주 동안에는 그저 옆에서 지켜보며 기다릴 뿐이다. '여자'가 아이를 낳고 젖을 먹이고 아이를 품에 안고 다니는 등 아이와 애착 관계를 쌓아가는 반면에, '남자'는 아기에게 그렇게 가까이 다가가지 못 한다. 시대가 많이 바뀌었다고는 하지만 이런 생각과 선입견은 유감스럽게도 오늘날까지 계속되고 있다.

많은 학자들이 유년기의 애착 경험의 중요성을 연구하고 있지만, 대부분은 엄마와 신생아의 관계가 주를 이룬다. 그런데 최근에 와서 영국의 소아과 의사들이 이 시기에 '아빠의 역할'을 과소평가해서는 안 된다고 경고하고 나섰다. 옥스퍼드 대학교의 찰스 오폰도Charles Opondo 교수는 아이가 태어난 후 몇 해 동안 '아빠가 아이의 육아에 얼마나 관여하는지'에 따라 훗날 아이의 자존감에 적지 않은 영향을 미친다고 주장한다. 오폰도는 이 주장을 뒷받침하기 위해 6,000명이 넘는 아이를 대상으로 조사를 시작했다.

그는 먼저 아빠가 아빠로서의 역할에 충실했는지, 아이에게 충분한 관심을 주었는지, 책임감을 갖고 함께 시간을 보냈는지를 살펴보았다. 이런 '다정한' 아빠와 함께 자란 아이는 9세에서 11세 정도가 되었을 때 심리적으로 또래에 비해 좀 더 안정적이었다. 또한 그렇지 않은 아빠에게서 큰 아이들보다 심리적 문제나 사회적 어려움을 겪는 경우는 14퍼센트나 낮았고 이상 행동을 보이는 경우도 드물었다.

아이의 옆에 있어주는 아빠는 아이와 감정적 교류를 나누며 양육에 적극적으로 참여한다. 아빠가 아이와 함께 노는 방법, 먹는 음식, 이야기를 나누는 방식 모두 엄마와는 다르다. 또한 민감하게 여기는 대상도 다르다. 많은 학자들은 엄마와는 다른 아빠표 육아 방식이 아이의 정서 발달을 돕는 중요한 포인트라고 말한다.

아기는 2개월이 되면 엄마와 아빠가 자신을 돌보는 방식이 다르다는 것을 깨닫는다. 아빠가 엄마에 비해 덜 섬세하다는 걸 이미 알기 때문에 아이는 기저귀 갈 때조차 다르게 행동한다. 물론 반대로 아빠가 더 섬세한 경우도 있다. 중요한 것은 엄마와 아빠 둘 중에 누가 더 잘하는지가 아니라 둘이 아이를 다른 방식으로 보살핀다는 점이다.

오폰도는 여자아이와 남자아이 구분할 것 없이, 양쪽 부모와 모두 감정을 주고받으면 건강한 자존감을 발전시킬 수 있다고 말한다. 예를 들어 아빠와의 운동 경기를 통해 놀이와 스포츠를 통해서도 갈등을 해결할 수 있다는 사실을 배운다. 함께 운동을 하는 것은 때때로 앉아서 이야기하는 것보다 훨씬 좋은 방법이 되기도 한다. 실제로 많은 남성들이 문제를 해결할 때, 앉아서 이야기를 나누는 것보다 몸을 쓰는 스포츠 경기를 하면서 갈등을 해결하는 것을 훨씬 편하게 생각한다. 여자아이도 남자아이와 마찬가지로 아빠와 몸을 부딪치며 놀거나, 이리저리 뛰어다니고 기진맥진할 때까지 힘을 쏟을 기회가 생긴다. 이런 것을 통해 여자아이도 강하고, 시끄럽고, 거칠어도 된다는 것을 자연스럽게 배울 수 있다. 게다가 아빠는 딸에게 남자가 어떤 생물인지 배울 수 있는 최고의 표본이다.

점점 더 많은 학자들이 아빠가 아이를 대하는 방식과 가치평가 방식이 얼마나 중요한지를 깨닫고 있다. 여자 보모와 여교사, 엄마 등 대부분 여성으로 둘러싸인 아이의 어린 시절에서 남성이 할 수 있는 일이 무엇인지 보여주어야 한다. 이제는 아이의 발달을 위해서 아빠의 역할은 덜 중요하다는 낡아빠진 남녀의 역할 분담에서 벗어나야 할 때다.

12~17세, 인생에서 가장 위험한 시기

신시내티 대학교의 키이스 킹Keith King은 많은 부모들이 아이를 어떻게 키워야 하며, 무엇을 해줘야 하는지 전문가에게 묻고 또 묻는다고 이야기한다. 마치 '부모 설명서'와 같은 도움말을 듣기를 원한다는 것이다. "그런데 이것처럼 간단한 답은 없을 것입니다. 아이가 좋은 일을 할 때마다 얼마나 아이를 자랑스러워하는지 표현해주세요. 아이가 하는 일에 관심을 갖고, 아이와 많은 시간을 보내세요."

기본 중에 기본이 아닌가 싶겠지만, 킹과 그의 동료인 레베카 비두렉Rebecca Vidourek이 실시했던 대규모 연구를 보면 당연하지만도 않은 것 같다. 생각보다 많은 아이들이 부모에게서 기본적인 관심과 애정을 받지 못한다. 아이의 발달을 위해 가장 중요한 일인데도 말이다. 교육학자이자 폭력 예방 전문가인 칼과 비두렉은 수천 명의 미국 청소년들을 대상으로 그들이 어떤 유년시절을 보냈는지 질문했다. 연구 결과를 놓고 봤을 때, 자신이 충분한 가치가 있다는 느낌을 받지 못한 청소년은 우울증에 쉽게 걸렸고 자살 충동도 더 강하게 느꼈다. 이는 전 세계의 많은 나라에서도 충분히 적용될 논리라고 생각한다.

최근 들어 많은 학자들이 입을 모아 유년 시절의 애착 관계만 중요한 것이 아니라고 이야기한다. 12세에서 17세 사이의 청소년에게도 자신이 보살핌을 받고, 누군가 자신의 뒤에서 힘이 되어 준다는 믿음이 중요하다. 킹은 모든 부모가 청소년을 마치 다 큰 성인처럼 생각한다는 게 큰 문제라며 안타까워했다.

12세와 13세 사이의 아이는 굉장히 예민하다. 이때가 되면 아이들은 부모에게서 칭찬을 들을 기회가 거의 없다. 아이는 부모가 자신을 자랑스러워한다는 말도, 뭔가를 잘 했다는 말도, 항상 곁에 있겠다는 말도 듣지 못한다. 한 연구에 따르면 이 시기의 아이들은 평소보다 5배가 넘게 자살 충동을 느끼고, 실제로 자살을 시도하는 횟수도 이전에 비해 7배나 높아졌다. 비두렉은 "문제의 해결 방법은 아이가 부모와 정서적으로 연결되어 있다는 긍정적인 느낌을 전하는 것입니다"라고 조언했다.

점점 사춘기로 접어들면서 16세나 17세가 되면 자살에 대한 생각은 잦아들기 때문에, 여전히 부모로부터 안정감과 애정을 느끼지 못하더라도 자살 충동을 느끼는 확률은 '단지' 3배 정도 밖에 높아지지 않는다. 어쩌면 아이가 조금씩 커갈수록 부모의 애정이 부족할 때 대처하는 자신만의 극복 전략을 찾아냈기 때문일 수도 있다. 안타깝지만 이런 추측은 우리에게 위로가 되지 않는다. 애정결핍의 결과는 성별과 계급, 인종에 상관없이 인생의 모든 영역에 영향을 미친다.

5장을 마치며

▶ 아이는 신체적으로는 물론 정신적으로도 친밀함과 애정을 기본으로 한 '안정적 결속'이 필요하다. 사랑과 관심이 결여되면 정신적으로 불안정해질 뿐만 아니라 각종 질병에 걸릴 위험도 높아진다.

▶ 아기가 울면 그냥 울게 두라는 말도 안 되는 조언은 들을 필요 없다. 아기가 잠들지 못하고 부모를 찾는데, 일부러 아이를 외면하는 것은 어린 아이에게 좌절감을 안겨주는 일이다. 버릇없는 아이로 키우지는 않을까 괜히 걱정하지 않아도 된다. 생후 처음 몇 달 동안에 아이는 특별히 더 많은 사랑과 관심이 필요하다.

▶ 부모가 행복하지 않아 보이면 아이는 자기 탓이라고 속단하고, 엄마나 아빠가 화를 내거나 슬퍼하는 것이 모두 자기 책임이라고 생각한다. 자신이 문제의 발단이라고 생각하며 죄인처럼 살아온 아이는 커서도 마찬가지로 자기 주변 일이 잘못될 경우 모두 '자기 탓'으로 돌린다.

▶ 부모가 가하는 모욕이나 괴롭힘은 아이의 발달을 제지하고 치명적인 심리적 상처를 줄 수 있다. 정서적 폭력은 아이를 무시하거나, 비난하거나, 모욕적인 말을 쏟아내거나, 주눅 들게 하는 등 다양한 형태로 나타난다.

▶ 사람은 누구나 관심을 받고 싶어 한다. 특히 아이들은 관심을 훨씬 더 많이 필요로 한다. 부모로부터 애정 어린 시선을 받지 못하면 아이는 부모의 주의를 끌려고 부단히 노력한다. 그래도 별다른 반응을 얻지 못할 경우 결국에는 '정신적 경직 상태'가 온다.

CHAPTER 6

| 연인·부부 |

이런 것이 정말 사랑일까?

세상에서 가장 맞지 않는 사람들끼리 살아가는 법

배우자를 절망에 빠뜨리는 방법은 매우 다양하다. 그런데 긴 세월을 함께한 부부 중에서는 그중에서도 가장 '확실한 방법'을 찾아낸 사람들이 많다.

"당신 뭐 해?"

"아무것도 안 하는데"

"아무것도 안 할 수는 없잖아?"

"아무것도 안 한다니까?"

"……."

짧게 표현해서 부부의 일상은 이런 식으로 굴러간다. 독일의 코미디언 로리오트Loriot는 이런 상황을 생생하고 적나라하게 보여주는 개그를 통해 큰 인기를 끌기도 했다. 스위스의 심리분석가인 베레나 카스트Verena Kast는 상대의 말을 듣고 있는 척하지만 사실은 한 귀로 듣고 한 귀로 흘려보내는 이러한 행위를 '수동적 공격'이라고 명명했다. 이는 부부간의 대화에서 아주 인기 있는 기술이다. 또한 오래전부터 권태기에 빠져든 많은 부부가 겪는 일상적 관계이기도 하다. 부인은 쉬지 않고 떠들고, 남편은 가끔 고개를 끄덕이거나 맞장구쳐주는 듯이 '응……', '어, 어.' 같은 소리를 내곤 하지만 사실 아무것도 듣지 않는다. 부인이 어쩌다가 콕 찍어 무엇이 문제냐고 물으면 대부분의 남편들은 대답하지 못하며 관심이 없었다는 사실을 자백한다. 이런 장면이 전형적인 역할 분배라고 생각되지만 물론 반대 상황도 있다. 남편이 끊임없이 말을 늘어놓고 아내가 끄덕이는 식이다.

또 다른 '감정적 무시 전략'으로는 대화 도중 하품을 하거나, 상대의 말에 관심이 없다는 것을 노골적으로 드러내는 등 다양한 형태가 있다. 육체적으로는 같은 공간에 있지만 서로 다른 생각을 한다. 그다음 상황은 불 보듯 뻔하다. "당신은 내 이야기에 귀 기울이는 법이 없어!", "당신은 나한테 관심이라고는 요만큼도 없지!"와 같은 비난이 쏟아지는데, 안타깝게도 대충 다 맞는 말이다.

지속적으로 정서적 압박감을 주는 표현 방식에는 끊임없이 질문하는 방법도 있다. 베레나 카스트는 이를 '임무형 질문'이라고 말하는데, 상대에게 계속해서 대답을 해야 할 것 같은 책임을 지우는 것을 의미한다. 보통은 예전에 한 번 지나가듯 한 말을 기억하냐고 묻거나, 맡긴 과제를 해냈는지 아닌지를 계속해서 물어보며 통제하는 식의 대화 방식이다. "그런데 당신 그거 했어?", "당신 뭐 해야 할 일 있지 않아?", "당신이 그거 할 때까지 도대체 얼마나 더 기다려야 돼?" 같이 상대방을 통제하기 위해 끊임없이 던지는 질문에 짜증을 내지 않으려면 티베트에 사는 불교 수도승의 인내심 정도는 가져야 할 것이다. 보통의 사람들은 당연히 다시 공격적으로 이를 되받아치게 된다.

보통 누군가의 연락을 피하거나, 자신의 의견을 강력하게 주장하지 않는 대답을 하는 등의 행동은 '방어 반응'으로 알려져 있다. 한쪽은 정서적으로 상대에게 관심을 주지 않고, 다른 한쪽은 비방과 비난을 쉴 틈 없이 표출한다. 제 3자의 입장에서 바라보면 이 두 사람이 벌써 오랫동안 함께 지내온 사이라는 것을 눈치챌 수 있다. 그리고 서로는 더 이상 상대방의 마음에 드는 행동을 하지 않는다는 사실도 알게 된다.

그리스 최고 철학자를 만든 잔소리의 힘

크산티페는 크게 화를 내며 소크라테스에게 온갖 심한 욕을 다 퍼부었다. 이런 일이 이미 여러 번 일어났기 때문인지 그녀는 이미 악처의 대명사가 되었다. 전해지는 말에 따르면 그녀가 남편의 머리 위에 요강을 들이부은 적도 있다고 한다. 그런데 소크라테스는 이런 모욕감을 주는 행위에 화를 내지 않고 다 받아줬다고 한다. 유명한 그리스 철학자가 더욱 대단해 보이는가? 하지만 누군가 허구로 꾸며낸 이야기도 상당히 많다.

크산티페는 단 한 번도 남편이 하는 일을 흡족하게 여긴 적이 없다고 한다. 이런 부인에게서 친절함 따위는 기대할 수 없었지만, 실제로 소크라테스는 자신의 운명을 그대로 참고 받아들이지는 않았다. 그는 대부분의 남자들처럼 술집이나 자기만의 공간에 틀어박히는 대신에 공공장소를 찾았다. 그러고는 "자, 보시오! 내 마누라가 불벼락을 내리면 비도 오게 할 수 있습니다"라고 다른 사람들에게 공공연하게 소리쳤다고 한다. 뿐만 아니라 이런 피곤한 여성과 함께 사는 것을 일종의 도전이라고 생각했다. 잘 생각해보면 소크라테스는 이런 방법을 통해 인내심을 기르고, 다른 사람을 이해하는 능력을 키우고, 상대의 사고방식을 파악하는 방법을 연습했던 것일지도 모른다. 집안의 폭정이 그에게 훌륭한 철학 수업을 제공한 셈이다. 더 나아가 프리드리히 니체Friedrich Nietzsche는 "아내와의 이런 관계를 통해 소크라테스는 아테나에게 가장 위대한 토론의 명수가 되었다"라고 말했다. 또한 소크라테스는 그의 삶을 고달프게 만든 부인에게 감사해야 한다고까지 덧붙였다.

부부가 서로를 헐뜯고, 상대방을 자기 마음대로 다루고 바꾸려고 하는 경향은 오늘날도 마찬가지다. 남편은 부인이 스스로는 무엇 하나 제대로 해내지 못한다고 생각하고, 부인은 남편이 하는 일마다 불평을 늘어놓는다고 생각한다. 여성이든 남성이든 어떤 관계에서나 '크산티페' 역할을 하는 사람이 존재한다. 그들은 배우자에게 '조언'을 해주는 것이라고 생각한다. 하지만 확실한 건 이런 간섭과 불평 역시 서로에게 아예 관심을 주지 않는 것과는 다른 형태의 폭력이다.

소리 없는 공격이 가장 강력하다

부부는 함께 산 지 벌써 13년이 됐다. 많은 일을 함께 겪고 이루고 힘든 고비도 잘 극복했다. 둘 사이에는 각각 아홉 살, 여섯 살이 된 딸도 있었다. 가족은 도시에 있는 한 아파트에서 오랫동안 월세로 살았는데 이제는 '내 집' 정도는 마련해야 되지 않을까 생각했다. 도시에서 멀리 떨어진 시골로 내려가 내 집에서 사는 꿈을 이루고 싶었다. 마침내 부부는 시골에 마음에 드는 집을 발견했다. 다행히 부인은 자영업에 종사했고 남편도 재택근무 형태로 일할 수 있어서 매일 도심까지 나갈 필요도 없었다. 게다가 맞벌이 부부였기 때문에 은행 융자금을 갚을 능력도 충분했다. 지금까지 함께 살아온 날들도 만족스러웠지만 이제 더욱 좋아질 일만 남았다고 생각했다.

부부는 이삿짐을 옮기고 새로운 집에 들여놓을 가구도 배송시켰다. 살던 집의 계약을 해지하고 이제는 계획했던 새 집 프로젝트를 시작할 일만 남은 상황이었다. 그런데 이사가 며칠 남지 않은 어느 날, 부인이 갑자기 "나는 이사 가고 싶지 않아"라고 폭탄선언을 했다. 지금 당장 이사 가고 싶지 않다는 것 정도가 아니라, 앞으로도 전혀 이사를 하고 싶은 생각이 없다는 것이다. 그녀는 오랜 시간이 지나고 나서야 한 번쯤은 내가 원하는 대로 하고 싶다는 생각이 들었다고 한다. 남편은 친구에게 실망스러운 말투로 요점만 간단하게 설명했다. "카린은 우리랑 같이 이사를 안 가겠대. 갑자기 생각이 바뀌었대."

베레나 카스트는 이사 계획을 물거품으로 만든 카린의 이야기를 들었

상대방과 현명하게 다투는 방법

사람들은 누군가와 분쟁이나 싸움이 일어나면 무조건 '나쁜' 일이라고 생각하는데, 이는 옳지 않은 생각이다. 서로 툭 터놓고 논쟁을 벌일 수 있다는 것은 아직 서로에게 관심이 남아 있다는 표시이다. 그만큼 활기찬 관계를 맺고 있다고 생각해도 좋다. 연인 관계에서 이전에는 분명 화를 냈을 일에 그냥 그렇다는 식으로 넘어가는 반응을 보일 때는 비상벨을 울려야 한다. 그만큼 관계가 안 좋아진 것으로 해석해야 한다. 모든 것이 상관없다는 식으로 지내는 것보다는 싸우는 편이 낫다.

다만 '올바른 방법'으로 싸우는 것이 중요하다. 두 사람 모두의 심신 건강을 위해서 말이다. 갈등 상황에서 상대방을 계속해서 무시하고, 멸시하고, 일반화시키려 하는 사람은 상대를 오랫동안 괴롭힐 것이 뻔하다. 상대방을 인정하고 소중하게 생각하는 것에 변함이 없다고 표현하라. 또한 "당신은 맨날 잊어버리잖아"라든가 "당신은 매번 꼭 당신 어머니처럼 말해"와 같이 과거의 일을 끄집어내는 것보다 현 상황에 집중하는 것이 좋다. 지금 일어난 갈등이 단지 현재의 순간적인 일에 국한된다는 점을 서로 간에 분명히 하는 편이 큰 도움이 될 것이다.

연인 사이뿐만 아니라 이 방법은 모든 관계에서 유익하다. 만약 진흙탕 싸움이 되어 상대방을 괴롭히고 상처를 주면, 서로를 존중하여 좋은 방법으로 갈등 상황을 해결할 때보다 스트레스 분자가 우리 몸 안에 머무는 시간이 확연히 길어진다. 지리한 분쟁으로 상처가 낫는 속도는 늦어지고 그만큼 고통은 더욱 오래간다.

을 때, 그녀가 한 행동을 '소리 없는 공격의 최고 형태'라고 표현했다. "카린은 그동안 품고 있던 불만족을 가장 효과적인 방법으로 표현했습니다. 남편의 의견대로 이끌려 다니는데 완전히 질렸다는 것을 분명하고 강력하게 보여준 거죠."

이 사례를 처음 접했을 때, 정서적 폭력을 휘두른 사람은 당연히 카린으로 보인다. 그녀가 남편에게 갑작스럽게 큰 충격을 안겼으니 말이다. 그녀가 이런 식으로 반응하기까지 이 부부에게는 도대체 어떤 일이 있었던 걸까?

그녀는 몇 년 동안 남편에게 지속적으로 스트레스를 받아왔고, 남편은 배려심이라곤 눈곱만치도 없는 사람이라고 털어놨다. 어쩌면 카린은 오랜 기간 자신이 존중받지 못한다고 느꼈기 때문에, 인생에 만족감을 느끼지 못했을 수도 있다. "무슨 일이든 항상 토마스가 나서서 결정했어요. 언제나 자기 생각대로 자기가 원하는 방향대로 이끌었지요. 저는 그냥 따라가는 수밖에 없었어요." 별다른 이유는 없었다. 숨겨둔 남자가 있는 것도 아니고, 세계 일주를 하고 싶다는 원대한 계획이 있는 것도 아니었다. 단지 이제부터라도 스스로 결정하면서 살아보고 싶었다. '이게 정말 내가 원하는 것일까?' 카린은 수십 번씩 이 질문을 되뇌었다. 더 이상 남편이 계획한 일에 구속되지 말자는 생각으로 스스로를 격려했다.

물론 모든 불행을 남편 탓으로 전가할 수는 없다. 마지막 순간까지 기다렸다가 한 번에 터뜨리기보다 자신이 원하는 것이 무엇이며, 무엇을 중요하게 생각하는지 평소에 남편에게 분명히 말했어야 했다. 결국 남편은 그의 뜻대로 그림 같은 초원 위의 집으로 이사했고 카린은 도시에 그대로 머물렀다.

두 얼굴의 남자친구

삼십 대 중반인 남자는 친구들 사이에서 굉장히 좋은 인상이었다. 지인 사이에서도 평이 좋았다. 독특하고, 유머 감각이 좋고 다재다능하며 자기와 관련이 없는 다른 분야에도 관심이 많았다. 저녁이 되면 야외 호프집에서 많은 사람이 모인 자리에서 여러 사람과 즐겁게 대화를 나누었고, 여성을 배려하고 친절하게 대할 줄 알았으며, 누구나 매력을 느낄 만큼 멋진 사람이었다.

그런데 이런 모습과는 달리, 오랜 시간을 함께 한 여자친구와 같이 있으면 그는 완전 다른 사람처럼 끔찍하게 변했다. 남자는 여자에게 좋아하는 감정을 넘어서 사랑하고 있다고 몇 번이나 이야기했지만, 문제는 여자는 이런 느낌을 전혀 받지 못한다는 것이었다. 남자는 자신이 생각하기에 여자친구가 약간 지루하거나 장황하게 이야기를 늘어놓으면 중간에 말을 끊어 버렸다. 여자친구의 의견을 '재미없다'고 지적하고, 다른 사람이 있는 자리에서 여자친구가 말하고 행동하는 모든 것을 비판했다. 여자친구를 무시하는 눈빛으로 바라보고 가끔은 마치 여자친구를 아무것도 모르는 '철없는 멍청이'로 여긴다는 것을 여과 없이 드러내기도 했다.

다른 사례를 살펴보자. 이 부부는 벌써 극적인 순간을 몇 번이나 겪었다. 일상이 롤러코스터를 탄 것 같다는 생각도 들었다. 높은 곳으로 치달았다가 아래로 뚝 떨어지는 일이 연속으로 일어나기도 했으니 말이다. 교제 초반, 남자는 여자의 환심을 사려고 끈질기게 노력하며 그녀가 가는 곳이라면 어디든지 쫓아다녔다. 여자도 그와 함께하기 위해 모든 것을 던져버리고 남자에게 달려가곤 했다. 둘은 몇 년 동안 외국에서 아름다운 나날을 보냈다. 마치 한 편의 영화 같은 아름다운 시간이 흘러갔고 둘 사이는 여전히 행복해 보였다. 그렇게 함께 한 세월이 벌써 18년이나 되었다.

남부러울 것 없는 인생이었다. 자기 집도 장만하고, 이웃과도 원만한 관계를 유지했으며, 좋은 직장에 다니고, 두 명의 자녀도 훌륭하게 잘 자라 주었다. 그런데 어느 날 일이 터지고 말았다. 남편이 자신의 불륜 사실을 부인에게 실토했기 때문이다. 부인은 나중에 이 일이 마른하늘에 날벼락 같았다고 회상했다. 남편은 한 번도 아니고 이미 여러 번, 여러 여자와 외도를 했다고 말했다. 부인과는 더 이상 함께하고 싶은 마음이 없다고 했다.

그런데 불행은 여기서 끝나지 않았다. 남편은 자기와 만난 여성의 이름과 낯선 도시를 나열하더니 이름 모를 호텔 방까지 묘사했다. 이어서 여성들과 관계를 하며 했던 체위와 자세, 그리고 다른 것에 대해서도 적나라하게 늘어놓았다. 남자가 자랑하듯이 나열하는 이야기를 다른 친구들이 들었다면 분명 남자에게 "알았어, 알겠다고. 별로 자세하게 듣고 싶지 않아"라며 말했을 것이다. 단순히 자신이 저지른 불륜을 알리는 것만으로는 부족한 듯했다. 남편을 알고 지냈던 주변 사람들은 그가 원래 나쁜 사람은 아니라고 이야기했다. 하지만 그는 무슨 이유인지 마치 부두교 의식 때 쓰는 지푸라기 인형에 하는 것처럼 부인의 마음을 향해 독화살을 쏘아댔다.

사실 그가 불륜을 저지른 배경에는 부인이 아니라 '자신에 대한 분노'가 숨어 있었다. 남자는 늘 똑같은 지루함에 화가 나 있었다. 가보지 못한 길에 대한 동경, 끊임없이 새로운 것을 갈망하는 욕구, 이 모든 것을 아내에게 털어놓기에는 터무니없이 부족한 용기 등 모든 것이 남자를 극단적 상황에 이르게 했다. 결국 부부는 헤어졌다. 또다시 영화 속 장면이 펼쳐졌다. 하지만 이번에는 로맨스 영화가 아니라 도자기를 깨고 언성이 높아지는 스릴러 영화였다.

나를 사랑한다면 증거를 대봐!

"나를 정말 사랑한다면 증거를 대봐!"

연인 사이에서 이 말보다 큰 부담감을 주는 말이 또 있을까. 애착이론을 성립한 보울비Bowlby의 이름을 딴 런던의 보울비센터 심리치료사 케이트 화이트Kate White는 요즘 세대에는 '침울한 섹스'가 연인 사이에 만연해 있다고 말한다. 화이트는 연인이 육체적으로 아무리 자주 관계를 맺더라도 외롭다고 느낀다면 이들은 슬픈 관계라고 덧붙였다. 단순히 섹스가 사랑하고 있다는 증거로 여겨지거나, 전반적으로 금이 간 자존심을 다시 세워주는 도구로 이용되거나, 연인 관계의 불확실함을 은폐하려는 목적으로 쓰인다면 이는 관계를 단단하게 만들어주기는커녕 어떠한 만족감도 가져다주지 않는다. 따라서 애정 관계를 지속시키고 싶다면 유쾌하지 않은 섹스를 하느니 차라리 잠자리를 적게 갖는 편이 좋다고 충고한다.

연구에 따르면, 오래된 연인과 자주 관계를 갖길 원하는 사람은 서로의 애정을 확신하지 못하고 둘의 관계가 여전히 지속되고 있다는 증거를 필요로 하는 것이라고 한다. 이런 사람은 상대방에게서 예전만큼의 '정서적 친밀감'을 느끼지 못하기 때문에 육체적 관계를 통해 부족한 애정을 채우려 노력한다. 이런 태도는 잠깐 동안은 가까워졌다는 느낌을 줄 수 있겠지만 장기적으로 봤을 때는 전혀 관계를 개선시킬 수 없다. 게다가 이런 방법으로는 서로의 관계가 불균등해지고, 한 명이 다른 한 명에게 의존하는 상황이 생긴다. 둘 중 누군가가 사랑과 다정함을 간절하게 원한다면, 상대는 애정을 무기로 상대를 조종하여 자신이 가진 힘을 악용할 수 있다. 다시 말해 연인 관계에서 상대에게 복종해야하는 일이 생기면 둘 사이에 균형 잡힌 관계를 유지할 수 없다. 상대방에게 생색내듯이 애정을 조금씩 나누어주는 경우도 마찬가지로 안정적인 관계라고 볼 수 없다.

지속적이고 안정적인 관계를 유지하면서, 동시에 만족스러운 성생활을 자주 하는 것은 전혀 문제가 되지 않는다. 그러나 오랜 시간을 함께 지내면서 서로에 대해 너무 잘 알게 되고 서로에게 무뎌지면 상대방에게 놀라움이나 큰 쾌락을 주기가 쉽지 않다. 그래서 학문적인 관점에서 봤을 때 오랫동안 함께 한 부부가 더 이상 불타는 열정이 아닌 성숙한 대화로 서로의 사랑을 확인하는 것은 당연한 현상이다. 이런 관계로 발전하지 못한다면 오래된 연인은 불균형 속에서 삐거덕거리다 결국은 헤어질 수밖에 없다.

5년 이상을 함께하다 보면 서로 떼려야 뗄 수 없을 만큼 폭발하던 애정이 시들해지는 것이 보통이다. 10년 혹은 15년이라는 시간을 함께한 후에도 여전히 자주 잠자리를 한다면, 이들은 보기 드문 예외거나 반대로 정서적으로 매우 불안정한 상황이라고 볼 수 있다. 후자의 경우 이들의 애정 관계는 감정의 롤러코스터라고 비유할 수 있다. 이런 사람은 상대방이 자신을 여전히 좋아한다는 증거를 원한다. 진정으로 행복한 관계와는 상관없이 눈에 보이는 '물리적 증거' 말이다.

카를 하인츠 브리쉬는 성적 행동과 관계를 유지하려는 방법은 모두 유년시절 경험한 애착 관계가 다시 투영되는 것이라고 말한다. 부모와 불안정한 관계에 있었고, 분리불안의 위험을 느꼈던 사람은 훗날 연인에게 강하게 매달릴 확률이 높다. 이런 사람은 자신이 실수를 저질러 상대방을 잃게 될까 봐 늘 노심초사다. 스스로를 부족함이 많은 사람이라 여기고 이로 인해 애정을 받을 가치가 없다는 사실을 들낄까 봐 늘 불안해하며 괴로워한다.

타인의 마음에 드는 일에 온 신경을 쏟는 사람은 건정한 애정 관계를 맺지 못한다. 이런 태도는 본인의 정신 건강에도 좋지 않다. 그래서 스스로를 믿는 사람은 바람피울 확률이 적은 반면에, 불안해하고 자신을 자꾸만 의심하는 사람이 섹스 파트너를 자주 바꾸거나 설익은 불륜을 저지른다. 정서적으로 튼튼한 사람은 자신이 소중한 사람이고, 다른 사람들 역시 자신을 좋아하고 필요로 한다는 사실을 끊임없이 확인하려들지 않는다. 이들은 따뜻한 행복의 언덕 위에 안정적으로 자리 잡은 상태로 누가 말해주지 않아도 혼자서 이런 충족된 아름다움이 무엇인지 제대로 느낄 수 있다.

6장을 마치며

▶ 오랜 연인들 중에 상대를 파괴하는 본인만의 방법을 개발한 사람들이 종종 있다. 사소하게 생각할 수 있는 짓궂은 장난에서 공격적인 언행까지 그 방법은 다양하다. 이들의 행동은 상대를 파괴하려는 의지가 강하게 보인다. 순간적으로 잠깐 올라온 분노를 표출하는데서 끝나는 것이 아니라 실제로 상대가 괴롭길 바라는 의도가 가득 담겨 있기 때문에 정신적 폭력에 해당한다.

▶ 연인 관계나 가족 간에 싸우는 일이 무조건 나쁘거나 해를 끼치는 것은 아니다. 도리어 다른 사람이 하는 일에 관심을 두지 않고 반응을 전혀 보이지 않으면 경고음을 울려야 한다. 싸울 일이 생겼을 때는 현명하게 싸우는 방법을 학습해야 한다. 건전한 싸움은 관계를 정화하고 문제를 해결할 때가 많다. 반대로 유익하지 못한 싸움은 상대방에게 상처만 주고 마음을 아프게 한다.

▶ 시들해진 연인 관계를 개선하기 위해 섹스를 수단으로 이용하는 일은 도움이 안 된다. 연인이 오랜 시간을 함께하면 일반적으로 성관계를 갖는 횟수가 점점 줄어든다. 이상적인 관계는 처음 함께할 때의 불타던 열정이 조금 더 성숙한 이해심과 큰 신뢰감으로 바뀌는 것이다. 반대로 사랑의 증표로 요구되는 의무적인 섹스는 단지 더욱 큰 허무함과 실망감을 가져다줄 뿐이다.

▶ 애정 관계는 평등하지 않을 때가 많다. 서로 주고받는 애정은 아무런 문제가 없지만, 한쪽으로 기울어진 애정의 크기는 상대에게 약점이 된다. 그러면 이 약점이나 의존도를 악용해 지속적인 정서적 학대가 발생할 위험이 커진다.

CHAPTER 7

| 회사 |

직장 내 괴롭힘 금지법이 시행됩니다

폭스바겐 본사에 존재하는 비밀의 방

환자는 수면장애와 정서불안을 호소하며 심리치료사를 찾아왔다. 그는 오랫동안 미국 기업의 임원직에 있으면서 자신이 매우 중요한 역할을 한다고 생각했다. 그런데 54세인 환자는 얼마 전에 직장에서 잘리고 말았다. 상당한 충격이었다. 스포츠라면 꽤 좋아하고 꾸준히 자기 관리를 해오던 그는 갑작스럽게 해고를 당한 후부터 자기 자신을 놓아버렸다. 몸을 돌보는 일을 등한시했고, 솔직히 지금은 뚱뚱하다고까지 할 수 있을 정도로 살이 많이 찌고 말았다. 몸이 망가진 것은 물론이고, 언제나 긴장 상태의 연속에 마음마저 불안했다. 청춘을 바쳐 몸담은 회사에서 자신을 한순간에 내쳤다는 사실이 말할 수 없을 만큼 속상했다. 그는 입사 이래로 성공을 거두는 것에만 익숙했다. 정서적으로 마음의 문을 꽁꽁 걸어 잠근 가족 아래에 자란 그는 평생 동안 직장에서 성과를 올리는 데에만 매달렸다. 차곡차곡 빠른 속도로 승진했지만 이런 배경 탓인지 옛날부터 높이 오르려면 누군가를 깎아내려야 한다는 것을 잘 알았다.

의사에게 이런 환자는 일종의 도전이다. 이런 환자를 치료할 때 친밀하게 그의 입장에서 모든 이야기를 들어주는 것이 도움이 될까, 아니면 거리를 유지하고 객관적인 사실을 전해주는 것이 좋을까? 의사는 남자를 치료하는 과정에 진전이 보일 때까지 환자에게 너무 '감정이입'을 해서는 안 되며, 지나치게 많은 칭찬을 삼가야 한다. 또 동시에 자아도취에 빠진 그의 영혼을 잘 살펴야 한다. 지금 남자가 힘들어하는 이유는 더 이상 '성공'할 수 없기 때문이다. 이는 자신이 가치가 없다는 생각과 연결된다. 회사가 그를 해고한 배경에 정서적 폭력이 숨어 있는지 아닌지는 확실치 않지만, 이럴 경우 심리치료는 그가 스스로 자신의 실행력을 믿을 수 있도록 도움을 주는 데 방향을 맞춰야한다.

평가를 안 좋게 받는 경우가 아니더라도, 회사에서 쉽게 정서적 폭력에 노출되는 경우가 있다. 이 일을 할 때는 언제나 긴장상태가 되며, 연차가 아무리 쌓여도 항상 떨리기 마련이다. 그러나 직장인이라면 모두 이 의식을 피할 수 없다. 바로, '상사 앞에서 발표하기'다. 폭스바겐Volkswegen에서는 무엇인가 잘못되었을 때 팀장급 직원 모두가 매번 보고서를 써야 한다고 한다. 그다음에는 가장 높은 위치에 있는 여러 임원들 앞에서 보고서 내용을 발표하고, 임원진의 질문에 답변해야만 한다. 폭스바겐의 회장이었던 마르틴 빈터코른Martin Winterkorn도 언제나 이 자리에 함께했다.

나는 이 의식의 본질을 '결함 골라내기' 혹은 '책잡기', '꼬투리 잡기'라고 생각한다. 그래서 앞으로 이 의례의식을 '꼬투리 행사'라고 부르려고 한다. 꼬투리 행사의 한가운데 세워진 직원은 결함에 대한 변명을 하고, 무엇이 왜 계획대로 제대로 작동하지 않았는지를 설명해야 했다. 이들은 마구 쏟아지는 질문을 받으며 멍청하고 작은 초등학교 어린아이처럼 서 있을 수밖에 없었다. 한쪽 방향으로만 흐르는 권력에 절대적으로 복종할 것을 강요당하고, 공공연하게 멸시당하는 자리에 서야만 했다.

직원들의 제보에 따르면, 배기가스 스캔들이 알려지고 언론에 물어 뜯기자마자 몇몇 직원들은 폭스바겐 본사가 있는 볼프스부르크에 불려갔다. 이곳에는 '결함 골라내기'라고 불리는 기구가 존재했는데, 팀장급 직원들은 어느 방 앞에서 기다리다 이름이 호명되면 방 안으로 들어가야 했다. 그들 앞에 놓인 탁자 위에는 엔진 블록이나 매연가스 부품, 혹은 기술적으로 문제가 제기된 부분에서 떼어낸 망가진 부품이 놓여 있었다. 엔지니어들은 이 부품을 앞에 두고 자신의 입장을 변호해야 했다. 어떤 이유로 부품이 제대로 작동을 안 했는지, 어떻게 이런 일이 발생할 수 있는지, 문제가 발생했을 때 무슨 생각을 했는지 등 까다로운 질문이 쏟아졌다. 중간급 혹은 고위 임원직도 마찬가지였다. 너 나 할 것 없이 앞으로 불려나가 공식적으로 모욕당하고 수모를 겪어야 했다. 설명할 수 없는 문제나 직접적으로 관계가 없는 분야에 대해서도 해명해야 할 때가 자주 있었다.

자, 여기서 누가 대장이지?

폭스바겐에서 일했던 직원은 꼬투리 행사를 끝내고 나면 땅이 꺼져라 한숨이 나오고 절망적인 기분이 들었다고 한다. 계획했던 일이 왜 실패로 돌아갔는지, 어디에 오류가 있는지, 직원과 같은 눈높이에서 파악하고 협력해서 해결하려는 토론식 대화는 없었다. 만약 이런 기회가 있었다면 배기가스 스캔들이 더 일찍 해명되거나 아예 처음부터 그런 일이 일어나지 않도록 막을 수 있었을지도 모른다. 자유로운 발언권이 있었다면 말이다. 하지만 토론장은 책임자를 색출하고 그에게 모든 책임을 뒤집어씌우려는 목적으로 이용되었을 뿐이다. 간단히 말해 누가 기업에서 정말 중요한 위치에 있는지, 누가 권력을 쥐고 있는지를 확실하게 인식시키는 방법에 지나지 않았다.

우리는 명백하게 서열이 존재하는 상황에서 자신을 변호해야 하는 상황에 놓이곤 한다. 예를 들면 이런 식이다. 외과의사는 병리학과에서 환자의 괴사한 발을 보여주며 병원장 앞에서 해명해야 한다. 원장은 유족이 보는 앞에서 그가 이 상황을 제대로 설명할 수 없다면 피의자 신분으로 법정에 서야 할 것이라며 압박한다. 아니면 방문했던 적이 있는 가게에서 도둑이 들었다는 이유로 경찰 앞에서 나의 알리바이를 설명해야 하는 일도 있다. 이때 실수로 횡설수설이라도 한다면 틀림없이 용의자로 의심받을 것이다.

위의 두 사례에서는 영원히 자리를 굳건히 지켜온 오랜 '권력의 피라미드'가 존재한다. 독일 속담에는 "Ober sticht Unter(오버 슈티히 운터)"라는 말이 있는데, 이는 "까라면 까"라는 말과 비슷한 뜻이다. 독일식 카드 게임에서 나오는 말로 카드에 그려진 계급에 따라 권력이 낮은 카드를 뽑은 사람은 권력이 높은 카드의 사람이 시키는 대로 해야 한다는 규칙에서 유래했다. 이밖에도 "누가 여기서 가장 높은 사람이지?", "누군가 한 명은 책임을 져야겠는데", "물어볼 때만 대답하세요"와 같이 딱딱하게 고정된 수직적 위계질서를 나타내는 말은 수없이 많다.

미국의 전설적인 국무장관 헨리 키신저Henry Kissinger가 새로운 직원을 고용했을 때의 일이다. 직원이 처음 일을 시작했을 무렵, 키신저는 그에게 약간 긴 원고 한 편을 쓰도록 했다. 담당 직원이 심혈을 기울인 끝에 완성된 원고를 갖다주었더니, 키신저는 "대학에서 고작 이런 것밖에 안 배웠나?"라며 원고를 되돌려주었다. 직원은 자신이 쓴 글을 성실하게 처음부터 끝까지 완전히 고친 뒤 키신저에게 갖다주었다. "더 잘할 수는 없나 보군?" 키신저가 비아냥거렸다. 이 말을 들은 직원은 밤을 새우면서 세 번째로 원고를 수정했다. 다음 날 키신저는 직원을 불러 "이게 당신이 할 수 있는 최선이란 말이죠?"라고 물었다. 직원이 더 이상 참지 못하고 큰 소리로 말했다. "그래요, 빌어먹을! 이보다 더 잘 할 수는 없습니다." 그러자 키신저는 만족스럽다는 듯이 미소 지으며 대답했다. "좋아, 그렇다면 이제 자네 원고를 읽어보도록 하지."

이 일화는 이제 웃고 넘길 수 있는 이야기가 되었다. 이야기 속의 직원이 나중에 키신저의 측근 중 한 명으로 직위가 상승하여 오랫동안 그 자리에 머물렀기 때문이다. 키신저는 이런 시험을 통해 직원의 인내심이 얼마나 되는지, 자신의 일을 맡아서 할 수 있을 만한 사람인지를 알아보고 싶었을 것이다. 1950년대와 1960년대에 존재하던 권력관계를 고려하면 이런 일은 비일비재했겠지만, 사실 여기에는 도가 지나친 불손함과 무례함이 숨어 있다. 키신저는 결정권을 쥐고 있는 사람은 자신이며, 원고의 수정이 필요한지 아닌지는 모두 자신에게 달려 있다는 것을 과시한다. 권력관계를 가감 없이 드러낸 것이다. 또한 원고를 한 번도 읽지 않은 상태에서 직원에게 거듭 수정을 요구함으로써 책임을 직원에게 묻는다. 게다가 직원이 세 번이나 원고를 수정한 후에야 상대를 비난하는 것을 멈췄다.

의도적 무관심 :
아무도 나에게 관심을 갖지 않는다면

각기 다른 학문 분야와 학과의 구성원이 모여 자유롭게 토론하는 방식으로 진행되는 대학 수업이 있었다. 수업 때마다 학생들 중 한 명이 자료를 준비해서 약 15분 정도의 발표를 했다. 주제는 자유였다. 15분이 지나면 다른 학생이 즉석에서 방금 들은 발표의 내용을 요약해야 했다. 발표자는 원고를 보지 않고 말을 해야 했고, 발표를 요약하는 학생 역시 내용을 메모하는 것은 금지되었다. 오로지 머릿속에 떠오르는 생각을 자유롭게 말해야 했다.

어느 날인가 학생이 자유 발표를 하고 있는데 교수가 갑자기 자리에서 일어났다. 학생의 발표 주제는 열여섯 살의 어린 나이로 예술적인 시를 지은 비상한 시인이었다. 발표 도중 교수가 등을 돌려 자기 책장으로

가더니 무엇인가 중요한 책을 찾는 것처럼 집중했다. '갑자기 왜 저러시지?' 발표자는 너무 당황스러웠다. 발표 내용이 지루한가? 아니면 발표 내용 중에 무엇인가 자세하게 살펴보고 싶은 것이 있어서 책을 찾고 계신 건가? 결론부터 말하자면 이 두 가지 추측은 모두 틀렸다. 교수의 행동에는 다른 의도가 있었다. 학생은 발표를 하는 동안 교수가 다시 이쪽에 관심을 갖도록 그와 시선을 마주치려 노력했다. 하지만 그런 노력도 아무 소용 없었다. 발표자의 머릿속에는 의문만 맴돌았고 결국 얼마 되지 않아 발표는 모두 꼬여버리고 말았다.

발표자는 잠시 숨을 고르고 다시 발표를 이어갔다. 상황이 어찌 되었든 그 방에는 다른 많은 청중이 있으니까 말이다. 학생은 이제 교수를 보는 대신에 다른 학생들을 보려고 애썼고 이들의 눈빛과 관심을 얻으려 했다. 발표는 다시 순조롭게 진행되었다. 별 탈 없이 15분이 마무리되었다. 그래도 언짢은 무엇인가가 여전히 발표자의 기분을 꺼림칙하게 했다. 발표가 끝나고 잠시 어색한 쉬는 시간이 시작됐다. 교수는 자기 자리로 돌아와서는 돌발 행동을 함으로써 무엇을 하려 했었는지를 알려주었다. 자신감이 넘치고 주도적인 사람이 앞에서 발표할 때, 가장 중요한 대화 상대가 갑자기 사라지는 상황에서도 자신감을 잃지 않는가를 테스트 했다는 것이다. 즉, 교수는 의도적으로 발표자를 불안하게 만들었다.

교수는 좋은 의도였다고 변명을 늘어놓겠지만 발표자를 존중하는 마음은 전혀 찾아볼 수 없다. 그는 오히려 수업에서, 무대 위에서, 그리고 인생에서 대화를 나눌 때도 권력관계가 존재한다는 사실을 일찍 가르쳐 준 것밖에 안 된다. 그가 나서지 않더라도 청중이 강연 도중에 시선을

사느냐 죽느냐, 그것이 문제로다

1942년 에른스트 루비치의 코미디 영화 《사느냐, 죽느냐 To Be or Not to Be》에는 이런 상황이 너무 잘 묘사됐다. 영화의 중심에는 바르샤바 극단이 등장한다. 극단 단원들은 나치 점령군에 저항하기 위해 가능한 모든 연극 예술을 동원해서 공연을 했다. 그런데 어쩐 일인지 셰익스피어의 연극을 공연할 때 햄릿의 유명한 독백 "사느냐, 죽느냐"가 나오는 시점에서 매번 벌떡 일어나 나가는 젊은 군인이 있었다. 남자는 앞줄의 어딘가에 앉아 있다가 도망치듯 급하게 극장을 빠져나갔다. 매일 밤 똑같았다.

평소에 허영심이 있는 주연배우는 이 일 때문에 굉장히 괴로웠다. 자신의 연기가 형편없어서 무시받는다고 생각했다. 그는 점점 무대에 서는 일이 두려워져 공연 무대마다 몸이 덜덜 떨렸다. 관객으로 가득 찬 공연장에서 군인이 뛰쳐나가는 것이 매번 자기 때문이라고 생각되자 절망스럽고 깊은 슬럼프에 빠질 것만 같았다. 나중에 밝혀지지만 젊은 군인이 그런 행동을 한 것은 다른 이유가 있었다.

물론 관객 중에는 화를 내고 씩씩거리면서 극장을 뛰쳐나가는 것으로 공연이 맘에 안 들었다고 표현하는 사람도 있다. 영화는 이런 표현 방식을 죄다 자기 탓으로 돌리는 것이 얼마나 자기중심적인 일인지에 좀 더 초점을 맞추어 섬세하고 분명하게 보여준다. 영화는 연기에 대한 배우의 의미 없는 걱정과 최선을 다해 나치에 저항하려는 동료들의 계획을 대조를 이루어 묘사한다. 영화가 다루는 주제는 연극 상연의 성공 여부가 아니라 삶과 죽음의 문제였다.

딴 데로 돌리거나 하품을 하고, 심지어 졸거나 강당을 나가는 일이 이미 자주 일어나기 때문이다. 또 이런 행동을 보면 모든 것이 자기 탓이라고 받아들이는 사람은 더 많이 혼란스러워하고 심한 경우에는 상처를 받기도 한다.

며칠 후 교수는 자신이 했던 것과 비슷한 상황에 처했다. 교수는 담당 프로젝트를 설명하고 있었다. 마침 장학금 사용 계획을 설명하려던 참이었는데, 심사위원장이 뜬금없이 신문을 번잡스럽게 꺼내더니 보란 듯이 스포츠 기사 면을 넓게 펼쳐 들었다. 심사위원장의 얼굴은 높이 든 신문 뒤에 가려 더 이상 보이지 않았다. 교수는 당황스러워서 의아한 표정으로 다른 심사위원들을 바라보았다. 그는 자신감을 잃었고 주눅이 든 채로 발표를 이어갔다.

집단 안에서 힘을 갖고 있는 사람이 누구인지를 과시하는 방법은 여러 가지가 있다. 앞서 말한 사례들 외에도 구직을 위한 면접이나 장학금이나 후원금을 받기 위한 인터뷰도 마찬가지다. 그 대상이 학생이 되었든, 직업 훈련원 혹은 자신의 프로젝트를 선보이는 교수든 누구나 똑같다. 심사위원장의 신문을 꺼내 읽는 행동에는 발표자를 무시하는 태도가 명백하게 들어있다.

악마 상사를 만드는 3가지 조건

힘없는 말단 직원에게 그나마 위안이 될 만한 일이 있다. 월급은 쥐꼬리만 하고, 일은 항상 넘쳐나고, 상사를 주인처럼 모셔야 하는 입장일

지라도 적어도 당신을 노예처럼 부려 먹는 그 상사보다 당신이 도덕적인 면에서는 훨씬 뛰어나다는 점이다. 대다수의 심리학자들은 특히 금융시장 분야에서 매니저급 직위에 오르려면 상대방에 대한 배려 따위는 버리고 '자아도취형' 인간이 되어야 한다고 말한다. 마이클 루이스의 책 《라이어스 포커Liar's Poker》와 톰 울프의 소설 《허영의 불꽃The Bonfire Of The Vanities》에는 좋은 거래를 성사시켜 성공의 기회를 잡을 수만 있다면 물불 가리지 않고 무엇이든지 하는 탐욕스럽고 파렴치한 은행가의 모습이 그려진다. 그로 인해 '부자'와 '성공'이라는 단어에는 인격적 결함이 언제나 꼬리표처럼 따라다녔다.

성공한 사장 중에서는 자기가 그 자리까지 올라올 수 있던 비결로 '자신을 내세우는 성향'과 '치열한 경쟁심' 덕분이라고 말하는 사람이 많다. 하지만 이런 것들이 반드시 성공하는 데 도움을 준다는 법은 없다.

덴버 대학과 버클리 대학의 사회심리학자들은 헤지펀드 매니저의 경우 앞서 말한 사실과 관련하여, 인성이 나쁠수록 오히려 나쁜 실적을 낸다는 것을 증명해 보였다. 목적을 위해서는 수단과 방법을 가리지 않는 교활한 성격과 이기적인 자기애, 그리고 비양심적인 인성으로 완성된 '마키아벨리즘Machiavellism'은 어떤 직업 분야에서는 유리할 수 있겠지만, 절대 성공으로 향하는 지름길은 아니다.

두 학교의 사회심리학자들은 101명의 헤지펀드 매니저의 인성 프로필을 작성하고 2005년부터 2015년까지 10년 동안 이들이 관여한 투자와 수익, 그리고 위험 양상을 분석했다. 정신병에 가까운 인성을 가졌다고 나온 금융업자는 부드러운 성격의 동료보다 수익 면에서 약 1퍼센트 정도 뒤처졌다. 이런 차이가 그렇게 크게 다가오지는 않겠지만, 몇 년 후 헤지펀드 머니저가 주무르는 액수를 고려하면 굉장히 큰 차이라는 것이 느껴진다. 또한 정서가 불안정한 성향의 매니저가 심리적으로 건강한 동료 직원과 같은 수준의 수익을 올리기 위해, 더욱 위험이 큰 투자를 진행한다는 결과도 나왔다.

연구를 이끈 덴버 대학의 리아네 텐 브링케Leanne ten Brinke는 배려할 줄 모르는 '냉정한 성향'의 사람이 투자 상담가로서 적합하다는 생각이 과연 우리의 선입견은 아닌지 생각해봐야 할 때라고 말한다. 이런 성향의 사람은 나쁜 상황을 호전시키지 않을뿐더러 오히려 좋은 성과를 내는 데 방해가 된다고 한다. 연구 결과를 놓고 봤을 때 우리가 생각하는 것과는 달리 펀드 매니저 중에 차가운 성향이라고 분석된 사람은 놀라울 정도로 적었다. 그 이전에 정치가를 대상으로 진행된 조사에서도 자기중심적인 냉혈 인간이 더 큰 성공을 거두는 것은 아니라는 사실이 밝혀졌다.

그러니까 회사에서도 마찬가지다. 위아래 서열이 확실하게 구분되는 경직된 분위기보다, 협조적이며 건설적인 직장 분위기가 경제적으로도 심리적으로도 훨씬 이롭다. 연구 결과에 대해 분석 보고서를 작성한 연구원들은 "정치 분야나 큰 조직의 지도자를 선출할 때 큰 목소리를 내며 혼자 튀려고 하는 사람들을 보고 실행력이 뛰어나다고 착각하면 안 될 것"이라고 결론 내렸다.

이유는 말해주지 않습니다

51세의 남자는 국제적인 자동차 기업에서 큰 규모의 부서를 이끌었다. 그는 꽤나 호감형의 사람으로 그를 좋아하는 사람이 무척 많았다. 퇴근 후에 같이 맥주 한잔 마시러 가고 싶은 그런 부류의 사람이었는데, 정중하고 친절하며 게다가 유쾌해서 대화 상대로 제격이었다. 회사에서 이런 사람을 보기는 매우 드물었다. 그의 회사는 한꺼번에 한 부서 전체가 없어지거나 외국으로 이전하는 경우가 종종 있었다. 그래서 그는 회사를 다니면서도 다른 직장을 구하고 싶어 했다. 가족을 생각하면 갑자기 해고를 당하거나 지금 다니고 있는 도시의 지사가 문을 닫을 경우 생계가 막막했기 때문이다.

국내 한 굴지의 회사에 지원했을 때 그는 무엇보다 회사에서의 전망이 매우 밝다는 인상을 받았다. 담당하게 될 부서의 팀장과 진행된 몇 번의 면접도 매끄럽게 흘러갔다. 내용적인 부분에서도 목표에 대해 빨리 합의점을 찾았으며, 추후에 맡게 될 업무 분야에서도 남자처럼 경험이 많은 전문 인력이라면 팀을 탄탄하게 이끌 것이라고 생각하는 듯했다. 남자는 드디어 이직할 시기가 됐다고 생각했다. 연봉 협상만 잘 된다면 주저할 이유가 없다고 판단했다. 인사과 총괄 책임자와의 최종 면접이 남았지만, 사실 대부분의 회사에서 그렇듯 마지막 면접은 형식적 절차에 불과했다.

그런데 인사과 책임자와의 면접이 기대와는 다르게 흘러가기 시작했다. 이미 어느 정도 긍정적인 방향으로 결정이 나있는 줄 알았던 남자는 혼란스러웠다. 인사과장은 문외한 같은 인상을 풍기며 마치 인터넷 검

색으로 급히 찾은 듯한 식상한 질문만 늘어놓았다. 이어서 지금까지 해낸 일 중에서 가장 좋은 성과를 거둔 일이 무엇인지와 같은 통상적인 질문도 했다. 기계 설계자로 많은 경험을 쌓아온 남자는 상냥하고 정중하게 답변을 이어갔다. 당황하지도 않았다. 면접 내내 인사과장이 자기를 거의 쳐다보지 않는 것이 이상하다고 느끼긴 했지만, 시종일관 자신감이 넘치되 절대 과시하는 듯한 자세는 취하지 않았다.

2주가 지난 뒤 드디어 인사과에서 연락이 왔다. 남자는 합격을 했을 거라고 굳게 믿고, 마침내 새로운 직장에서 온 전화를 기쁘게 받았다. 하지만 전화를 건 사람은 남자가 채용되지 못 했다는 말만 짤막하게 전달했다. 합격하지 못한 이유나 그 어떤 설명도 듣지 못했다. 남자는 어리둥절했다. 희망 연봉이 너무 높았던 걸까? 나이가 너무 많은 건가? 함께 일할 상사가 너무나 잘 맞는 사람이라고 생각했었는데! 그는 수화기 너머의 상대에게 채용되지 못한 원인을 물었다. "죄송합니다만, 저희 회사는 이유를 말해주지 않습니다"라는 차가운 대답이 돌아왔다. 아무런 설명도 듣지 못한 채 거절당했다는 사실에 남자는 마음이 더 쓰렸다.

학교에서도, 집에서도, 그리고 직장에서도 마찬가지로 어떤 확실한 원인과 설명도 없이 거절당하는 일은 사람을 굉장히 불안하게 만든다. 사람들은 자기가 무엇을 잘못했나 곱씹어 묻고, 언제부턴가는 자신을 의심하기 시작한다. 캘리포니아의 심리학자 나오미 아이젠베르거Naomi Eisenberger는 연구를 통해 사회에서 배제당하는 일은 신체적 고통까지 불러일으킨다고 말했다. 이로 말미암아 통증 역치가 변하고 예민해지면 면역 체계의 활동도 감소한다는 것이다. 그러니까 거부당하는 일은 마음은 물론 신체 기관에도 부정적인 영향을 준다.

대부분의 사람이 모든 순간에 '인과성'을 구하려고 하기 때문에 고통스러운 것이다. 다시 말해, 나쁜 일이 생기면 왜 그런 일이 일어났는지 원인을 찾아 이해하고 싶어 하는 것이 인간의 본능이다. 앞서 소개한 기계 설계자는 그토록 원하던 직장 자리에 왜 자신이 들어가지 못했는지 끝없이 자문하며 괴로워할 것이다. 탈락한 원인을 자신에게 찾으려 할 수도 있다.

남자를 합격시키지 않은 이유를 공식적으로 알려주는 것이 문제가 될까? 그 이유가 곧바로 사업 기밀이나 다른 내부 사항을 밖으로 유출시키는 것도 아닐 텐데 말이다. 탈락시킨 이유를 가르쳐주지 않는 것은 유감스럽게도 전형적인 '권력 행사'를 위한 행동이다. 어떤 사실을 알릴지, 아닐지조차 자신들의 손에 달려 있다는 사실을 뽐내는 것이다. "아는 것이 힘이다"라는 옛말은 "아는 것을 알려주지 않는 것은 더 큰 힘이다"라는 말로 이미 오래전에 바뀌었어야 했다.

무시와 거부 :
수동적 형태의 정서적 폭력

따돌리거나 굴욕을 주는 행동은 천차만별의 모습으로 나타난다. 직접적으로 드러내는 것부터 은근하고 계획적으로 행동하는 것까지 다양한 형태로 일어난다. 불쾌함이나 반감을 대놓고 드러내는 것이 그다지 우아하게 보이지는 않겠지만, 피해자의 입장에서는 전자가 낫다. 당당하게 폭력에 맞설 수도 있고, 이런 식으로 눈에 보이는 형태는 모두가 이런 폭력이 일어나고 있음을 알 수 있다. 문제는 은근히 행동하는 유형이다. 이런 방법은 당하는 사람이 무슨 이유에서 상대가 거부적 행동을 보이는지를 우선은 알아차릴 수 없다.

모두의 미움을 받는 직장 동료가 있다고 치자. 그는 회사에서 일한 지 벌써 2년이 됐다. 회사에서는 매년 봄 산업 박람회 행사에 참여했는데, 거의 모든 직원이 참여해야 했기 때문에 이 직원도 늘 함께였다. 모든 직원이 같은 호텔에 묵고, 하루 종일 같이 일하고, 비슷한 일정으로 며칠이나 함께했다. 피곤한 일정을 마친 후 각자 방으로 향하는 동료들에게 남자가 물었다. "내일 몇 시에 아침 먹으러 내려올 거야?" 직원들은 대충 9시라고 대답했다.

다음 날 아침 9시가 되자 그는 식당으로 향했다. 하지만 호텔 식당에는 동료가 단 한 명도 없었다. 그는 생각했다. '이상하다, 내가 너무 일찍 내려왔나? 아니면 너무 늦었나? 어제 시간을 잘못 들은 건가?' 마침 화장실에서 나오던 회사 사람을 마주쳤다. 그는 아침을 벌써 먹고 가방을 찾아 전시장으로 가려던 참이라고 했다. 그러고는 "아, 우리 전부 8시에 만났어. 몰랐어?"라고 짧게 물었다. 다음 날에도 똑같은 상황이 벌어졌다. 남자는 다른 사람들에게 언제 만날 것인지를 재차 물었고, 약속한 시간에 식당으로 갔지만 그날도 혼자서 아침을 먹어야했다. 그는 그제야 쓰디쓴 메시지를 이해했다. 동료들이 두 번이나 의도적으로 잘못된 시간을 이야기했다는 것은 분명한 '따돌림'이었다. 동료 중 어느 누구도 그와 어울리고 싶어 하지 않았지만, 아무도 그에게 사실을 말하지는 않았다. 이 남자는 모욕적인 방식으로 통해 이 사실을 스스로 깨달아야 했다. 고통스러운 방법이었다. 이후에 몇몇 동료가 전시회장에서 일부러 상냥하게 연출된 표정으로 그에게 인사를 하고 지나갔을 때는 마음이 더욱 쓰라렸다.

한 사람을 이렇게 비참하게 만들 방법이 또 있을까? 어떻게 동료를 이렇게 교활하고 거칠게 다룰 수 있을까? 이런 상황에서 문제를 해결할 수 있는 두 가지 전략이 있다. 먼저 자문해보는 방법이다. 무엇이 동료들의 감정을 상하게 했는지, 동료들끼리 만나는 자리에 왜 자기가 함께 있으면 안 되는지 스스로에게 질문을 던져보라. 하지만 이 방법은 위험하다. 자기비난에 빠질 수 있기 때문이다. 이렇게 스스로에게서 원인을 찾는 방법에 너무 깊이 집중해서는 안 된다. 그러다 보면 따돌림의 원인을 자신에게서만 찾으려 하기 때문이다.

추천하는 방법은 동료 몇 명과 직접 대화를 시도하는 것이다. 무리와는 이야기 나누기 어렵더라도 개인적으로 찾아가 일 대 일로 대화를 나누다보면 솔직한 이야기가 나올 수도 있다. 무엇이 어려운지 다른 사람에게 터놓고 이야기를 나누다보면 양쪽 모두에게 껄끄럽겠지만 적어도 솔직한 대화를 나눌 수 있다.

다른 사례를 살펴보자. 한 직원이 무시당했다는 느낌에 분노하고 있었다. 그녀는 회의에서 신랄한 비판을 들어야했고, 이미 오래전부터 승진할 차례가 되었는데도 아무런 말도 없이 매번 승진 대상에서 제외됐다. 상사와의 면담을 요청하자 상사는 "지금은 면담 같은 건 하고 싶지 않은데요"라고 짧게 대꾸했다. 그녀가 묻고 싶은 것은 상사가 지금 면담

직원들의 병가 일수가 늘어났다면

팀장이 좋은 사람인지 아닌지 간단하게 평가할 수 있는 방법이 있다. 그가 맡은 부서의 직원의 병가 일수를 확인하면 된다. 언제나 긴장된 분위기와 대화가 결여된 업무 환경, 해결되지 않는 인사 문제는 직원들을 병들게 한다. 특히 스트레스가 주요 원인인 허리 통증, 위장 장애, 병명이 불분명한 통증과 같은 질환이 증가하는데, 이따금씩 심장이 조여오는 듯한 느낌이 들거나 위가 쓰리는 것이 대표적인 증상이다.

자신이 소속된 조직에서 잘 지내지 못하고 이미 서랍 속에 사직서를 넣어 둔 채 회사를 다니는 사람은 '어떻게 하면 회사를 빠질 수 있을까'를 늘 고민한다. 이들은 부서가 맡아 진행하는 프로젝트나 회사의 목표 같은 것은 전혀 관심 없다. 계약서에 명시된 업무만 간신히 마칠 뿐이다. 수많은 연구 결과가 팀장의 리더십이 형편없을수록 그곳에는 아픈 직원이 많이 생긴다는 사실을 증명했다.

을 하고 싶은 기분인지 아닌지가 아니었다. 직원의 문제를 듣고 해결책을 고민하는 것 역시 상사의 업무다. 그러나 그가 보여준 태도는 완전히 책임감 없는 행동인 동시에, 내뱉은 말은 뺨을 때린 것처럼 큰 충격이었다. 그녀는 그 순간, 자신이 문제인 것이 아니라 상사가 업무를 처리할 만한 자질을 갖추지 못한 것을 확신했다.

극단적인 사례라고 생각하는가? 상사가 시간을 낼 수 없다거나 대화할 기분이 아니라는 식으로 직원과의 면담을 피하는 일은 실제로 꽤나 자주 일어나는 일이다. 면담 날짜를 정해달라고 재차 부탁해도 계속해서 같은 일이 벌어지거나 언제 시간을 낼 수 있을지 알 수 없다. 몇 주 혹은 몇 달을 미루며 면담할 기회를 잡지 못한다면 직원은 자신의 권리를 그만큼이나 행사하지 못한다. 이렇게 시간이 흐르면 회사에서 자신을 필요로 하지 않거나 적어도 그렇게 중요한 역할을 하는 사람은 아니라는 생각이 들기 마련이다. 이런 '거부'와 '무시'는 빈번히 일어나는 수동적 형태의 정서적 폭력이다.

이제 외모 칭찬도 하지 마세요!

고의적으로 실력을 폄하하고 일부러 상처가 될 최악의 단어를 골라가며 무시하는 등 직장 동료나 직원에게 정신적으로 상처를 주는 방법은 수없이 많다. 가혹하고 무자비하기도 하지만, 미묘하게 그런 듯 아닌 듯 '야비한' 방법도 있다. 물론 드러나지 않는다고 해서 당사자가 받는 괴로움이 덜한 것은 결코 아니다.

자신의 말에 따르지 않았다고 핀잔을 주거나 소리를 지르는 방법으로 부하 직원들을 주눅 들게 하는 상사도 많다. 직원들은 될 수 있으면 조심하고 피하는 게 상책이라는 뜻에서 그 상사를 '미친 개'라고 부르기도 한다. 이런 시대에 뒤떨어지는 고정적인 서열은 탄력근무와 재택근무 등이 가능한 21세기 직장 세계에서는 더 이상 어울리지 않는 구닥다리 방식이다.

직장에서 공개적으로 무시를 당하면 그 마음의 상처는 물론 수치심과 죄책감도 따른다. 다른 동료가 보는 자리에서 상사에게 모욕을 듣고 있어야 되고, 아무것도 모르는 사람이나 쓸모없는 사람 취급당하고, 좋은 성과를 내지 못하는 직원으로 비춰지는 일은 분명 괴로운 일이다. 문제의 원인이 자신이 아니라는 것을 알아도, 다른 사람들 앞에서 혼나거나 기대에 못 미쳤다고 책망을 듣게 되면 죄책감과 수치심이 들기 마련이다. 이미지에 흠집이 났을 때 사람들은 이를 굉장히 부끄러워하기 때문이다. 또한 신체적 고통도 동반한다. 위가 쓰리고, 손이 떨리고, 잠깐이나마 뇌가 멈추고 피가 통하지 않는 느낌이 들 때도 있다. 게다가 상사의 인정을 받고 싶었는데 다름 아닌 그 상사에게서 형편없는 평가를 받게 되면 더욱 서글퍼진다. 기대에 못 미쳤다는 생각 때문이다. 상사와의 사이에 존재하는 권력의 불균형 때문에 부정적인 감정이 더욱 증가한다.

직접 대놓고 비난을 퍼붓는 것보다 누군가를 웃음거리로 만드는 일, 일부러 한 사람의 말만 무시하는 일은 전통적이지만 약간은 소극적인 괴롭힘 유형이다. 그러나 눈에 잘 띄지 않더라도 당사자에게 큰 영향을 주는 것은 마찬가지며 고통을 주는 것도 같다. 예를 들어 회의 시간에 팀의 일원으로서 제시한 발언과 제의가 계속해서 고의적으로 묵살되면, 그 사람은 자신이 인정받지 못하는 부족한 사람이라고 느낀다. 아무런 반응을 얻지 못하는 것만큼 쓰라린 경험은 없다. 더군다나 여러 해 동안 같은 직장에서 열심히 주어진 일을 맡아온 직원은 이런 상황을 받아들이는 일이 너무나 고통스럽다.

이런 직원들은 언제나 100퍼센트 일에 충실한 만큼 열심히 일한 것에 걸맞은 평가를 받길 기대한다. 또한 인정 욕구도 강해서 상사와 동료에게 인정받고 싶어 하는 경우가 많다. 이런 사람이 아무리 노력해도 특별히 긍정적인 반응을 얻지 못하거나 심할 경우 아무런 답도 듣지 못한다면 매우 큰 충격을 받을 수 있다. 더군다나 회사처럼 계급 서열이 확실하고 권위적인 구조로 구성된 조직에서는 더욱 심각하다. 일반적으로 조직의 구미에 맞는 사람이 승진하며, 개인적으로 친밀한 사람과 연줄에 성공 여부가 달려 있다. 한번 눈 밖에 벗어나면 경영진의 이목을 끌려고 아무리 노력해도 돌아오는 것은 없다. 권력 집단의 내부로 통하는 입구를 잃어버린 사람이 또다시 그 입구를 찾아내기란 쉽지 않다.

여성의 경우 직업 세계에서 더욱 혹독하게 무시받거나 굴욕을 경험한다. 여성에게 성적 수치감을 주고, 신체 부위를 접촉하거나 혹은 외설적 언행을 일삼는 경우를 더 이상 용인해서는 안 된다. 이런 것을 이야기하는 것 자체가 사라져야 할 일이겠지만, 유감스럽게도 최근에 일어난 미투(Me too) 논쟁을 보면 우리가 바라는 세상은 아직 멀었나보다. 최근 들어 점점 더 자주 일어나는 성추행은 즉각 처벌받아야 할 심각한 범죄다.

그런데 프로젝트 진행을 위한 회의나 다른 업무를 할 때도, 잠재적으로 '여성의 가치를 낮게 평가하는' 대화가 자주 오간다. 여성이 동석해 있는 자리라면 시간과 장소의 구별 없이 여전히 일상적으로 일어나는 일이다. 남자들은 여성 동료가 하는 발언이나 발표 내용에 집중하기보다는 "이렇게 예쁜 분과 함께 일을 할 수 있다니 영광입니다" 라든가 "제니씨가 있으니까 모임이 빛이 나는데!"와 같은 말을 한다. 이를 놓고 단순히 '칭찬'의 의미로 한 것이라 말하지만, 이런 말은 여성을 회색빛이 가득한 사무실에 장식해놓은 액세서리와 같이 취급하는 것이다.

동료의 외모는 물론 업무의 내용에도 관심을 가져준다면, 여자 동료가 원피스를 새로 샀거나 헤어스타일을 멋지게 꾸몄을 때 가벼운 칭찬 정도는 전할 수 있다. 남자 동료가 잘 재단된 양복을 입거나 우아한 구두를 신고 출근했을 때도 마찬가지로 행동한다면 말이다. 게다가 외모에 대한 평가는 비꼬는 것처럼 들리지 않도록 사람이 적은 곳에서 조용히 하는 편이 적절하다. 사람이 많은 곳에서는 어떤 이유로든 외모에 대한 이야기를 꺼내지 않는 것이 좋다.

7장을 마치며

▶ 안타깝게도 아직까지 자신의 역할을 잘못 이해하는 상사가 많다. 이들은 직원에게 일할 동기를 부여하고 장려하고 동료들이 협력하도록 분위기를 조장해야 한다. 그러나 많은 상사들이 자신이 지닌 권력을 행사하고, 서열을 없앨 생각은커녕 오히려 이를 즐기고 유지시키려고 한다. 이들은 부하 직원에게 지시를 내리고 다른 사람들 앞에서 자신의 권력을 이용해 직원에게 굴욕을 주기도 한다. 그러나 이것은 단순히 권력을 오남용 하는 행위라고 보는 것이 맞다.

▶ 직원에게 압박감을 주거나 조롱거리로 만드는 사람은 부하 직원의 '생산력'을 깎아먹는다. 이런 사람이 상사로 있으면 직원은 자주 아프거나 회사의 목표를 향해 열심히 일할 생각을 하지 못한다. 상사가 직원을 신뢰하는 '수평적 서열 구조'의 기업은 상하 구조의 회사보다 더 큰 성공을 거둔다.

▶ 직장 동료는 잔인한 존재가 되기도 한다. 악의를 갖고 퍼트린 소문에서 시작해 집단적 따돌림까지, 이 모든 일은 매일 얼굴을 보는 직장 동료가 벌이는 감정적 폭력이다.

▶ 시기상 업무가 너무 많거나 시간 부족이 원인이 될 수도 있겠지만, 직원이 원하는 바를 의도적으로 귀담아 듣지 않거나 수차례씩 건의해도 면담의 기회를 주지 않는 경우도 있다. 이때 직원은 이런 반응이 상사가 자신을 무시하거나 기피한다고 생각할 수 있다. 이렇게 사장과 직원의 관계처럼 불균등한 권력의 차이로부터 오는 정서적 폭력은 극심한 악영향을 끼친다.

CHAPTER 8

| 군대·스포츠 |

원칙주의에 묻혀버린 힘의 불균등

군대, 규정의 올가미에 갇히다

전 세계에 있는 모든 군대에는 신병은 혹독한 훈련을 받고, 상관의 지시를 따르고, 무조건 명령에 복종해야한다는 규칙이 있다. '원칙'과 '복종'은 군대에서 지켜야만 하는 가장 중요한 기본이다. 게다가 일부 군대에서는 수백 년 동안 행해진 일정한 의식과 반복적으로 이행되는 행동지침, 계획표에 맞추어 엄격하게 짜인 하루 일과의 표본이 존재한다. 이런 곳에서 직속상관은 특히나 두려운 존재다. 이들은 신병이 규칙을 따르고 있는지 집요할 정도로 지켜보고 있다가, 규칙을 어기는 행동이나 의무에 태만할 경우 즉시 처벌한다.

그러나 신병에게 주어진 과제는 전부 실행하지 못할 정도로 너무나 다양하고 광범위하다. 심지어 일부 규정끼리 모순되는 경우도 있는데, 이것은 오류로 생긴 것이 아니라 고의로 계획된 것이다. 예를 들어 신병은 아침 일찍 기상하자마자 규칙에 따라 입었던 옷을 정확하게 개고 재빨리 침대를 정리한다. 동시에 내무반에 사람이 살던 흔적이라고는 아무것도 남지 않을 만큼 깨끗하게 치운다. 이 모든 일을 끝마치고 단정하게 다림질한 군복을 입고 초고속으로 연병장으로 달려가 점호를 위해 부동자세로 서 있는 것까지가 아침 점호를 위한 준비 과정이다. 과연 이게 가능한 일일까? 절대 불가능하다.

육체적으로 뛰어난 기량을 선보이는 사람도 끊임없이 윗선의 압박과 서로 다른 규정에 시달리다 보면 주어진 모든 일을 완벽하게 해낼 수 없다. 군대의 원칙은 유독 종류도 많고 요구사항도 많으며 모순되어 있고 실현 불가능한 의무들로 가득하다. 사회학자는 이를 '규정의 함정'이라고 부른다. 이런 모순된 규칙의 목표는 군인들을 복종시키는 데 있다. 모든 사람이 함정에 걸려드는 것은 아니기 때문에 예상 가능한 실패에 항상 처벌이 따르는 것은 아니다. 하지만 신병 중에 이런 함정에 한 번도 걸려들지 않는 신병은 아무도 없다.

사실 수행력이 뛰어난 전투력을 기르고, 무기를 다루고, 신속히 투입될 수 있도록 훈련을 하는 일이 훨씬 의미가 있다. 그런 의미에서 질서를 지키고 지정된 집합 장소에 도착할 수 있는 일종의 숙련도 훈련은 꽤나 실용적이라고 할 수 있다. 이와 달리 군인이 이불을 자로 잰 듯이 딱 맞추어 접고, 문틀이나 침대를 먼지 하나 없이 청소한 덕분에 해당 군인의 부대가 전쟁에서 이겼다고 전해지는 이야기는 없다.

신병의 기본은 무조건 복종!

복종은 군대에서 가장 엄격하게 지켜야 하는 규칙이다. 특히 신병은 기본 훈련에서 '무조건' 상관의 말을 따라야 한다. 프라이부르크의 사회학자 울리히 브뢰클링Ulrich Bröckling은 "신병은 온갖 방법을 동원해도 절대 모든 임무를 해낼 수 없습니다. 이 탓에 당연히 처벌을 받을 것이라는 무력감이 생기죠. 또한 임무를 완수하지 못했다는 죄책감에 다른 부조리한 관습을 마땅히 따르겠다는 마음의 준비를 하게 됩니다."

애초에 '군대의 논리'는 말이 되지 않는다. 그렇지만 군인들은 이 규칙을 따르지 않으면 무자비한 압박이 따르고 처벌받는다. 사실 논리 자체보다는 군대에서의 복종 그 자체가 더욱 중요하게 여겨진다. 조여오는 코르셋과 같은 '수많은 요구'는 언제나 감시당하고 통제받는다는 느낌을 준다. 또한 자신보다 높은 지위의 사람에게 트집이라도 잡히면 처벌을 면하지 못할 것이라는 두려움이 따른다. 더불어 항상 자신이 잘못을 저지르지는 않을까 전전긍긍하게 되고, 이번에는 다행히 피해갔지만 다음번에는 분명 대가를 치를 것이라는 생각에 사로잡힌다. 그러나 거의 모든 것을 지나칠 정도로 규정하다보면 결국에는 나도 모르는 사이에 무언가를 위반할 수밖에 없는 상황이 생기기 마련이다.

군대에서는 다른 사람을 멸시하는 기술을 통해 복종이라는 목표를 달성한다. 수많은 명령과 지시가 나온 배경을 캐묻고 그 의미를 찾는 일은 권위적인 구조에서 있을 수 없다. 단순히 고정적인 서열 체계와 체제 유지만이 중요할 뿐, 명령에 의미가 있고 없고는 상관없다.

그런데 이는 비단 군대의 문제가 아니다. 실현될 수 없는 요구사항을 강요하는 일부 기업의 지도층 문화도 있다. 이곳에서는 의지가 나약한 '명령 수행자'를 길들이려는 것이 목표는 아니다. 그럼에도 요구사항이 지나치게 많고 서로 모순되어 직원을 끊임없이 죄책감 상태로 만드는 행태는 군대와 유사하다. 결과적으로 직원은 다른 방도가 없기 때문에 증가하는 압박감을 혼자 견뎌내고 불평조차 할 수 없는 상태가 된다. 업무 조건에 대해 불평을 토로하는 일은 감히 꿈도 꾸지 못한다. 불만을 털어놓았다가는 스스로 역량이 부족하다는 것을 알리는 꼴이 될 수 있기 때문이다.

예를 들어 '커뮤니케이션 사업부'에서 일하는 직원의 일상을 살펴보자. 그는 학회와 회의에 적극적으로 참여하여 경청하고, 회의 때 얻은 정보를 바탕으로 새로운 아이디어를 내놓는다. 그러나 시차 탓에 다른 동료와 회의를 진행하는 동시에, 전 세계에 퍼져 있는 거래처와 소통하고 메일을 보내는 업무도 처리해야 한다. 이런 일을 전부 해내기를 바라는 회사에 직원은 어떻게 대처해야 할까? 여러 가지 일을 한 번에 하면서 꼼꼼하고 완벽하게 하는 것은 사실 불가능하다. 이렇게 일하다 보면 어떤 식으로든 실수가 생기가 마련이며, 그럴 경우 직원은 양심의 가책을 느끼고 일을 해내지 못한 것이 자신의 책임이라는 생각을 하게 된다.

많은 직장에서는 경제적으로 구속된 직원에게 계속해서 새로운 업무를 추가로 준다. 예를 들어 병원에서 일하는 의사의 업무는 이미 환자를 진찰하고 치료하는 것에만 그치지 않는다. 의사들은 광범위한 행정 업무까지 떠맡는다. 진단서를 코딩하고, 품질경영 조건을 충족시키고, 자기 업무를 기록으로 남겨야 한다. 언론인은 원고를 쓰고 편집만 하면 안 된다. 직접 예고 영상을 만드는 법과 인터넷 신문을 위한 새로운 형식의

프란츠 카프카와 죄책감, 감시, 그리고 피해갈 수 없는 처벌

프란츠 카프카의 작품에는 전체적으로 '주인공이 어떤 일에 휘말린다'는 느낌이 흐른다. 작품의 주인공은 모두 궁지에 몰린 듯한 인상을 풍기고, 자신보다 높은 권력이나 권위적인 구조에 의해 관찰되고 문책받으며 감시당한다는 느낌을 끊임없이 준다. 고통스러울 정도로 긴 심문 장면이 등장하거나, 주인공은 사건의 책임을 지거나 자신의 입장을 정당화시켜야한다.

소설 속 주인공들이 늘 우울한 운명에서 벗어날 수 없는 점이 그의 작품의 특징이다. 카프카는 독재자 같은 아버지나 위엄 있는 판사에게만 권력을 쥐어주지 않았다. 웨이터나 문지기에게까지 인상적인 방법으로 권력을 부여해 주인공을 감시하고 벌하고 판결을 내리도록 했다. 이야기 속에서 해결 방법은 대부분 보이지 않고 운명은 다른 곳으로 방향을 틀지 못하고 쳇바퀴 돌 듯 반복된다. 출구는 순전히 이론에만 존재할 뿐이다.

기사 쓰는 법을 배워야 한다. 현대사회의 모든 직업 분야가 마찬가지다. 오늘날 직업 세계는 빠르게 변화를 맞이하고 있다. 기술적 발전으로 직무 설명서가 바뀌고 새로운 기술과 업무의 리듬이 더해진다. 이런 변화가 불가피하긴 하지만 때로는 맡은 업무의 핵심을 흐리기도 한다. 변화의 속도를 따라가지 못하는 직원은 본래의 업무도 제대로 해낼 수 없을 것 같은 부담감을 갖는다. 이런 상황에서 부가적으로 주어지는 임무에 경계선을 긋고 자신의 일을 지키는 직원이 있는 반면에, 정신적으로 지치고 속이 새까맣게 탈 때까지 모든 업무를 떠맡는 직원도 있다.

사라지지 않는 군대 내 폭력

고르히 포크Gorch Fock 범선은 독일 해군의 자부심이다. 빠르고 웅장한 이 배는 옛날 독일 화폐였던 마르크의 구권 지폐에서도 그 모습을 찾아볼 수 있다. 그런데 2010년 11월 7일, 스물다섯 살의 장교후보생이 브라질 해안 가까이에 정박해있던 고르히 포크의 갑판에서 27미터 높이 아래로 떨어져 사망했다. 더욱 놀라운 점은 1998년과 2002년, 그리고 2008년에도 비슷한 사고가 있었다는 사실이었다. 희생자는 모두 나이가 어렸다. 이번에 사망한 장교후보생은 승선한 지 5일밖에 되지 않았는데 사고를 당했다.

사망 사고가 난 뒤 선상에서의 관례를 두고 논쟁이 불붙었다. 장교후보생이 상관에게 괴롭힘을 당했고 따돌림을 당했다는 보고가 나왔기 때문이다. 군인 집단의 행태와 입장에 관한 많은 사례도 보고됐다. 범선 위에서 훈련을 받는 동안 행해지는 괴롭힘은 상상을 초월할 정도로 심각했다고 한다. 이는 1960년대에 만들어진 고르히 포크 노래를 통해서도 알려져 있다.

바다 사람으로 사는 게 언제나 마음 편한 것만은 아니라네
두려움에 떠는 해병도 있지
그들과 가까이하면 말도 못 하게 불편하지
그래도 모두 동료라네!

장교후보생이 죽은 후 해병은 애도할 기회도 얻지 못했으며, 상사의

압박과 강권이 심각할 정도로 극에 달했다고 비판했다. 승선 중이던 해병 중에서 사고 이후에 고르히 포크에 오르기를 거부하는 사람도 나왔다. 청문회와 조사위원회에서 시대에 맞지 않는 훈련 방식에도 문제가 있다는 비판이 나왔다. 사망 사고가 난 뒤 병과 전체에서 무조건적인 복종을 놓고 논쟁이 일어나기도 했다. 해군은 고르히 포크에서 행하던 훈련을 임시적으로 중단했지만 2013년에 다시 개시했다. 그 이후에 군대에서 흔하게 행해지는 복종 문화에 변화가 생겼는지 아닌지는 밝혀진 바가 없다.

군대에는 신체적 폭력과 정서적 폭력이 서로 얽혀 있다. 부하 군인들은 신체에 상해를 입거나 때로는 죽음으로까지 내몰리는 극한의 상황에서도 군대의 규칙을 무조건 따라야만 한다. 신병을 처참하게 괴롭히고 복종하지 않는 병사를 때리는 행위는 이미 몇백 년 전의 지난 이야기라고 말하고 싶지만 실상은 절대 그렇지 않다. 동독의 인민군에서도 괴롭힘과 학대가 만연했다는 여러 건의 보고서가 전해진다. 2008년 우베 텔캄프의 자전적 경험에서 영감을 얻은 소설 《탑Der Turm》은 사고로 사망한 동료를 주제로 하는데, 그 동료 역시 사고를 당하기 직전까지 거의 죽음에 이를 정도로 심한 괴롭힘에 시달렸었다고 한다. 현재도 마찬가지다. 독일 연방군에서는 아직까지 비인간적인 괴롭힘과 악의적인 학대가 반복적으로 일어난다.

2017년 여름, 독일 니더작센 주의 문스터에서 스물한 살의 장교후보생이 목숨을 잃었다. 그는 30도의 날씨에 뜨거운 햇빛 아래 '적응 행군' 명령을 수행하던 중이었다. 행군 경로는 너무 길었고 등에 멘 묵직한 짐이 몸을 짓눌렀다. 군복은 날씨에 비해 너무 두꺼웠고, 기온도 이런 폭력과도 같은 행군을 이행하기에는 너무 높았다. 여러 명의 군인이 탈진하거나 열병 증상을 호소했다.

이 스물한 살의 어린 신병은 행군을 마치고 열흘 후 신체 장기의 복합적 기능 저하로 사망했다. 또 다른 병사 한 명은 그날의 부작용으로 여전히 고통에 시달리고 있다. 연방군 측의 주장과는 달리 두 병사는 이전에 앓던 질환도, 약물을 복용한 전력도 없었다. 오히려 교관이 보호 의무를 지키지 않았고, 신병이 쓰러질 경우 행군을 중단시켜야 한다는 연방군 내부 규칙조차 지키지 않았다. 교관들은 행군을 중단시키는 대신, 도리어 행군을 이어갈 수 없는 몇 명의 군인을 징벌 차원에서 연병장을 뛰도록 시켰다. 병사들은 마실 물도 충분히 공급받지 못했고 휴식 시간 역시 터무니없이 짧았다.

'문스터 사건'으로 신병이 사망하자 그동안 병사들에게 가해졌던 가혹한 폭력이 하나둘씩 알려지기 시작했다. 2018년 초에 영하 9도의 차디찬 날씨에서 병사들을 밖에서 자도록 했다거나, 극심한 추위 속에서 다른 방식으로 병사들을 고문하기도 했다. 이렇게 신체에 가해지는 학대는 신병의 의지를 꺾고 무조건적인 복종을 요구하는 데 목적이 있다. 이런 행동은 가끔씩 이성적이지 못하고 생명을 위협할 때도 있다. 폭력적인 행군과 신체에 해가 되는 무리한 요구는 분명한 정서적 폭력의 양상이다.

세계 챔피언이 벤치에만 앉아 있던 사연

바스티안 슈바인슈타이거Bastian Schweinsteiger가 'FC 바이에른'에서 마지막 시즌 경기를 펼칠 때다. 그는 더 이상 화려한 과거의 명성만큼 활약할 수 없었다. 2015년 슈바인슈타이거는 영국의 프리미어 리그 중 하나인 '맨체스터 유나이티드'로 이적했다. 그의 선수 생활을 돌아봤을 때 최고의 결정은 아니었을지도 모른다. 슈바인슈타이거는 이제 최연소 선수도 아니고, 눈에 띄는 기량을 보이는 선수도 아니었다. 그러나 영국의 많은 팬들이 슈바인슈타이거를 2014년 월드컵 경기에서 독일을 우승으로 이끈 주역으로 꼽으며 열광적인 환영했다. 영국인은 특히 그의 거침없는 경기 방식과 쉴 틈 없이 경기를 이어나가는 점을 높이 평가했다. 특히 아르헨티나를 상대로 한 월드컵 결승 경기에서 큰 부상을 당하고 얼굴에도 상처가 났지만 계속해서 몸을 사리지 않고 경기에 임하고, 상대방 몇 명을 혼자서 제압하기까지 한 그의 열정에 감동했다.

2017년 슈바인슈타이거에게 고난의 시기가 시작됐다. 그의 후원자였던 뮌헨의 전 감독 루이스 반 갈Louis van Gaal이 호세 무리뉴José Mourinho에 의해 맨체스터 유나이티드 감독직에서 물러나고 말았을 때부터였다. 무리뉴는 더 이상 바이에른 남부지방 출신의 그를 경기에 내보내지 않았고 곧바로 대기선수 벤치에 앉혔다. 슈바인슈타이거는 1부 리그에 이름이 올라간 공식선수 자격으로, 숙련된 챔피언 리그 진출 선수로서 이따금씩 대우를 받긴 했어도 실제 경기에는 오랫동안 투입되지 않았다.

당시 32세였던 슈바인슈타이거는 축구 유망주로 구성된 2부 선수군과 함께 훈련을 해야만 했다. 월드컵 우승의 주역이자 독일 축구 국가대

표님의 주장이었던 선수가 후보 선수 벤치에 앉거나 열여섯, 열일곱 살의 어린 선수와 함께 훈련을 받는 것은 프로 스포츠 세계에서 상상도 못할 일이다.

슈바인슈타이거는 255일 동안 단 한 번도 필드에서 뛰어보지 못했다. 2016년 11월, 드디어 그는 맨체스터 유나이티드의 1부 리그에 한번 출전했고 영국 팀의 유럽 리그 대표단의 대체선수로 임명됐다. 하지만 그 당시 이미 그의 계약은 끝난 상황이었다. 국가별 경기에 통상 121번이나 출전한 기록보유자는 영국에서 제대로 뛰어보지도 못한 채 2017년 '북미 메이저리그 사커'로 이적했다.

그의 일화를 통해 이야기 하고 싶은 것은 나이든 운동선수의 말로가 아니다. 그보다는 포르투갈 출신의 괴팍한 감독이 가한 정서적 폭력을 슈바인슈타인이 놀라울 정도로 잘 이겨냈다는 사실에 주목해야 한다. 그는 자신이 교체선수 역할을 맡았다는 것에 분명히 상심했을 것이다. 그러나 슈바인슈타이거는 단 한 번도 공식 석상에서 이에 불만을 표출하지 않았고, 자신이 상처받았다거나 괴로운 심정이라는 것을 무리뉴에게도 표현하지 않았다. 그는 2016년 7월 세르비아 출신의 테니스 선수 아나 이바노비치Ana Ivanovic와의 불타는 사랑 끝에 결혼에 성공했다. 이는 슈바인슈타이거가 스스로를 불쌍하다고 여기지 않도록 하는 데 틀림없이 많은 도움이 됐을 것이다. 그는 감독 때문에 화를 내는 것 말고 다른 일에 집중했다. 이것이 그가 선택할 수 있는 최상의 전략이었을지도 모른다. 호세 무리뉴는 여전히 축구계에서 가장 이상한 감독 중 한 명으로 통한다.

슈바인슈타이거가 취한 슬기로운 태도는 모범 답안과 같다. 그는 심리적으로 깊은 슬럼프에 빠지지 않았고, 자신에 대해 의구심을 갖지 않을 만큼 꾸준한 훈련을 통해 자신감도 잃지 않았다. 감독의 경망한 행동을 비판하고 나섰을 수도 있었을 것이다. 그런데도 그는 감독의 행동을 아무런 동요 없이 받아들이고, 감독에 반대해 팀을 선동하지도 않았으며 그에 대한 안 좋은 소문도 퍼뜨리지 않았다. 슈바인슈타이거는 건방지고 나이든 세계 스타처럼 군림하는 대신 매우 편안하고 여유 있는 모습을 보였고, 삶을 즐기다가 미국에서 제안이 왔을 때 변화를 위한 기회를 즉시 잡았다.

폭발적인 힘을 만드는 가치 인정의 힘

누군가 자신에게 관심을 갖고 지켜보고 있다고 느끼면 어떤 일이든 더 잘 하고 싶어진다. 이는 회사원이나 운동선수, 누구든 마찬가지다. 자신이 이룬 성과를 인정받고 칭찬받고 싶어 하는 것은 인간의 본능이다. 그러나 '가치 평가'는 전략적인 요인에 맞춰서 평가해서는 안 되고 진정성이 묻어 나와야 한다는 것을 명심해야 한다.

바이에른 뮌헨의 축구선수 토마스 뮐러Thomas Müller와 아르투로 비달Arturo Vidal을 보면 이런 사실이 극명하게 드러난다. 한때 '공간 연주자'라는 별명으로 이름 날렸던 토마스 뮐러는 간신히 소속팀의 명예에 누를 끼치지 않을 정도로만 축구장 이리저리 뛰어다니고 있었다. 한편, 비달은 더욱 심각했다. 그는 축구선수가 아니라 슬픈 과거에 사로잡힌 퇴역 군인처럼 보였다. 계속되는 성적 부진에 두 선수는 후보선수로 벤치에 앉아 있는 경우가 많아졌다.

2017년 윱 하인케스Jupp Heynckes가 바이에른 팀의 감독으로 영입됐다. 1945년생의 성공한 축구 감독 윱 하인케스는 우악스러운 무리뉴와는 반대로, 자신감 없는 선수를 능숙하게 다루는 데 특별한 소질이 있는 것 같았다. 하인케스의 '선수들의 사기 증진을 위한 속성 치료'가 끝나고 얼마 지나지 않아 비달은 다시 상대방에게 적극적으로 태클을 걸고 악착같이 필드를 누볐다. 바이에른 응원단은 덕분에 기뻐서 펄쩍펄쩍 뛰고, 상대 팀 응원단은 공포에 떨어야 했다. 괜히 비달의 몸에 있는 문신조차 갑자기 더 팽팽하게 펴진 듯 몸이 단단해 보였다. 토마스 뮐러도 마찬가지였다. 긴 다리로 껑충껑충 뛰어다니며 무서운 기세로 연신 골을 넣었다.

뮌헨 대학교의 심신의학과 병동을 이끄는 페터 헤닝센Peter Henningsen은 '노력한 만큼 인정해주는' 하인케스의 방법이 빛을 발했다고 말했다. 그는 노력과 인정의 올바른 균형을 유지하는 것이 중요하다고 덧붙였다. 균형이 맞지 않으면 의욕이 나지 않고, 이는 자신의 가치가 충분히 높지 않다는 생각으로 이어지기 때문에 좋은 성과를 내기도 힘들다. 심신의학 분야에 종사하는 심리학자와 의사들은 원인이 불분명한 통증을 가진 여러 환자를 진찰하는데, 환자들 중에서는 충분히 인정받지 못한다고 느끼는 사람이 많다. 이들은 위장이 정상적인 기능을 하지 못하고, 원인을 알 수 없는 통증이 생기고, 심장이 평소보다 빨리 뛰거나 어지러움을 자주 느낀다고 호소한다.

우리는 노력의 보상을 단지 물질적으로만 받고 싶어 하지 않는다. 특히 돈으로 보상을 받고 난 뒤에는 쉽게 허무해지는 경우가 많다. 축구선수의 연봉을 생각해보면 더욱 확실해진다. 돈보다 중요한 것은 가치를 진정으로 인정받는 일이다. 하인케스는 감독직을 시작한 지 얼마 되지 않아 비달에 대해 "난 비달이 뛰어난 선수라고 생각합니다"라고 말했다. 그리고 뮐러가 챔피언스 리그에서 이스탄불을 상대로 두 골을 연속으로 넣었을 때는 "이게 바로 뮐러죠. 그는 할 수 있습니다"라고 칭찬했다.

가치를 인정하는 일은 '상호성'에 기인한다. 뮐러는 하인케스 감독을 '터치 라인(축구 경기장의 경계선)에 있는 사람 중 최고'라고 표현했다.

뮌헨 루드비히 막시밀리안스 대학교의 사회심리학자 디터 프라이는 말한다. "인간은 사회적 동물입니다. 다른 사람이 자기를 어떻게 생각하는지에 따라 본인 스스로에 대한 가치 평가도 달라질 수 있습니다." 확실히 누군가가 나를 믿는다는 느낌이 들면 괜히 없던 자신감도 생겨난다. 다른 사람이 나의 능력을 믿어주기 때문이다. 여기서 한 걸음 더 나아가면 "나는 할 수 있어. 한 번 더 해보자. 노력하면 돼. 난 쉽게 굴복하지 않아!"라는 믿음이 생긴다. 스스로에 대한 평가가 높아지고, 성공하지 못하더라도 실패를 그대로 인정하며 절망에 대한 저항력과 인내심도 높아진다.

하지만 누군가를 칭찬하거나 인정할 때 잊지 말아야 할 사실이 있다. 바로 '구체적'으로 해야 한다는 것이다. 모두를 각각 다른 내용으로 평가할 필요는 없다. 칭찬을 할 때 둘만의 고유한 방법을 만들어 표현한다면 상대가 이를 받아들일 확률을 높일 수 있다.

“빌어먹을 만큼 잘 뛰었어!”

언제나 ‘말 자체’가 문제가 되는 것은 아니다. 단어 자체의 뜻보다는 어떤 식으로 말하느냐에 따라, 그리고 비언어적인 요소에 따라 상처가 되기도 하고 아니기도 하다. 다시 말해 ‘표정’과 ‘몸짓 언어’를 어떻게 쓰느냐에 따라 상황이 달라질 수 있다. ‘아’ 다르고 ‘어’ 다르기 때문이다. 어떤 상황에서 비판적인 의견을 내놓는지에 따라 다르다는 말이 진부하게 들릴 수도 있겠지만, 이 기본적인 사실을 잊거나 무시하는 경우가 자주 생긴다.

후자의 경우는 스포츠 경기장에서도 흔히 볼 수 있다. 어떤 선수들은 감독의 결정에 거의 반사적으로 화를 내고 소리를 지르기도 한다. 이런 장면을 접하는 몇몇 대중매체는 흥분한 선수의 모습을 그대로 내보내며, 마치 선수와 감독 사이에 분쟁이라도 일어난 것처럼 논쟁거리를 만들기 위해 애쓴다. 그러나 숙련된 감독은 이런 기사를 얼른 무시하고 넘어간다. 선수들이 격양되어 화를 내는 것이 자연스러운 반응이라는 것을 알기 때문이다. 심지어 윱 하인케스는 팀 선수가 더 이상 경기를 하지 못하거나 교체될 때 화를 낼 경우 선수가 경기에 대한 의욕이 넘치기 때문이라고까지 평가했다.

어린 선수들이 펼치는 시합에서도 이런 현상을 자주 관찰할 수 있다. 하인케스는 거친 단어를 사용하긴 해도 어린 선수를 항상 사랑으로 대하는 유소년 축구팀 감독으로 관중들의 마음에 자리 잡았다. 그가 선택하고 사용하는 단어는 바이에른 지역 특유의 우악스러움이 담겨 있다. 그는 “젠장맞을!”이란 말을 평소에 입에 달고 산다. 하지만 끝에는 언제나 "젠장맞을, 너희 진짜 잘 싸웠다"라는 말로 마무리된다. "그건 도대체 뭐야? 아무 성과가 없잖아" 라든가 "그건 별로야"라고 솔직히 평가할 때도 있다. 하지만 그가 말하는 방식에는 악의가 없고 유소년 축구팀 아이들을 마음 속 깊이 생각하고 있다는 것을 선수뿐만 아니라 부모도 잘 안다.

이런 하인케스와 반대로 완전히 역효과를 불러일으키는 감독도 있다. 이 감독은 단 한 번도 '나쁜 단어'를 사용하지 않았다. 하지만 팀 선수가 경기에서 좋은 성적을 내지 못하면 그는 선수를 완전히 무시하는 눈빛으로 선수를 내려다봤다. 욕을 하거나 크게 소리치지는 않았지만 표정에서 선수들을 경멸하는 것이 다 드러났기 때문에, 선수들은 경기를 망쳤을 때 감독과 마주하는 것을 극도로 싫어했다. 이런 이유로 감독이 부임한 지 반년도 채 지나지 않아 축구팀 전체 선수가 남은 시즌 기간 동안 감독이 맡은 훈련에 참여하지 않겠다고 거부하고 항의한 적도 있었다.

8장을 마치며

▶ 부하의 사기를 저하시키거나 의지를 아예 꺾어버리는 일이 '권위적인 구조'에 기인하는 경우가 많다. 이들은 불가능한 임무를 계속해서 강요하는 방법을 통해 상대에게 죄책감을 심어줌으로써 복종하게 만든다. 군대와 스포츠 세계에서는 이런 식으로 권력의 불균등을 이용해 권력을 행사하는 기술이 오랜 전통으로 자리 잡았다.

▶ '규정의 함정'에 빠진 사람은 규칙이나 계명을 어기는 것 외에 달리 방도가 없다. 주변 환경이 온통 지킬 수 없는 과도한 규정으로 가득 차 있기 때문이다. 이런 상황에서 개개인은 규정을 지키지 못했다는 죄책감에 끊임없이 시달리고, 감시당하고, 언젠가 규정에 의해 처벌될 것이라고 생각한다. 원래 징계를 받는 것이 맞는 것인데 지금까지 안 걸리고 무사한 것은 단순히 운이 좋아서라고 생각한다.

▶ 불합리한 규정과 괴롭힘은 스포츠 세계에도 만연해 있다. 세계적인 축구선수를 후보선수로 강등시키거나 상비 팀에 집어넣는 것은 군대에서 사병들에게 연병장을 도는 벌을 주는 것에 견줄 수 있다. 최고 기량을 보유한 선수들도 노력한 만큼 올바른 '가치 평가'를 받는 것이 중요하다.

CHAPTER 9

| 의료계 |

의사가 상처를 줄 땐 어떻게 하죠?

자기 통제의 강박에 빠진 사람들

요즘 사람들은 건강을 잃어버린 것조차 자신을 탓한다. 운이 없거나 억울한 우연으로 병을 얻게 되는 경우도 많은데 말이다. 평정심을 유지하고 자제하며 올바른 음식만 섭취하는 그런 삶을 언제까지 살 수 있을까? '완벽한 삶'을 살기 위해 지켜야 하는 규칙은 수백 가지나 된다. 평생 동안 그 규칙을 모두 지키는 사람은 아마 없을 것이다. 그런데도 우리는 이런 규칙들을 어길 때마다 양심의 가책으로 괴로워하고 기운 빠지게 하는 부작용을 낳는다. 예를 들어 당뇨병 환자들을 떠올려보라. 평생 좋아하는 음식을 자제하는 일이 얼마나 고통스러운지 상상해본 적이 있는가? 게다가 환자들은 병뿐만 아니라 자제력을 잃어서는 안 된다는 윤리적인 압박감마저 느낀다. 이를 해내지 못하면 환자는 자신을 실패자로 여기게 된다. 괴팅겐 대학병원 의사 볼프강 힘멜Wolfgang Himmel은 특히 '자제 강박' 때문에 분노하고 스스로를 상처 입히는 환자가 놀라울 만큼 많다고 말했다. 생각하고, 행동하고, 느끼는 것, 즉 삶의 전부가 원칙에 갇혀 있다. 평생을 도덕적 평가대에 올라선 채 살아가는 것이다. 극단적으로 표현하자면, 이런 사람은 '신념의 감시자'에게 복종하며 스스로에게 정서적 폭력을 가하는 셈이다.

그런데 '건강한 삶'에 대한 압박은 환자만 느끼는 것이 아니다. 충분히 건강한 것 같은 보디빌더들도 오랫동안 이런 원칙에 얽매여 산다. 별 탈 없이 지내는 데 만족하지 않고, 언제나 최상의 몸 상태를 추구한다. 항상 계획에 맞추어 모든 것을 통제하면서 말이다. 이렇게까지 하지 않아도 균형 잡힌 식단과 적당한 운동, 일과 삶의 밸런스 정도만 유지된다면 만족스러운 인생을 살 수 있다.

하지만 실제로 만족하는 삶을 사는 사람은 거의 없다. 여기저기 개선해야 할 곳이 계속해서 눈에 보이기 때문이다. 이들은 직장에서 더 큰 발전을 이루고, 운동량을 늘리고, 야채도 더 많이 먹고, 더욱 안락하고 편안한 시간을 보내면서, 가족들과 함께 더 많은 시간을 보내는 일이 가능할 거라고 생각한다. 안타깝게도 이런 생각은 환상에 지나지 않으며 불가능하다. 여러 가지 일을 동시에 하다 보면 당연히 어딘가에는 소홀해질 수밖에 없기 때문이다. 운동을 집중적으로 하다 보면 그 시간에 친구와 가족은 뒷전으로 밀리기 마련이다. 휴식과 자유를 가장 중요하게

아프기도 하고, 잘못을 저지르기도 하고

A : 42세 애나 | 애나는 의사가 자신을 게으른 사람이라고 생각할 거라고 했다. 항상 살을 빼려고 노력했지만 현실은 의지만큼 쉽지 않았다. 남편과 아이가 먹고 싶어 하기 때문에 건강에 안 좋다고 생각하는 음식을 어쩔 수 없이 먹는 경우도 많았다.

B : 73세 페터 | 페터는 '영혼을 위한 음식'을 자제하는 일이 힘에 부친다. 초콜릿은 기분을 좋게 하는 가장 빠른 지름길이고, 특히 힘든 순간에는 큰 도움이 된다. 이따금씩 빨간 포도주를 한 잔씩 즐기는 것도 좋다. 그러나 요즘 들어 그는 즐거움보다 죄책감이 더 많이 들기 시작했다.

C : 65세 케이티 | 케이티는 의사가 자신을 무인도에 가둬놓는 것 말고는 방법이 없다고 생각한다. 아무것도 없는 외딴 섬에 가면 몸에 좋지 않은 음식을 먹고 싶은 유혹에도 빠지지 않을 테니 말이다. 더 이상 힘든 일상을 견뎌낼 수 없고 도망쳐야 한다는 환상이 일어났다. 그렇지 않으면 반복되는 잘못된 습관에서 벗어날 수 없을 것 같다.

위에서 소개한 세 사람은 보통 사람보다 음식 섭취에 조금 더 조심해야 한다. 세 명 모두 당뇨병을 앓고 있기 때문이다. 너무 많이 먹거나, 제때에 먹지 않거나, 혹은 잘못된 종류의 음식을 먹으면 혈당수치가 적정 범위를 벗어난다. 혈액 속에 당이 떨어지거나 포도당이 넘치는 상황에 이르면 위험해지며, 때로는 생명을 위협하기도 한다. 당뇨병 환자 중에서도 자신의 질환을 어느 정도 통제하고 거의 평범하게 일상생활을 하는 사람도 있다. 이들은 몇 가지 지켜야 할 음식섭취 규칙을 잘 따르며 자신의 몸에 대해 끊임없이 공부하기 때문에, 어떤 것을 먹고 어떤 것을 피해야 하는지 잘 안다.

생각한다면 직장에서의 고속 승진은 욕심내지 말아야 한다. 사회학자인 하르무트 로사Harmut Rosa는 이런 현상을 '동시성의 위기'라고 부른다. 여러 가지 요구사항은 늘어가지만, 모든 요구사항을 이행할 수 있는 시간은 그만큼 주어지지 않는다. 이런 딜레마는 왜 사람이 만족하지 못하고 모든 것을 다 해내지 못하는지에 대한 인간의 결함을 드러낸다.

사회학자 디터 프라이는 "건강한 사람이라도 마음속으로는 양심의 가책을 품고 사는 경우가 많습니다. 자신이 건강하고 올바른 삶을 살고 있지 않다고 생각하기 때문이죠"라고 설명한다. 이제 올바른 식단과 운동, 건강은 하나의 종교가 됐다. 옛날처럼 삶과 죽음의 문제 때문이 아니라 더 오래 건강하게 사는 것이 많은 사람들의 꿈이 됐기 때문이다.

인생을 재미없게 만드는 '건강주의'

"조금 더 먹는 것 정도는 괜찮겠지?"

"삐삑! 당신의 한 입이 남은 인생을 모두 망칠 수 있습니다!"

학계에서는 적당한 생활수준을 유지하는 것을 넘어, 모든 가치 판단 기준을 건강에 맞추도록 강요하는 것을 '건강주의'라고 부른다. 이미 몇 년 전 뉴욕의 영양학자 폴 마란츠Paul Marantz는 유행처럼 퍼지는 건강에 대한 맹신에 대해 경고한 적이 있다. "오늘날 사람들은 치즈버거를 음미하면서 먹는 일을 도덕적인 측면에서 관자놀이에 총을 갖다 대는 행위와 같다고 생각합니다."

학술적으로 증명된 바가 거의 없고 종종 모순적인 영양섭취 규정을 따르는 대신에, 그냥 음식 섭취에 관한 어떠한 조언도 받지 않는 편이 건강에 유익할지도 모른다. 적어도 그렇게 하면 매일 반복되는 '절제하지 못하는 죄'를 저지르고 고통스러워하지 않아도 될 테니까 말이다. 맛있는 음식을 눈앞에 두고도 '절제 강박'에 빠져 심리적 압박을 느끼는 사람들이 많다. 문제는 이 사람이 지극히 건강한 사람이라는 것이다. 먹고 싶은 걸 마음껏 먹어도 특별히 문제가 없는 상황인데도, 스스로 다짐한 계획을 지키고 일상을 개선하려고 자신을 압박한다.

『초콜릿 크림을 먹을 생각을 하다니, 미쳤군!』 볼프강 힘멜과 그의 연구팀이 작성한 의학 전문 발표지의 제목이다. 연구원은 저서에서 당사자의 경험에 초점에 맞춰 글을 썼다고 밝혔다. 의사들도 병을 안고 살아가는 것이 어떤 일인지, 환자들이 평상시에 느끼는 희망이나 걱정이 그들의 일상에 어떤 영향을 주는지 알지 못하기 때문이다.

힘멜은 장 질환의 일종인 궤양성 대장염을 앓는 환자가 '섭취해도 되는 음식과 아닌 것'이 무엇인지 밝히는 데에만 수년을 쓴다고 말했다. 물론 이런 환자에게는 올바른 식사라는 주제가 절대적으로 중요하다. 안타깝게도 이 질병을 위해 추천할 만한 식단은 정해진 것이 없고, 환자 개개인별로 차이가 굉장히 크기 때문에 이들은 식사 때마다 고민에 빠진다. 어떤 환자에게는 아무 문제 없이 먹을 수 있는 음식이 다른 환자에게는 피 섞인 설사를 초래할 수도 있으니 누군가에게 조언을 얻기도 어렵다. 따라서 환자는 자신의 몸이 예측 불가능한 문제를 안고 있다는 느낌을 받게 된다. 힘멜은 환자가 '내 몸은 문제가 많구나'라고 느끼게 되면 결과적으로 자신과 자신의 인격적인 부분에까지 의문을 느끼게 된다고 덧붙였다.

어떤 환자는 항상 감자튀김과 케이크를 먹는 꿈을 꾼다고 했다. 그러고는 이런 욕망을 이기지 못하는 자신을 자책했다. 병이 더 진행되거나 원하는 만큼 측정 결과가 잘 나오지 않을 경우, 이들은 스스로를 믿지 못한다. 환자의 인생은 즐거움 대신 근본적인 불안감이 주를 이룬다. 실제로 환자들 중 많은 이들이 엄격한 식단 규정을 지켰는데도, 심한 설사와 하혈을 하거나 발작으로 괴로웠던 경험이 있었다. 그들에게 먹는 것은 즐거운 일이 아니라 고통스럽거나 좌절감을 느끼는 일일 것이다.

의사나 식단 보조사를 통해 부담감을 더는 경우도 드물다. 연구팀이 펴낸 책자에는 '제대로 된' 영양 섭취를 해도 병이 반드시 호전되는 것은 아니며, 이따금 '잘못된' 음식을 먹는다고 해서 증상이 본질적으로 바뀌는 것은 아니라고 한다. 무슨 이유에서 특정 음식이 사람마다 다른 영향을 미치는지는 정확히 설명하기 어렵다. 모든 책임이 환자의 마음의 짐으로 남을 뿐이다.

많은 환자들이 이런 정신적 자학을 병행하면서 다른 전략을 펼치기도 한다. 정해진 규칙을 벗어나 무엇인가 '잘못'했다는 생각이 들 때, 일부러 자신이 한 행동을 대수롭지 않게 여기려는 경향이 있다. 이들은 '마요네즈 한 숟가락밖에' 안 먹었다고 하고 '조금밖에 먹은 게 없어'라고 말한다. 이때 이들의 언어는 범행을 하찮게 표현하는 수단일 뿐이다. 하지만 이런 전략도 나쁜 것만은 아니다. 이렇게 하지 않으면 환자는 너무나 사소한 과오를 저질렀을 때조차 이를 죄라고 인식하고, 자신을 대역 죄인처럼 생각하기 때문이다. 힘멜은 일상을 제약받는 받는 사람들의 고통을 우리가 상상해보아야만 한다고 말한다. "감정을 자제하고 욕구를 절제하며 사는 환자들은 솔직한 마음을 드러내는 대신에, 자기가 얼마나 규칙을 잘 지키고 있는지를 보여주는 말로 자신을 포장합니다. 하지만 이런 노력이 항상 좋은 성과를 불러오는 것은 아니므로 스스로를 비난하게 될 때도 많습니다. 결국 자신에게 정서적 폭력을 가하는 거죠."

어떤 환자는 어느 시점이 되면 질환에 맞서 싸우는 것을 포기하기도 한다. 꾸준히 노력해도 병이 더욱 악화되는 경우도 있다. 그러면 환자는 후퇴하고 만다. 넘어야 할 장애물이 너무 크고 높아서, 아무리 노력한다 한들 원하는 것을 손에 넣기는 어렵다는 생각이 들기 때문이다. 많은 의사들이 이제는 어떻게 되도 상관없다며, 관리를 포기한 당뇨병 환자를 수없이 많이 보아왔을 것이다. 이런 사람은 혈당수치가 정상 범위에서 벗어나도 아무런 조치를 하지 않으므로 응급 상황에서 병원으로 실려온다. 이런 행동은 어쩌면 높이 정해진 의학적 목표를 이루지 못한, 자신에 대한 일종의 '징벌'이라고 볼 수 있다. '너는 건강에 나쁜 음식을 먹고 살았잖아. 뿌린 대로 거둔다고, 네 상태가 나빠진 건 당연한 거지' 라는 생각이다. '아픈 것'과 '죄를 짓는 일'이 이처럼 떼려야 뗄 수 없는 사이가 되는 것이다.

당신은 결코 인생을 통제할 수 없다

점점 더 많은 사람들이 자신의 삶을 통제하고 싶어 한다. 심지어 훗날 생길지 모르는 '고통'마저 말이다. 그러나 인생에서는 통제할 수 있는 것들과 없는 것들이 있는데, 고통은 통제할 수 없는 것에 해당한다. 유행하는 가르침에 따라 건강히 살고, 균형 잡힌 식사를 하며, 운동을 많이 하며, 아프지 않도록 노력한다. 프라이브루크 대학의 사회학자 울리히 브뢰클링은 몇 년 전부터 사회 전반적으로 운동과 식습관, 스트레스 조절을 통해 '몸에 대한 주도권을 쥐고 있다'는 인식이 커지고 있다고 전한다. 그런데 문제는 몸이 안 좋아졌을 때도 당연히 자신이 그 일에 책임이 있다고 생각한다는 것이다. 최선을 다해 운동하지 않았고, 마음을 편안하게 유지하지 못했으며, 건강에 유익한 음식을 제대로 챙겨 먹지 않아서라고 말이다. 결론적으로 '나는 충분이 노력하지 않았어'라는 죄책감만 남게 된다. 그러나 질병에 걸리는 것은 좋지 않은 유전자를 물려받았거나 환경적 요인 때문인 경우가 많다. 흠잡을 데 없이 삶을 꾸려나가는 사람이나 그렇지 않는 사람 모두 똑같이 병에 걸릴 수 있다.

그런데 잠깐 짚고 넘어가보자. 고통까지 통제할 수 있다고 믿다니, 이게 무슨 거만한 태도란 말인가? 고통이란 인생에서 피할 수 없는 것인데 말이다. 그러다 보니 건강에 이상이 오면 이렇게 자신이나 타인에게 책임을 돌린다. 아픈 것이 자연의 섭리에 따라서, 혹은 재수가 없거나 단순한 우연으로 발생할 수 있다는 사실을 전혀 받아들이지 못한다. 사회심리학자 프라이는 말했다. "모든 질병이 단순히 본인의 태도에서 기인한다고 생각하는 것은 건강을 자신의 통제 아래 둘 수 있다고 생각하는 것입니다. 발병의 원인을 유일하게 하나로 간주하는 게 모든 면에서 간편하긴 하죠."

사람들이 이렇게 자신의 몸을 알아서 통제하려고 하니 의사의 권위는 떨어진다. 올바른 삶의 방식을 지켜나가고 자신을 그토록 잘 조절할 수 있는 사람에게 과연 의사가 무슨 필요인가? 이와 더불어 쏟아지는 최첨단 의료 보조 기구들은 의사의 말을 듣지 않더라도 스스로 몸과 마음을 개선시킬 수 있게 도와준다. 라이프로깅Lifelogging 시계와 건강 어플리케이션만 있으면 걱정할 것이 없다. '수치화된 건강'을 확인하기 위해, 또는 자기개발을 위해, 아니면 과시적 장신구로써 선풍적인 인기를 끌고 있다.

사회학자 브뢰클링은 "이런 기계는 걱정할 정도의 몸 상태가 아닌데도, '건강하지 않은 상태'라고 끊임없이 사람들에게 경고 합니다"라며 문제를 제기한다. 소프트웨어로 번역되는 내면의 목소리가 지속적으로 양심의 가책을 느끼게 하는 셈이다. 또한 우리는 몸에 더 가까이 이런 기계를 장착하면서 스스로를 감시하는 일에 더 집중한다. 기술 발전의 결과로 사람들은 몸 상태가 건강해도 불안해하며, 건강이 무너질까 두려워한다. 참 아이러니한 일이다. "내가 그렇게 잘 지내다니, 믿을 수 없어!"

부차적으로 이렇게 하다 보면 눈치채지 못하는 사이에 아픈 상태와 건강한 상태를 뚜렷하게 구분하기 힘들어진다. 두 상태의 경계가 희미해지고 몸은 항상 불만족스럽고 불쾌한 채로 좋아졌다 나빠졌다 하며 반복할 뿐이다. 그러다 보니 건강을 유지한다는 목표는 절대 불가능한 일이 되어버리곤 한다. 많은 사람들이 유독 건강 문제에서는 가끔이라도 자신에게 관대해지는 법을 잊어버린 듯하다.

열두 살 아이에게 죽는다고 어떻게 말하나요?

아이는 고작 열두 살이었다. 백혈병으로 입원해 있는 동안 아이가 언제나 착하고 밝아서 병원의 의사와 간병인들 모두가 무척이나 예뻐했다. 그런데 의사의 허락 아래 집에서 며칠을 보낸 후 다시 병원으로 돌아왔을 때, 아이는 완전히 달라져 있었다. 마음의 문을 닫고 입을 꾹 다문 채 그 어떤 것에도 관심을 보이지 않았다. 병동 담당의는 아이가 걱정돼서 진찰실로 데려와 아이에게 물었다. "네가 무슨 병에 걸렸는지 아니, 꼬마야?" 그러자 소녀가 대답했다. "네, 죽는 병이잖아요."

아이는 엑스레이를 찍으러 갔을 때 병명이 적힌 종이를 보고, 집으로 돌아가 그게 무슨 뜻인지 찾아보았던 것이다. 의사는 아이와 대화를 이어가며 백혈병으로 생명을 잃는 환자가 많지만 새로운 치료방법으로 치유될 가능성도 있다고 설명해주었다. 아이는 의사가 하는 말이 단순히 자신을 위로하기 위해 하는 거짓말인지 아닌지 알아내기 위해 애쓰는 표정이었다. 의사는 어린 환자에게 치료가 제대로 안 될 경우 '솔직히' 말해주겠다는 약속을 했다. 그러자 소녀는 이내 이전처럼 밝은 모습을 되찾았다.

"다시는 어떤 것도 숨기지 않겠다고 맹세했습니다. 그 일 이후로 제가 담당하는 모든 환자에게 병에 솔직하게 말해줍니다." 튀빙겐 대학 병원에서 오랫동안 병원장을 맡고 있는 디트리히 니트함머Dietrich Niethammer는 자신이 젊은 의사였을 때 겪은 일을 떠올렸다. 1970년대 초 울름 대학 소아병동에서 있었던 일이었다. 그는 환자에게 거짓말을 하는 것이

절망의 고통

부모가 아이와 심각한 병에 대해 툭 터놓고 말한다하더라도, 원하는 것처럼 대화가 원만하게 흘러가지는 않는다. 뇌종양의 일종인 신경아세포종Neuroblastoma을 앓고 있지만 명랑했던 일곱 살 소녀의 경우도 그랬다. 어느 날 소녀는 극심한 고통을 호소하며 병원에 실려 왔다. 하지만 아이가 느끼는 통증은 원래 앓던 병과는 전혀 상관이 없었다. 아이를 진찰하던 중에 신앙심이 깊은 아빠가 아이에게 "네가 곧 죽게 되면 이는 모두 신의 뜻이야"라고 말했다. 일곱 살 소녀는 아빠가 이미 오래전부터 자신이 죽을 것이라고 믿고 있다는 생각이 들었다. 며칠이 지난 후 상태가 어느 정도 회복되자, 소녀는 아빠에게 자기가 죽는 일이 아무렇지도 않느냐고 소리쳤다. 그 말을 들은 아빠는 주저앉아 울음을 터뜨렸다. 소녀는 아빠도 자신의 죽음을 상관없다고 생각하지 않는다는 사실을 깨달았다. 나중에 밝혀진 사실이지만 소녀는 아빠와의 관계에서 생긴 긴장감이 참을 수 없을 정도로 커지자 통증을 느꼈던 것이었다. 오해가 풀리고 소녀의 통증은 곧 완전히 사라졌다. 니트함머는 "부모에게도 어떻게 해야 할지 설명을 하고 도움을 주어야 합니다. 아이를 잃는다는 두려움 때문에 부모도 큰 고통을 받습니다"라고 말했다.

얼마나 끔찍한 일인지 깨달았다고 했다. 그는 지금까지도 아픈 아이들을 대하는 법을 배우기 위해 노력하고 있다.

어린 환자를 대할 때 가장 중요한 것은 '진정성 있는 태도'이다. 의사는 나이가 아무리 어린 환자라도, 환자의 의견을 진지하게 받아들이고 생각을 존중해줘야 한다. 더욱이 아이는 누군가 자신에게 정말 관심을 갖고 있는지 아니면 그냥 단순히 그러는 척 하는지 확실하게 느낀다. 홀로 끌어안고 있는 걱정이 다른 사람에게 전달되었다고 느끼면 자신의 죽음에 대해서까지도 이야기할 수 있다. 반대로 아이가 원하는데도 진실을 말해주지 않으면 이는 더욱 강하고 단단한 새로운 형태의 정서적 폭력이 된다.

1970년대까지 아동 환자에게(때때로 성인에게도) 무슨 병에 걸렸는지 알리지 않는 것이 다반사였다. 예후가 굉장히 안 좋은 경우에는 더욱 환자에게 병명을 말해주기를 꺼렸다. 또한 일반적으로 아이들은 죽음에 대해 진지하게 생각할 수 없다고 믿었다. 물론 여기에는 아이가 부정적인 생각을 하지 않도록 보호하려는 목적도 있었다.

'죽음'은 의료계에서 오랫동안 거론하지 않는 주제였다. 많은 의사가 특히 아동 환자에게 죽음에 대해 말해야 할 순간이 오면 두려움을 안고 빙빙 돌려 말을 꺼내곤 했다. 지그문트 프로이트의 《꿈의 해석Traumdeutung》에서 '아이는 사멸의 공포, 차가운 무덤 속의 한기, 무한한 무에 대한 두려움을 모른다'라고 쓴 문장의 효과가 아직까지도 유효한 것 같다. 프로이트에 따르면 아이는 죽음에 대한 공포를 알지 못하고, 죽음의 의미를 제대로 이해하지 못하므로 아이와 죽음에 대해 이야기하는 것 자체가 불필요하다.

하지만 아픈 아이에게 사실을 숨기는 것은 결국 부모와 의사가 자신의 입장을 보호하려는 데 있다. 의사들이 고백한 바에 따르면 의사는 아직까지도 어린 환자에게 어두운 예후에 대해 말하지 않거나 좋은 쪽으로 얼버무려 달라는 부탁을 받는다고 한다. 시애틀의 소아과전문의 애비 로젠버그Abby Rosenberg는 부모가 아이를 보호하고 견디기 힘든 상황에서 아이를 지키고 싶어 하는 마음은 이해한다고 말했다. 하지만 진실을 말해준다면 아이 역시 두려움을 이해하고 해결하고 죽음을 마주할 준비를 할 수 있다고 덧붙인다. 이런 방법으로 아이를 더 잘 지켜낼 수 있다고 한다.

디트리히 니트함머는 부모가 원하지 않으면 의사가 아이에게 진실을 말해주어서는 안 된다는 생각을 갖고 있었지만, 많은 환자들을 보고 자신이 앓는 병에 대해 아는 것이 아이에게는 가장 좋은 일이라는 점을 확신했다. "아픈 아이에게뿐 아니라 형제자매에게도 알리는 것이 중요합니다. 이들도 가족 구성원이며 모두가 무슨 일로 근심하는지 충분히 이해할 수 있습니다."

사실 말해주지 않더라도 아픈 아이는 대부분 자신이 어떤 상태인지 잘 안다. 암에 걸린 열네 살짜리 소녀는 같은 병실 옆 침대에 있던 환우가 죽은 후에 그의 부모를 찾았고 이렇게 말했다. "에이미가 자신이 죽는다는 것을 몰랐을 거라고 믿고 계시겠지만, 사실 우리 둘은 며칠 밤 내내 죽음에 대해 많은 이야기를 했어요."

많은 의사들이 환자의 병이 심각한 상태에 이르러 죽음을 피하지 못할 경우 심적으로 엄청나게 큰 부담을 느낀다. 의사는 어떻게 대처해야 할지 겁을 내고, 환자의 상태를 바꾸지 못한다면 '실패'했다고 생각한다. 어떤 의사는 이런 상황 탓에 열의와 관심을 잃기도 한다. 하지만 불치병 환자에게는 무엇보다 누군가 옆에서 함께 도와주며 남은 생에 대해 생각할 수 있도록 해주는 일이 중요하다.

의사와 환자 간의 대화에서 가장 중요한 것

모든 사람은 대화를 할 때 무시당하거나 거부당했다고 느끼면 가슴 깊이 상처를 입고 괴로워한다. 의료 분야에서는 특히 의사가 계속해서 관심과 진정성을 보이며 환자의 걱정거리를 들어주는 일이 중요하다. 의사는 이렇게 해야만 환자가 무엇을 중요하게 생각하고, 무엇을 두려워하는지, 그리고 많은 제약과 고통에도 불구하고 이루고 싶은 삶의 목표가 무엇인지를 알 수 있다. 이런 대화 과정에서 생기는 친근감과 따뜻함은 전망이 좋지 않거나 뜻밖의 합병증에 대해 침묵하는 잘못된 방법보다 훨씬 큰 신뢰감을 준다.

의사들 역시 이런 사실을 모르는 것은 아니다. 하지만 민감한 주제를 입에 올리는 것을 두려워한다. 뤼벡 대학의 의학윤리학자 코넬리우스 보르크Cornelius Borck는 "의학은 항상 삶의 끝과 닿아 있기 때문에 어려운 점이 많습니다. 나날이 발전하는 치료효과를 생각하면 죽음은 의학의 실패를 자백하는 일처럼 여겨지기 마련입니다"라고 말했다.

에비 로젠버그의 팀에 속한 소아과 의사들은 아동 환자의 상황이 좋지 않을 때, 의사가 어린 환자에게 어떻게 마음의 준비를 하게 만드는지에 대해 배운다. 먼저 질문으로 대화를 시작할 수 있다. "우리는 네가 걸린 병에 대해 이야기를 나눌 거야. 병에 대해 얼마나 알고 싶어?" 아니면 "선생님이 먼저 너의 부모님과 이야기를 나누는 편이 좋을까?"라는 식으로 말이다. 이때 니트함머가 강조한 것처럼 의사가 항상 솔직하게 임한다는 점을 아이에게 분명히 전달하는 것이 중요하다. 병이 진전된 경우에도 "기억하니? 네 상태가 어떤지 항상 솔직히 말해준다고 했었잖

아. 안타깝게도 오늘은 너에게 나쁜 소식을 말해줘야겠구나"라고 말해 줄 수 있다.

모든 환자는 진단 결과에 대해 그대로 알 권리가 있다. 하지만 의학윤리학자인 보르크는 나쁜 진단 결과를 놓고 의료계와 의사가 올바르지 못한 온정주의로 제대로 조치를 취하지 않았다고 지적했다. "하지만 최근에 많은 것이 변했습니다. 회복될 가망이 없는 사람에게 절대 그의 상태를 알게 해서는 안 되고, 주변 사람이 고통스러워서 이를 비밀에 부치는 시대는 이미 지나갔습니다."

모든 환자는 본인이 원하는 대로 자신의 인생의 마지막 순간과 두려움을 마주할 기회가 있다. 그런데 의사가 그 순간에 대해 침묵해버리면 환자는 자신이 계획한 것을 끝까지 이루지 못한 채 죽음을 맞이할 수도 있다. 이들은 의사가 가진 '지식'의 형태로 죽음을 이해하는 것이 아니라, 스스로 삶에 대한 생각의 틀을 재정비한다. 보르크는 아직도 어린 환자들은 죽음에 대해 이해할 수 없다는 사람들에게 반문한다. "어린이라고 이런 일을 할 수 없을까요? 오히려 어린이들이 자신의 문제를 더 자세히 알고자 하는 욕구가 클 수 있습니다. 인생에서 대부분의 시간을 병원에서 보내고 있으니까요."

하지만 자신의 병을 솔직하게 알고 싶어 한다는 것이 자신의 죽음을 하루빨리 알고자 하는 것은 아니다. 그렇다기보다는 치료적 차원에서 인생의 전망에 대해 심사숙고할 수 있는 시간과 기회를 마련하는 데 더 큰 의미를 둔다. 니트함머는 어떤 연령대의 사람이든 두려우면 두렵다고 솔직하게 털어놓을 수 있는 사람이 곁에 있는 것이 중요하다고 이야기한다.

나쁜 소식은 우선 거리를 두고 침착하게 받아들여야 한다. 의사는 더불어 진단 결과와 확률을 말하는 것일 뿐, 실제 환자가 예상하는 것과는 달리 모든 예외 상황이 있다는 것을 알고 있어야 한다. 물론 좋지 않은 상황에서 의사와 환자 사이의 대화가 언제나 원만히 진행되는 것은 아니다. 이런 어려운 대화를 능숙하게 해내도록 훈련받은 의사는 거의 없다. 의사는 환자에게 어떻게 신뢰감을 심어줄지, 어느 정도 동정심과 진정성을 가져야 할지를 알지 못한다. 어떤 의사는 자기 방어를 위해 냉담한 인상을 주기도 하고, 환자의 운명 따위에 무관심한 것처럼 보이기도 한다. 이런 의사의 태도를 '건강한 사람에게만 보일 수 있는 냉혹한 무관심'이라고 부른 환자 가족도 있었다.

'노시보 효과'를 일으키는 의사의 한 마디

독일 일간지 《타츠Tageszeitung》의 미국 통신원이었던 페터 타우트페스트Peter Tautfest는 가슴의 악성 종양을 판정받은 동시에 이미 다른 부위로 전이됐다는 소식까지 들어야했다. 그의 의사는 첫 만남부터 이런 청천벽력 같은 이야기들을 쏟아냈다. 타우트페스트는 이 순간을 굉장히 가혹하다고 느꼈다. "닥터 K는 환자에게 진실을 숨기지 말라고 배운 새로운 세대의 의사입니다. 그는 안타까워하는 마음이 하나도 없어 보였어요. 직설적이고 단도직입적으로 병에 대해 설명했습니다."

그는 의사가 무례하다는 생각까지 들었다고 한다. 의사는 마치 어쩌다

당했지만 피할 수 있었던 불행에 대해 가볍게 말하는 것 같았다. 설명이 끝나고 '오늘 오후에 스쿼시를 치러가려고 했는데 당신이 내 기분을 망쳐놨네요'라고 말할 수도 있을 정도였다.

이 사례는 환자들이 자기 병명을 듣는 순간 아무런 감정도 없이 환자에게 병명을 설명할 때, 환자가 느끼는 '상실감'이 얼마나 큰지를 보여준다. 환자에게는 삶과 죽음이라는 중요한 문제인데 반해 의사는 해야 할 말만 빨리 전달하면 그만이라는 식이다. 아픈 사람은 자신이 더 이상 건강한 사람의 세계에 속하지 못한다는 현실을 깨닫는 순간이 너무나 괴로울 수밖에 없다.

나쁜 말 한 마디, 악평 한 줄은 일상의 많은 것을 파괴하는 힘이 있다. 더군다나 목숨이 위태로울 정도로 건강에 빨간 불이 켜졌을 때 들은 나쁜 말은 비교할 수 없을 만큼 훨씬 큰 의미로 다가온다. 의사가 회의적인 눈빛을 보내거나 환자의 통증을 가볍게 여기는 듯한 이야기를 하면, 희망은 이미 물 건너가고 환자의 영혼이 구제받는 길은 사라진다.

환자 스스로가 희망을 갖고 있는지 아닌지도 병의 진행에 영향을 끼칠 수 있다. 함부르크의 신경학자들은 어떤 요인이 부작용이나 다른 부정적인 결과를 초래하는 노시보 효과Nocebo Effect에 대해 연구했다. 단순히 어떤 제품이나 치료가 효과가 없고 이를 통해 고통을 느낄 것이라고 믿기만 해도 노시보 효과가 발생한다. 약을 올바르게 처방했는데도 환자가 의심을 품으면 약효과가 나타나지 않는 것이다. 부정적인 생각은 병을 키우고 고통을 가져온다.

함부르크 신경학자들은 실험에 지원한 사람들 중에 휴대폰이 건강에 해롭다고 믿는 지원자에게 겉모양이 휴대폰처럼 생긴 가짜 모형을 주고 하루 종일 몸에 지니고 있으라고 말했다. 그러자 참가자들은 실험이 끝나고 두통과 이명증, 어지러움 등의 증상이 느껴진다고 말했다. 이와 반대로 효과 없는 가짜 약 혹은 꾸며낸 치료법에도 불구하고, 환자의 믿음으로 인해 병세가 호전되는 플라시보 효과Placebo effect도 있다. 환자들이 설탕으로 된 알약을 받았을 뿐인데 약을 끊자 지속적으로 후유증을 호소하는 바람에 실험 내용을 밝히고 치료를 중단했다는 사례도 있다.

그런데 최근 들어 더욱 흥미로운 연구 결과가 나왔다. 알렉산드라 티너만Alexandra Tinnermann이 이끄는 연구팀은 49명의 지원자에게 피부 가려움증에 좋다는 비누를 주고 실험을 했다. 비누에는 효능을 내는 재료가 하나도 들어 있지 않았다. 티너만은 실험에 참여한 사람들에게 비누가 가려움증을 가라앉히는 효과는 뛰어나지만, 사용 뒤에는 유감스럽게도 통증에 더 민감하게 반응할 수도 있다고 설명했다. 그러면서 이를 위해 일부 환자에게는 고급 포장 팩에 들어 있는 매우 비싼 연고를 줄 것이고, 다른 실험 참여자는 단순한 튜브에 들어 있는 싼 제품으로 치료할 것이라고 말했다. 놀랍게도 이후에 '비싼' 연고를 받은 사람은 '저렴한' 연고를 받은 사람보다 가려움증을 훨씬 자주 호소했다. 고열이 계속 돼서 고통스러울 정도라고 말한 사람도 있었다.

환자들은 더 비싼 가격이 매겨진 제품이 분명 더 좋은 효과를 낼 것이라고 믿었다. 이런 기대는 뇌에서 통증을 느끼는 부분을 활성화했다. 때로는 치료나 진찰로 생기는 효과는 물론, 연고 사용으로 일어날 수 있는 피해도 '과잉 평가'되고는 한다. 연구를 진행한 연구원들은 "비싼 치료가 기대치를 높였으나, 결과는 양방향으로 나타났다"라고 연구 결과보

의학이 가진 파괴적인 힘

고통이나 통증 때문에 병원에 찾아간 사람은 당연하게도 고통이 줄고, 아픔을 위로받고, 치료되기를 바란다. 특별히 아픈 곳이 없는 사람이면 현재 건강 상태에 문제가 없다고 확인받고 싶어 한다. 많은 사람들이 이런 안도감을 받고자 의사에게 달려가 혈액검사나 건강검진 등 이런저런 검사를 받는다. 최근 들어 확인 받고 싶은 마음으로 병원을 찾는 사람이 많아지는 추세다.

이런 바람과 달리 의학은 거꾸로 사람들을 더 불안하게 한다. 검사 기구와 진단 장비가 기술적으로 점점 더 섬세해져서, 이전에는 보이지 않던 경미한 이상과 변형까지 거의 하나도 놓치지 않고 발견할 수 있게 되었다. 사실 병이라고는 말할 수 없는 이런 것들 때문에 의사는 혼란스럽고 환자는 기분이 꺼림칙하다. 정말 별일 아니지만 어쨌든 검사 결과가 나왔기 때문에 의사는 사람들에게 이 사실을 알려줘야 하기 때문이다.

의사는 사실 이번 검사의 혈액수치가 약간 의심스럽긴 하지만 별일이 아니라는 걸 알고 있다. MRI나 CT촬영 결과에서 조직 구조상에 별 문제가 없지만 '확실하게' 하기 위해서 몇 주 뒤에 재검사를 해보자고 한다. 의사는 이런 과정이 늘 있는 간단한 절차라고 여기지만, 환자 입장에서는 세상이 무너지는 것처럼 느껴진다. 어쨌든 결과를 놓고 봤을 때 '의심스럽군요' 라든가 '다시 한 번 검사를 해봅시다'와 같은 말은 사망 선고나 마찬가지처럼 들리기 때문이다. 이렇듯 적극적으로 진찰받는 일은 우리를 안심시키기는커녕 불안감을 조장할 뿐이다. 어떤 불분명한 진단이 내려질 경우 이렇게 계속해서 검사를 하는 행위를 의료계에서는 '확실한 원인을 규명한다'라고 한다. 하지만 이는 더 많은 혼란을 야기할 때가 많다.

고서에 기록했다. 플라시보와 노시보 연구에서 나온 결과는 실용의학부문에서 환자를 대하는 법을 배우는 데 중요한 의미를 갖는다. 이밖에도 처방받은 약이 가짜에 불과하고 아무 효능도 없는데도, 실험에 지원한 사람들에게 이제부터 약을 중단한다는 말을 하자 지원자들이 통증을 더 심하게 호소했다는 이야기는 이전부터 잘 알려져 있다.

메릴랜드 대학의 루아나 콜로카Luana Colloca는 "노시보 효과는 환자가 의사를 얼마나 믿느냐에 따라 달라집니다. 따라서 환자와의 대화는 환자가 치료를 통해 기대하는 바가 무엇인지에 맞추어 편성되어야만 합니다"라고 조언한다. 의사는 부작용에 대해서도 상세히 설명해야 한다. 더불어 치료 비용에 대한 정보도 마찬가지다. 비용 문제는 가능하면 처음부터는 언급하지 않는 것이 좋지만, 오늘날 경제적인 면을 고려하지 않으면 안 되는 의료제도에서는 빼놓을 수 없는 어려운 문제다. 이것은 어떻게 보면 일종의 딜레마다. 충격적인 최근의 연구에 따르면, 많은 수술들이 기대 효과가 크지 않거나 아예 없는 경우도 있다고 한다. 독일 외과협회의 전 총장 하르트비크 바우어Hartwig Bauer는 생각보다 많은 수술이 상징적 처치에 지나지 않는다고 말했다. "때로는 의사가 믿고 싶어서, 그리고 환자가 눈에 보이는 이런 조치를 통해 분명 도움이 될 거라고 확신하기 때문에 수술을 하는 경우도 있습니다."

바우어는 이런 효과를 '논리적 플라시보'라고 부르며 의사들이 생각을 바꿀 것을 종용한다. 또한 수술이 반드시 도움을 주지는 않는다는 사실을 고통스럽지만 받아들여야 한다고 조언한다. 논리적 플라시보를 환자에게 설명하고 알리는 데는 장단점이 있다. 이런 딜레마는 정서적 폭력의 몇몇 현상과도 깊이 연관된다. 수술에 마지막 희망을 걸고 끝내 안정을 찾길 바라는 환자가 상당히 많다. 그런데도 의사가 나서서 수술은 무용지물이며, 그럴듯하게 보이는 효과일 뿐 사실은 순전히 플라시보 효과라고 말하는 것이 옳은 것인지는 생각해보아야 한다.

9장을 마치며

- 환자는 두려움에 떨며 겁에 질린 채 의사가 하는 모든 말을 놓치지 않고 기억하려고 노력한다. 따라서 모든 의사는 생각 없이 내뱉은 말과 그 밖의 추측성 발언이 정서적 폭력이 될 수 있다는 점을 항상 염두에 두어야 한다.
- 심각한 병을 앓는 환자에게는 죽음에 대해 개방적이고 솔직하게 설명해야 한다. 불편한 진실이라도 환자가 모르게 숨겨서는 안 된다. 의사는 병이 진행되는 과정에서 환자가 어느 정도까지의 정보를 알고 싶어 하는지를 먼저 묻는 것이 중요하다.
- 아픈 사람은 치료 과정에서 목표를 이루지 못하면 실패했다고 느끼는 경우가 많다. 그렇게 되면 환자는 자기 몸을 스스로 내려놓고, 잘못 살고 있다고 자책을 하며, 자신이 병에 걸린 사실조차 자기 탓을 한다. 그러나 환자들은 병의 원인은 유전자나 환경적 요소와 같이 다양하다는 사실을 잊지 말아야 한다.
- 아무런 병에 걸리지 않은 사람조차 건강을 위한답시고 점점 더 스스로를 압박하고 음식과 수면 패턴, 신체적 활동과 전반적인 삶의 변화를 끊임없이 통제하려 한다. 하지만 인생에서는 통제할 수 있는 것과 통제할 수 없는 것이 있다. 이를 구분할 줄 알아야 한다.
- 환자의 기대치는 앞으로 병이 어떤 방향으로 흘러갈지에 상당히 중요한 역할을 한다. 의사 말 한마디 역시 환자가 치료에 대한 희망을 갖게 될지, 아니면 절망과 단념의 자세를 취할지를 크게 좌우한다. 의사가 의도적으로 정서적 폭력을 가하지 않더라도 이런 상황에서는 사소한 오해로 환자에게 더 큰 상처를 줄 수 있다는 사실을 명심해야한다.

CHAPTER 10

| 사회 |

주변에서 흔히 보이는 폭력들

집단 따돌림 : 거부가 가져오는 심리적 여파

수학여행에서 그와 방을 쓰고 싶어 하는 학생은 한 명도 없었다. 다른 학생들이 친한 친구들과 짝을 이루고 있을 때 그는 혼자 애매하게 서성였다. 선생님이 마지못해 참견해서 덩그러니 남아 있던 그 학생의 방을 정해줘야 했다. 그는 공동으로 하는 놀이에서도 제외되었다. 그 아이가 무리에 어울리고 싶어 하면 다른 아이들은 갑자기 조용해지거나 멸시가 가득한 말을 내뱉었다. 한 집단에서 따돌림을 당하는 일은 나이에 상관없이 상처가 된다. 하지만 아이가 받아들이기에는 더욱 더 가혹하다. 게

다가 또래 친구들에게 거부당한 경험은 그 순간만 마음이 무거운 것이 아니라 몸과 마음 모두를 오랫동안 병들게 한다.

영국의 심리학자들은 유년기 때 당한 따돌림이 어떤 파괴적인 영향을 가져올 수 있는지 연구했다. 칼리지 런던 대학의 학자들은 11세에서 16세 사이의 쌍둥이 아동 1만 1천 명을 진찰하고 이들의 신체 및 심리적 상태를 기록했다. 연구 결과, 열한 살 전 후로 따돌림을 경험한 아이들은 그렇지 않은 아이에 비해 겁이 많았고, 과도한 충동적 행동이나 우울증, 관심 부족에 시달렸다. 학교 생활 역시 많은 문제를 겪고 있다는 사실도 밝혀졌다.

연구팀을 이끈 장-밥티스트 핀고Jean-Baptiste Pingault는 "이전에 진행된 연구를 통해 따돌림을 당한 아이가 종종 심리장애를 앓는다는 사실을 알고 있긴 했지만, 반대로 어떤 인과관계가 있는지에 대해서는 알려진 바가 거의 없습니다"라고 말했다. 때어날 때부터 예민한 성격의 아이는 이런 압박감을 겪는 일을 조금 더 힘들어할 수도 있다. 연구원들은 동일한 유전자를 가진 일란성 쌍둥이뿐만 아니라 이란성 쌍둥이도 연구에 포함시켜 환경적 요소와 교육, 더불어 유전자까지 영향을 줄 수 있는 모든 요소를 고려하려 인과관계를 명확하게 밝혀내기 위해 노력하고 있다.

세계보건기구의 추정에 의하면 세계적으로 전체 아동의 30퍼센트가 한 번쯤은 집단 따돌림을 당했거나 다른 형태의 괴롭힘을 당한 적이 있다. 이런 일을 대수롭지 않게 생각하는 아이도 있지만, 반대로 어떤 아이들은 다른 아이들에게 더 큰 폭력을 행사하거나 스스로 목숨을 끊기도 한다. 따라서 집단 따돌림이 발생하지 않도록 예방하는 일이 무엇보다 중요하다. 유독 따돌림에 예민하고, 신경이 날카로워서 많은 도움이 필요한 사람을 빨리 파악하는 일도 역시 놓쳐서는 안 된다.

가정 내에서 겪는 갈등이나 분쟁, 유전자, 환경적 요소 등은 아이가 집단 따돌림(Mobbing, 다수의 사람들이 개인 또는 소수의 사람을 공격하는 집단 현상)을 견디는 힘에 큰 영향을 미친다. 즉, 따돌림의 피해자가 심각한 심리적 장애를 입는 것은 개인의 정신력이 약하기 때문이 아니라는 것이다. 핀고는 어쨌든 이런 결과에서 희망적 메시지를 보았다고 말한다. 심리적 저항력을 강화시키는 방법이 존재한다는 반증이기 때문이다. "집단 따돌림은 대부분의 경우 커다란 괴로움을 불러오지만, 시간이 경과하면서 심리에 끼치는 부정적인 영향이 차츰 희미해집니다. 아이들이 커갈수록 나쁜 경험에서 회복되는 시간도 빨라지죠."

집단 따돌림을 예방하고 이에 대한 위험성을 알리려는 기존의 프로그램 외에도 먼저 '어떤 아이가 더 크게 상처받는지'를 일찍 파악하는 일도 중요하다. 심리치료사인 쥬디 실버그Judy Silberg와 케네스 켄들러Kenneth Kendler는 불안정하고 여러 부분에서 쉽게 희생양으로 낙인찍힐 수 있는 사람은 특별보호를 받아야 한다고 주장했다.

집단 안에 속해 있더라도 무언가 불편함을 느끼는 아이도 있다. 이런 아이는 사회적 접촉 자체를 피하는 일이 많다 보니 외톨이로 보이기 쉽고, 훗날 집단 따돌림의 대상으로 찍히는 경향이 높다. 그렇기 때문에 이들의 회복력을 의도적으로 강화시키는 훈련이 필요하다는 연구원들의 의견에 동의한다. 이런 훈련을 통해 실제로 집단 따돌림의 피해자가 되더라도 그 여파로 고통 받는 강도와 기간을 줄일 수 있다는 생각이다.

저는 아무런 잘못도 하지 않았는걸요

카롤린은 열세 살인데도 항상 엄마가 짜준 스웨터와 조끼를 입고 다녔다. 같은 반 또래 아이들이 무슨 옷을 입고 다니는 지에는 도통 관심이 없었고, 학급에서 휴대폰이 없는 사람은 카롤린이 유일했기 때문에 다른 아이들이 SNS에서 어떤 이야기들을 주고받는지 그녀는 알 수 없었다. 카롤린은 쉬는 시간이면 구석에 앉아 책 읽는 것을 좋아하고, 도움이 필요한 친구에게는 언제나 먼저 손을 내미는 착한 학생이었다.

그런데 어느 날 같은 반 학생 중 한 명이 갑자기 카롤린에 대해 나쁜 말을 퍼트리기 시작했다. 그녀가 누군가를 성가시게 한 것도 아니고, 괴롭힌 적도 없었는데 말이다. 그저 카롤린이 멋을 안 부리고 다니는 것에 대해 험담을 하고 그 외에도 여러 나쁜 말을 늘어놓았다. 인터넷에 자신에 대한 안 좋은 소문이 퍼지고, 말도 안 되는 나쁜 거짓말이 돌고 있는 동안 카롤린은 이 사실을 전혀 알지 못했다. 결국 일이 커진 후에야 가해 학생들은 학교에서 처벌을 받고 카롤린 역시 사과를 받을 수 있었다. 그러나 열세 살인 카롤린은 결국 얼마 안 가서 학교를 옮겼다. 같은 반 아이들에게 당했던 집단 따돌림이 지울 수 없을 만큼 괴로운 상처로 남아버렸기 때문이다.

뚱뚱한 사람이 당하는 불이익

"가위, 바위, 보!"

운동장에 모인 아이들이 두 아이의 가위바위보를 지켜보고 있었다. 이긴 아이는 같은 반 아이들 중 누구를 자기 축구팀에 데리고 올지 먼저 선택할 수 있었다. 아이들은 놀이의 규칙을 잘 안다. 당연히 제일 빠른 아이와 축구를 잘하는 아이, 때로는 인기 많은 아이가 먼저 선택되고 같은 방법으로 반 아이들 전체가 두 팀으로 나눠진다. 처음에는 아무렇지도 않게 순서에 따라 번갈아 가며 원하는 친구를 데려온다. 그러나 이내 상황은 점점 불편해진다. 시간이 갈수록 선택되지 않는 아이들은 상처를 입기 마련이다. 마지막에는 운동감각이 눈에 띄게 떨어지거나, 안경을 썼거나, 뚱뚱한 사람 등 자기 팀으로 데리고 가고 싶지 않은 사람만 어색하게 서 있다. "너희 팀에서 뚱뚱한 애 데리고 가. 우린 싫어!"

운동신경이 둔하거나 고도비만인 사람은 일찍부터 놀림을 당한다. 학교를 다니는 시점부터 아이들은 비만인 아이를 못살게 굴거나, 몸집이 크다고 놀리거나 따돌릴 때가 많다. 이들은 어린 나이부터 모욕을 경험하고 심한 경우 맞을 때도 있다. 특히나 체육시간이면 이렇게 대놓고 거부당하기 일쑤다.

이것은 '거부'의 이상한 형태다. 지금까지는 다른 사람들과 무리를 지어 함께 있다가, 갑자기 사람들이 운동 실력에만 집중하고 과연 그 사람이 팀에 도움이 될지 짐이 될지를 묻는다. 물론 답은 거의 나와 있다. 즉, 어려서부터 서열이 나뉘는 일에 익숙해지는 것이다. 먹이사슬 구조에서 가장 위에 서 있거나, 항상 빨리 '선택'되는 존재거나, 선택할 수 있는 위치에 속한 사람은 따돌림의 아픔을 모른다. 그런 위치에 서 있지 못한 사람은 거부와 패배의 아픔을 동시에 겪어야하는 하는 일이 고통스러운 기억으로 남을 때가 많다.

병원에서도 차별은 계속된다. 의료진은 비만 환자를 대할 때와 정상

체중인 사람을 대할 때 놀라울 정도로 큰 차이를 둔다. 비만 환자는 많은 의사에게 환대받지 못한다. 미국의 심리학자들은 몇 년 전부터 뚱뚱한 사람에게 드러내놓고, 또는 은근히 행해지는 차별에 대해 토론해왔다. 그 결과 이런 피해는 심리뿐만 아니라 신체적으로도 뚜렷하게 나타났다. 가장 흔히 하는 차별은 살찐 환자를 종종 절제력이 부족하다고 판단하거나 이들의 외모와 생활 방식까지 간섭하려 한다는 것이다. 흔히 '뚱보 핀잔주기'로 불리는 이러한 행동은 정당하지 못한 강력한 폭력성이 가득하다.

코네티컷 대학의 심리학자 조앤 크라이슬러Joan Chrisler는 의료계에 퍼져 있는 과체중 환자를 무시하는 행위는 환자를 주눅 들게 한다고 말한다. 이런 말을 한 사람은 뚱뚱한 사람이 자극을 받아 생활 방식을 바꾸기를 바란다고 하지만, 환자는 이런 말을 들어야 하는 자체가 스트레스이며 수치심을 느낀다. 크라이슬러는 정상 체중인 환자가 훨씬 더 일찍 적절한 치료를 받는 반면에, 살찐 환자는 우선 살을 빼라는 조언만 들을 때가 많다는 연구 결과도 있다고 덧붙였다. "몸무게에서 차이가 난다고 해서, 같은 증상의 환자에게 의사가 다른 검사와 다른 치료를 받도록 하는 것은 비윤리적이며 잘못된 행동입니다."

게다가 체중이 많이 나가는 환자의 질환을 진지하게 생각하지 않는 위험도 발생한다. 환자의 체구가 크다는 이유로 새로운 통증이 생겼을 때 추가적인 검사를 진행해 문제를 일으킨 실제 원인을 밝혀내지 않은 경우도 많다. 최근 300명을 대상으로 진행한 해부 실험의 결과, 비만인 사람의 경우 보통 체중의 사람에 비해 1.65배나 병을 밝혀내지 못한 채 사망했다. 그중에는 폐암이나 만성적 염증에 의한 장 질환, 혹은 심근 경

몸무게와 차별의 상관관계

뚱뚱한 사람이 비단 의료계에서만 차별을 당하는 것은 아니다. 나쁜 의도는 아니라지만 친구 사이에서도 뚱뚱한 사람을 놀리는 농담이 자주 오간다. 물론 당사자는 그런 상황을 그다지 썩 재미있다고 생각하지 않는다. 직장에서도 마찬가지다. 체중이 많이 나가는 사람은 은근히 기분 나쁘게 만드는 농담과 비열한 공격을 당해 차별을 겪는다.

다음에서 소개되는 상황을 살펴보자. 똑같은 직업훈련을 마쳤고 성적도 동일하며 서류상으로 봤을 때 모든 조건이 동일한 두 사람이 있다. 그런데 한 명은 날씬하고 단련된 몸매에 취미는 철인 3종 경기에 참여하는 것이라고 한다. 다른 한 명은 몸무게가 130kg이며 취미는 드라마 보기라고 자신을 소개했다. 과연 회사는 어떤 사람을 채용할까?

다수의 연구에 따르면, 회사는 뚱뚱한 지원자보다 날씬한 지원자를 우선 발탁한다. 식량이 넘쳐나는 나라에서 날씬한 몸매를 유지하는 사람은 말 그대로 금욕과 절제력, 강한 의지를 상징하는 듯하다. 이와 반대로 뚱뚱한 사람은 게으르고 절제력이라고는 찾아볼 수 없다고 깎아내려지곤 한다. 사람들은 뚱뚱한 사람이 자기의 몸을 대하는 방식을 보면 맡은 일을 해내거나 성과를 내려는 자세도 비슷할 것이라고 선입견을 갖는다. 지금까지 획득한 많은 자격증과 증명서를 보면 이렇게 인식할 마땅한 근거도 없는데 말이다. 알고 보면 텔레비전 앞에서 편안히 휴식을 취하는 동료에 비해, 철인 3종 경기가 취미인 지원자가 훈련에 시간을 너무 쓰다 보니 지쳐서 업무 처리에 쓸 힘이 훨씬 부족할 수도 있는 노릇이다.

색에 이르기까지 중증 질환을 겪던 환자도 많았다.

살찐 사람은 다른 사람이 자신을 바라보는 경멸의 눈빛을 느끼고, 여러 상황에서 자신을 함부로 대한다는 현실도 잘 안다. 크라이슬러는 사람들의 이런 비판적 행동은 소위 미묘한 차별이나 '미세공격microaggression'의 형태로 나타난다고 말한다. 이는 크게 의도한 것이 아님에도 불구하고 발생하는 공격을 의미한다. 예를 들어 의사나 간병인이 뚱뚱한 환자의 신체를 만지기를 꺼리거나 몸무게를 기재할 때 꾸짖는 듯이 머리를 좌우로 흔드는 행동 등을 말한다. 이런 행동들에 지속적으로 노출되다 보면 환자는 심한 압박감을 느끼고, 사회 낙오자로 낙인찍혔다는 느낌을 받게 된다.

폭력을 즐기는 사람들 :
오디션 쇼에 나가는 것을 심각하게 고민해야 하는 이유

우리는 학교를 다니면서, 직장을 구하면서 끊임없는 평가에 시달린다. 성적 매기기와 시험은 거의 매일 반복되며 학교를 졸업하더라도 각종 자격증과 어학 점수를 얻기 위해 노력해야 한다. 손에 땀을 쥔 채 심장이 벌렁거리면서 시험위원회 또는 심사 위원 앞에 서서 빠짐없이 배운 내용을 줄줄 이야기하며 평가받기를 기다리는 경험은 인생에서 수도 없이 많다. 그런데 몇 년 전부터 점점 더 많은 사람이 추가적으로 '평가테러'에 뛰어드는 경우가 많아졌다. 대놓고 업신여김을 당하거나 공정하지 못한 평가가 난무하는데도, 그들은 대부분 부정적인 평가를 받는 곳에 자신을 내맡긴다. 바로 요즘 방송가에 우후죽순처럼 생긴 '캐스팅 쇼' 이야기다.

참가자들의 나이는 대부분 청소년이나 이제 막 성인이 된 젊은이들이다. 이들은 자신 안에 숨어 있는 재능을 발견하고 이를 펼쳐 보이기 위해 줄을 선다. 제대로 실력만 발휘하면 상대적으로 오래 걸리는 직업 훈련이나 힘든 트레이닝이라는 고생길을 거칠 필요 없이 빠른 속도로 톱스타의 반열에 오를 수 있다는 달콤한 유혹에 속아, 자아도취적이고 인정사정없는 심사 위원의 평가에 자신을 내맡기는 것이다. 하룻밤 자고 나면 유명해지고 스타가 될 수 있다는 꿈이 이런 쇼에 출연하는 배경에 깔려 있다. 이전에도 재미와 열정이 넘쳐 노래하고, 춤추고, 외모를 다듬는 일을 좋아하던 지원자는 이제 자신이 얼마나 시장에서 가치가 있을지 평가를 받으려 무대에 선다. 하지만 가차 없이 실수와 약점이 드러나고 지원자가 자부심에 가득 차 선보인 재능이 잘해야 중간 정도거나 질책받을 정도로 완전히 형편없다는 평을 받는다.

이런 종류의 쇼는 심사 위원이 참가자를 가능한 미사여구를 쓰지 않고 직설적으로, 특히 야비하게 이들의 재능의 한계를 깎아내리는 평가를 보여줌으로써 살아남는다. 시청자의 관음증과 자극, 누군가 상처받고 감정적으로 굴욕을 당하는 장면을 보고 싶어 하는 마음은 이런 방송이 높은 시청률을 얻는 요인이다. 정신적 · 신체적으로 눈에 보일 정도로 덜 완성된 젊은이들이 심사 위원으로부터 몸매가 얼마나 엉망인지, 몸을 제대로 움직이지 못하고, 노래도 못 부르고 혹은 춤추는 모습이 코끼리 같다는 말을 들어야만 한다. 때로는 지원자가 자신을 평가하는 모습과 외부 사람이 인식하는 것 사이에, 존재하는 차이가 놀랄 만큼 클 때도 있다. 아무리 그래도 노래 부르는 일이 취미인 사람에게 톱스타가 되려면 갈 길이 너무 멀고 교정해야 할 곳이 많다고 직설화법으로 가차 없이 말하는 것은 정당화될 수 없다.

그런데 알고 보면 심사 위원에게 굴욕을 당하는 일이 이런 방송의 본질적 요소다. 게다가 쇼에 참여한 사람은 심사 위원이 퍼붓는 이런 파멸적인 평가를 불평 없이 그대로 받아들인다. 어떤 지원자는 굉장히 비참하게 느껴질 순간에 오히려 프로페셔널한 사람으로부터 소중한 힌트를 얻었다고 너무나 감사해한다. 근본적으로는 젊은 예비 스타가 성공 가도를 걷도록 계속 지원하고 싶은 것이 쇼에서 의도하고 바라는 것이라고 보일 수 있다. 하지만 방송의 주요 목적은 사실 아마추어를 위해 심사 위원이 지원하는 것이 아니라, 오히려 이들이 가진 권력을 악용하고 시청자가 남이 잘못되는 것을 보고 즐기게 하는 것이다. 이런 목적은 훤히 들여다보이지만 미화되거나 묵과된다.

익명 뒤에 숨은 감정적 폭력

최근에는 호텔에 묵을 때나 식당을 이용하거나, 심지어 전화 상담만 마치더라도 '평가'를 남겨야한다. 서비스를 이용하면 좋든 싫든 평가를 내려야만 하는 세상이다. "저희가 제공한 서비스에 만족하셨습니까? 어떤 점을 더 개선해야 할까요? 당신의 의견은 소중합니다. 평가를 위해서 잠시만 시간을 내주시기 바랍니다."

여러 항목과 다양한 범주에 따라 별이 한 개부터 다섯 개 까지, 혹은 플러스 · 마이너스 포인트가 매겨진다. 점수에 따라 호텔의 청소부와 대학 교수, 의사들은 자신들이 얼마나 일을 잘 하고 있는지 못 하고 있는지를 숙지한다. 이는 평가와 관련해서 일상에서 훨씬 더 자주 일어나는 '평가 테러'의 변형 양상이다. 자본주의적 평가의 논리를 따르지만, 여기에는 아무도 지원해서 나서는 사람이 없고 희생자는 오히려 언제나 저자세를 취해야만 한다.

몇몇 평가 포탈은 좋은 의도에서 출발했다. 바가지요금에 수준이 떨어지는 서비스를 제공받은 고객과 소비자가 조금이나마 힘과 공동 발언권을 가져야 한다고 생각했기 때문이다. 하지만 고객 평가의 장은 이미 오래전부터 어이없는 트집이나 고발, 상스러운 말이 오가는 플랫폼이 되어버렸다. 이곳에서는 거친 언행이 예외가 아니라 일상적으로 일어난다. 학생과 환자, 소비자의 분노는 한계를 모르고 대부분 익명으로 의견을 내기 때문에 불평과 비평의 정도가 극심하고 파괴적일 때가 많다. 평가를 보낸 사람을 고소할 수도 없기 때문에 사람들은 적절하지 못한 평가를 내릴 때도 두려워하지 않는다.

취리히의 심리치료사 다니엘 헬Daniel Hell은 요즘 들어 모든 서비스에 대해 주어지는 심의 평가 기회와 점수를 매겨달라는 지속적인 요구, 의견을 쓰는 후기, 비판 등을 가리켜 벗어나야만 하는 '굴욕의 함정'이라고 표현했다.

'여러분의 의견은 소중합니다'라는 슬로건은 소비자를 전면에 두므로 긍정적으로 들릴 수도 있지만, 현실적으로 고객의 요구사항에 관심을 두고 이를 개선할 수 있는 여지는 적다. 숨겨진 의도는 회사 직원의 문제점을 찾아내고 훈육시키려는 데 있으며 이를 보기 좋게 포장한 것에 불과하다. 결과적으로 다른 것이 있다면 부하 직원의 업무 성과를 탓하는 사람이 사장이 아닌 고객이라는 점이다. "고객은 왕인데 이것 좀 봐. 너희가 올린 성과가 충분하지 않아. 너희는 더욱 노력해야만 해!" 이런 주장의 근거가 되는 셈이다. 결과에 따라 월급이 줄고 인정도 받지 못하지만, 반대로 일은 더 많아지거나 해야 할 의무 역시 늘어난다.

아무리 다른 사람이 자신에 대해 평가내리는 것을 개의치 않아 하는 사람이래도 타인의 평가에서 완전히 자유롭기는 힘들다. 다니엘 헬은 자신의 저서에서 '부끄러움'은 한 사람의 자존감이 다른 사람에게 얼마나 크게 의존하고 있는지를 보여주기도 한다고 말했다. "수치심에서 벗어나기 위해 외부와 차단하는 일은 아무런 도움이 되지 않습니다. 사람은 다른 사람의 시선에서 간단히 벗어날 수 없기 때문이죠. 사람은 타인의 시선을 내면화해서 자신 앞에서조차 스스로를 창피해합니다. 또한 부끄러움이 느껴지는 상황을 계속해서 혼자서 상상하기도 합니다."

이것은 프랑스 철학자인 미셸 푸코Michel Foucault의 책 제목처럼 자본주의적 '감시와 처벌'의 논리를 따른다. 평가 포털은 푸코가 묘사한 교도소와 굉장히 유사한 방법으로 작동한다. 판옵티콘panopticon 형태의 교도소는 감시탑을 중심으로 빙 둘러싼 감방이 있는 구조로 되어 있고, 바닥까지 길게 내려오는 철창을 통해 안이 들여다보이고 계속해서 죄수를 감시하는 일이 가능하다. 수용자는 감독자의 부재를 인식하지 못하기 때문에 감독자가 없는 경우에도 똑같은 감시효과를 낼 수 있으며, 이렇기 때문에 죄수는 알아서 순종하는 법을 배운다. 나쁜 평가를 두려워하는 것도 이와 같은 방식이다. 설문조사와 평가지는 일종의 증명서가 되어 이를 토대로 직원을 혹평하고, 실적이 불충분하다고 질책하고, 모욕을 주는 일을 계속해서 가능하게 만든다.

10장을 마치며

- ▶ 차별이나 집단 따돌림은 많은 분야에 만연해 있다. 구성원이 소속 집단을 즉시 벗어날 수 없고, 계약적 공생 관계에 놓여있는 학교나 직장에서는 특히 더 많이 일어난다. 다른 사람을 웃음거리로 만들거나 인터넷 상에서 이들에 대한 나쁜 이야기를 퍼뜨리는 것이 따돌림과 차별의 가장 흔한 유형이다.
- ▶ 과체중인 사람이 학교에서, 특히 운동할 때 더욱 심한 차별을 받는 것은 현실이다. 직장에서도 살찐 지원자는 의지가 약하거나 게으르다고 성급하게 과소평가받기 때문에 괴로워한다. 따라서 새로운 자리가 생기거나 성공 가도를 달릴 기회가 있어도 뚱뚱한 사람들에게 돌아오는 기회는 상대적으로 적다.
- ▶ 캐스팅 쇼와 같은 재능을 선보이고 경쟁을 부추기는 프로그램에 참가한 사람들은 자발적으로 자신에게 평가 테러가 일어나도록 놔두는 셈이다. 시청자의 관음증은 이런 방송을 성공시키는 결정적 요소다. 지원자는 굴욕과 정서적 폭력에 노출될 것을 이미 예상하고 캐스팅 쇼에 참가해야 한다.
- ▶ 서비스에 대한 평가와 투표는 빠져나오기 힘든 '굴욕의 함정'이다. 사람들은 청소 인력부터 의사와 교수까지 거의 모든 것과 모든 사람에게 점수를 매긴다. 그 결과로 점점 더 많은 사람이 영원히 감시당한다고 느낀다. 게다가 평가 결과 점수에 따라 처벌이나 질책, 혹은 월급 감축이 곧바로 시행되는 경우도 많다.

PART 3

어떻게 나를 지킬 것인가?

CHAPTER 11

자산이 되는 감정 이해하기

부당한 요구는 우리를 병들게 한다

베를린 샤리테 병원의 심신의학과 책임자인 마티아스 로제 Matthias Rose 는 "빠르게 변하는 세상에서 사회는 개인으로부터 굉장히 높은 적응력을 요구합니다. 이때 발맞춰 빠른 속도를 따라가지 못할까 봐 두려워하는 사람이 많습니다"라고 지적한다. 이와 더불어 '인적자본'으로 강등된 많은 직원들이 회사의 성공에 자신이 기여한 역할을 거의 느끼지 못하고, 스스로의 가치가 하락되어 괴롭고 병들어간다고 느낀다. 이에 따라 많은 심리학자들이 어떤 직업적 압박감과 위기로 만성적 질환이 야기되는지, 어떤 생물학적 메커니즘이 이에 영향을 미치는지에 대해 점점 더 자세한 연구를 펼치고 있다.

스위스의 의료사회학자인 요하네스 지그리스트Johannes Siegrist는 20년 전부터 직장에서 받는 심리적 압박감과 불안감이 사람들을 얼마나 괴롭히는지를 재차 연구하고 입증했다. 능력을 제대로 인정받지 못하는데 상사의 지원은 적고, 압박감만 점점 증가하는 현상은 최근 불안정한 고용관계에만 국한되지 않고 거의 모든 직업 분야에 만연해 있다. 사원뿐만이 아니라 중간 책임자나 다른 고위직 책임자 역시 더 이상 자신의 위치가 안정적이라고 느끼지 못한다. 이런 '직위와 관련된 불안감'은 건강에 타격을 가하는데, 체중이 불어나는 경우도 많고 알코올 소비도 지나치게 늘어난다.

이는 일종의 악순환으로 연결된다. 능력을 충분히 인정받지 못하면 허리 통증과 만성적 불만족, 심근경색과 뇌졸중을 일으키기 쉬운 '과잉 스트레스' 수치가 높아지고, 지속적인 스트레스는 많은 염증을 일으킨다. 지그리스트는 불안정한 고용관계와 스트레스, 질병 사이의 연관성이 최근에서야 알려지기 시작했다고 이야기한다. 실제로 1990년대 후반에 들어서야 심근경색과 우울증에 걸릴 위험이 직업과 관련된 불만족으로 의해 증가할 수 있다는 결과가 전염병학적 차원에서 최초로 공개되었다. 당시 심장전문의 사이에서는 이런 '약한 심리적 요인'이 사람들을 병들게 한다니 오만불손하다는 의견이 지배적이었다.

철학자인 디터 토매Dieter Thomä는 최근 현대 사회에서 개개인이 얼마나 분열되었다고 느끼는지를 "두 개의 사회적 명령법이 개인을 이리저리 흔든다"라는 표현을 통해 생생하게 보여줬다. 권력과 무기력 사이에서 감정이 끊임없이 오간다는 뜻이다. 불쌍한 현대인들은 더 이상 다른 대안이 없고, 이제는 어쩔 수 없이 이 결정을 따라야 하며, 외부 상황에 의한 제약으로 다른 선택은 불가능하다는 말만을 계속해서 전달받는다. 토매는 힘을 빼앗긴 개인은 점점 줄어드는 행동반경 내에서 강요받는 듯한 느낌을 받는다고 말했다. 그러고는 이런 감정이 사람을 병들게 한다고 덧붙였다.

다른 한편으로 우리는 다르게 생각하고 행동하는 '창조적인' 사람이 될 것을 강요받는다. 하지만 사회에 순응하면서 바꿀 수 없는 현실을 그대로 받아들이는 동시에, 자기 자신과 주변 환경을 혁신적으로 바꾸려 노력하는 일이 가능할까? 이런 대립적인 가치관 사이에서 심신이 안정적이며 건강한 상태를 유지하는 사람이 몇이나 있을까?

토매는 개인은 점점 더 서로 간의 거리가 벌어지는 두 가지 사회적 요구사항 사이에서 지치고 힘들어하다가 정신적으로 피로해지고 파괴될 위험에 놓인다고 말했다. 이것은 희생과 강요의 태도가 얽히고설킨 상황이다. 요구사항이 모순되면서 강박적으로 변하기 때문에 중간노선을 찾기란 너무나도 힘든 목표가 된다.

다행히 이리저리 치이고 휘둘린 현대인을 위한 출구가 아직 존재한다. 많은 학자들이 '신뢰 관계' 속에서 안정감을 느끼고, 자신의 긍정적인 영향력을 느낄 수 있는 일이 사람들에게 만족감을 줄 뿐 아니라 사람들을 건강하게 만든다고 확신했다. 의사들은 이에 따라 기술이 지배하는 사회 흐름에 맞서 개인이 지닌 '개별적 능력'에만 국한되지 않고, 그를 둘러싼 전체 환경 속에서 인간을 포괄적으로 인지해야 하는 숙제를 떠맡았다. 하이델베르크의 토마스 푹스Thomas Fuchs는 이런 새로운 도전을 단순하면서도 확실한 예를 통해 보여준다. 망막이나 시신경에 들어 있는 신경전도, 혹은 후두엽 속의 시각중추세포 속에 들어 있는 신호전달체에만 관심을 갖다 보면, 의사는 사람들의 따뜻한 시선이나 두려움으로 커진 눈을 인식하지 못한다는 것이다. 푹스는 생명체를 연구하기 위해서는 그 생명체의 삶에 관여해야 한다는 의견이다. 이런 접근 과정은 뇌를 스캔하는 것이 과연 어떤 의미가 있는지를 생각하게 만든다. 스캔을 해야만 비로소 어느 질병이든 병명을 알아낼 수 있겠지만, 사람들 간의 상호작용으로 생긴 질환은 스캔만으로는 알아내기 힘들 수도 있다.

모순으로 가득한 삶 :
언제나 웃을 수는 없잖아요!

사람이 지나다니는 복도에서 용변을 보는 사람은 당연히 없다. 인간은 충동적 욕구는 물론 생리적 배변 현상까지도 통제하도록 배웠다. 극심한 감정을 참고 폭발하지 않는 것과 힘들다고 해서 소리 지르며 울부짖지 않는 것도 이에 속한다. 대부분의 상황에서 자신의 감정을 있는 그대로 드러내는 일은 부적절하다.

하지만 사람들은 이와 동시에 솔직한 '진짜' 모습 그대로를 표현하기를 기대할 때도 있다. 운동선수는 경기가 끝난 후에 인터뷰에서 자신의 감정을 적절하게 드러내고 이를 말로 어떻게 표현할지 준비해야 한다. 또한 정치가는 완벽한 언변을 보여줘야 하면서 인간적인 모습도 보여주어야 한다. 이렇게 이쪽저쪽 양쪽으로 두 가지 모습을 다 보이는 일은 힘든 일이며 노력해도 원하는 만큼 성공하지 못할 때도 있다. 머리와 심장, 이성과 감성을 구분하는 이분법은 이미 오래전부터 불가능했다.

단순히 긍정적이고 바람직한 감정만을 드러내야 하며 그 외의 다른 감정은 숨길 것을 강요받는 직업이 많다. 예를 들어 비행기 승무원은 항상 상냥하고 정중해야 하며, 술에 취했거나 뻔뻔한 승객에게 화가 나고 분노가 치밀어 올라도 이런 감정을 숨겨야 한다. 이들은 진상 승객을 마주한 후에도 계속해서 예쁜 미소를 지어야 한다. 간호사와 노인을 돌보는 간병인 역시 날마다 주어지는 많은 불쾌한 일들을 모두 감당하기 힘들어도 밖으로 이를 드러내서는 안 된다. 이들은 남들보다 더 큰 이해심을 요구받고 많은 아픈 사람과 도움이 필요한 사람을 대해야만 한다. 교사와 유치원 보모, 그리고 대다수의 서비스 직종에 속하는 직업들도 마찬가지다. 이와 반대로 법 집행관이나 인사 담당자 등은 사무적이며 가능한 덜 감정적으로 업무를 처리해야만 한다. 이들은 어떤 일에도 절대 의혹을 불러일으키면 안 되고 동정심이나 유감을 느낀 그대로 전달하면 안 된다. 남성 노동 인력의 30퍼센트와 여성 노동 인력의 50퍼센트 정도가 자신의 감정을 억누르거나, 적어도 다르게 표현해야 하는 직종에 종사하고 있다고 추정된다.

사회학자 엘리자베스 벡-게른스하임Elisabeth Beck-Gernsheim은 이렇게 끊임없이 감정 표현을 조정해야 하는 것을 '감정 곡예'라고 불렀다. 이런 감정 곡예는 많은 사람에게 너무나도 당연한 가장 무도회가 됐다. 이들은 자신의 '직장에서의 감정'과 '사적인 공간에서의 감정' 사이를 끊임없

운동선수들의 감정 표현법

축구 선수들은 경기가 끝난 직후 땀에 흠뻑 젖고 숨이 찬 상태로 이제 막 끝낸 경기에 대한 인터뷰를 진행하기 위해 카메라 앞에 선다. 스스로 경기를 어떻게 판단하는지, 절대 이길 수 없다고 생각했던 상대팀을 이긴 현재 기분이 어떤지에 대한 이야기다. 그러면 대부분 축구 선수는 “믿을 수 없이 훌륭했어요”라고 답하거나 “말로 표현하지 못할 정도로 기뻐요”라고 대답한다. 모두 이해할 수 있는 말이다. 어쩔 때는 너무 사적인 영역까지 파고드는 듯한 질문도 많고, 수백만 관중 앞에서 마음속 깊은 곳에 있는 감정을 구구절절 표현하기에는 애매하다.

게다가 어쩌다 솔직하게 감정을 드러내 보이기라도 하면 큰 혼란이 벌어진다. 2018년 3월, 독일 축구 국가대표 페어 메르테자커 선수가 프로팀에서 축구 선수로 뛰는 일로 큰 압박감을 받는다고 카메라 앞에서 고백했다. 경기를 앞둔 날에는 설사를 하고 경기 시작을 알리는 호루라기 소리를 들으면 구역질이 나올 정도라고 밝혔다. 그의 적나라한 묘사는 수억이 오가는 축구 비즈니스계의 어두운 면을 보여주었다. 하지만 메르테자커가 보여준 감정 같은 것은 축구 세계에서는 대부분 듣고 싶어 하지 않는다.

이 왔다 갔다 해야 한다. 또한 이런 감정 곡예는 생각보다 많은 에너지를 요구한다.

자신의 내적 세계를 감추도록 끊임없이 강요받는 것도 일종의 정서적 폭력일까? 그렇다면 실제로 느끼는 감정과 드러낼 수 있는 감정 사이에서 발생한 괴리감은 어떤 결과를 가져올까? 장기적으로 자신의 감정을 모른척하는 일은 자아에 대한 만성적인 폭력 행사라고 볼 수 있다. 그렇지만 절대로 너무 많은 것을 솔직하게 보여주면 안 되는 사회에서 '진짜' 감정을 드러내는 일이 가능할까? 다른 사람들의 요구를 맞추느라 매일 자신의 감정을 숨기는 사람이 감정 곡예의 달인이 되어가는 것은 어쩌면 당연한 일이다. 긍정적인 감정은 지나칠 정도로 내세우고 부정적이거나 불쾌한 다른 감정은 억제하는 것이 직장에서 지켜야 할 의무에 해당한다면, '솔직한 감정'은 많은 사람이 의구심 속에 자신만을 위해 숨겨놓는 희귀품이 될 것이다.

내성적인 사람의 방어기제

내성적인 성격의 자비네는 새로운 직장을 얻을 때마다 항상 같은 문제로 힘들어 한다. 그는 다른 동료들과 휴가 계획이 겹칠 경우 자신의 휴가를 조정하고는 한다. 부서 회의 때에 다른 동료가 모두 휴가를 희망하는 날짜를 다 고르고 난 뒤에 마지막에 남은 날짜를 받는 것에 만족한다. 사실 그 역시 내심 실망하고 다른 사람이 자신을 무시하고 깔본다고 느낄 때도 있지만, 아무에게도 마음을 털어놓지는 않는다. 문제는 이 다음이다. 처음에는 사이도 좋고 간식도 나눠 먹으며 짧게 잡담을 나누던 동료들이 어느 순간이 되면 자비네는 아무래도 상관없다는 반응을 보이거나, 스스로 기꺼이 희생자가 될 준비를 하는 동료를 수동적 태도로 공격할 때도 있기 때문이다. 자비네도 이렇게 계속 반복되는 상황이 괴롭지만 특별히 조치를 취하지 않았다. 누구도 이런 식으로 행동해서는 안 되겠지만, 시간이 흐를수록 동료들은 '자비네 입장은 고려하지 않아도 돼'라고 생각하게 될 것이다.

괴롭힘이라고 모두 같은 것은 아니다. 무시당한 일 전체를 반드시 정서적 폭력이라고 정의할 수도 없다. 그렇지만 위와 같은 사례의 경우 어떻게 심리적 공격자에게 맞설 수 있을까? 또한 장기적으로 정서적 폭력이 남긴 피해로부터 스스로를 지킬 수 있는 방법은 무엇일까?

하이델베르크 대학병원의 마르쿠스 쉴텐볼프는 좋은 날에도 위기가 들이닥칠 수 있고, 나쁜 날에도 다시 좋은 일이 찾아올 수 있다는 사실을 잊지 말아야한다고 조언한다. 예전의 절박한 상황에서 어떤 조언이 도움이 되었는지를 떠올리는 것도 중요하다. 혼자서는 견딜 수 없을 때 다른 사람의 도움을 받는 일은 결코 부끄러운 것이 아니다. 쉴텐볼프는 "우리는 시야를 바꿀 준비도 해야 합니다. 인생은 끊임없이 변하기 때문에 여기에 맞춰나가는 방법을 찾아야 하죠. 이런 자세는 특히 나이가 들어가면서 더욱 중요해집니다"라고 덧붙였다.

어떤 사람들은 직장이나 인간관계에서 문제가 생겼을 때마다 본인을 피해자라고 느끼기도 한다. 방어기제의 일종인 이런 '투사적 동일시 projective identification'는 원하지 않는 자신의 모습을 다른 대상에게 분리시켜 투사하고 해를 입히거나 조정한다. 이런 증상을 치료하기 위해서는 집단 치료나 통원 진료를 받거나 입원 시설에 머물며 복합적인 치료를 받는 것이 좋다. 또한 미술과 음악 혹은 신체 요법과 같은 비언어적 치료도 도움이 된다. 투사적 동일시를 보이는 사람들은 무의식적인 행동

패턴을 보이는 경우가 많다. 이런 방법이 늘 효과가 있지는 않지만 치료적 차원에서 봤을 때 중요하다. 갈등은 거의 '사람과 사람 사이에서' 벌어지는 일이지, 단순히 한 사람에게만 책임이 있는 경우는 드물다.

11장을 마치며

- 회사는 주어진 임무를 믿고 맡길 수 있으며 근본적인 질문은 하지 않는 직원을 필요로 한다. 그러나 이와 동시에 새로운 아이디어를 제시하고 독창적인 해결책을 찾아내는 창의적인 사람을 원한다. 이렇게 극심히 상충되는 요구사항 사이에서 개인의 행동 공간은 점점 좁아지고, 이와 같은 과도한 요구는 정서적 폭력으로 작용한다.
- 다수의 사람이 오랫동안 억압을 받아 심리적으로 폐쇄되면 사회에 어떤 여파가 올지 아직 확실하게 밝혀진 바가 없다. 상처 입은 사람이 점점 더 많아지면 차별과 인종주의, 외국인 혐오증과 같은 사회 분위기가 형성될 수 있다.
- 수많은 직업 분야에서 특정한 감정의 표출만을 허용하고는 한다. 이로 말미암아 '감정 곡예'가 생기고 이런 일이 개인의 일상까지 영향을 미치게 되면, 우리는 진솔한 감정과 연출된 감정 사이에서 진짜 나의 감정이 어떤 것인지 구분하기 어려워진다.
- 사람들은 공인이 대중에게 '진실한' 모습을 보이고 감정을 드러내기를 바란다. 그러나 이와 동시에 대중은 공인에게서 특정한 감정만을 보길 원하는데, 공인이 드러낸 감정이 자신이 원하는 모습이 아닐 때 대중은 공인을 향해 비난을 퍼붓는다.

CHAPTER 12

감정 폭력에서 나를 지키는 아홉 가지 방법

폭력을 대하는 L.C.L 원칙 : 사랑해보고 바꿔보고 아니면 떠나라!

마음이 상처받지 않도록 하는 '방어 전략'은 다양하다. 그중에서 가장 기본이 되는 것이 L.C.L 원칙으로 Love it(러브 잇), change it(체인지 잇), or leave it(리브 잇), 즉 '무엇인가를 사랑하려 노력하고, 바꿔보고, 그것도 안 되면 떠나라!'라는 규칙이다. 울름 대학병원의 하랄트 귄델은 적극적으로 대응책을 세우는 편이 가만히 아무 말 없이 모든 것을 수긍하고 견디는 것보다 좋은 방법이라고 조언한다. 그냥 참고 있다 보면 지속적으로 신체적으로든 정신적으로든 우리는 병들어간다. 생물학적으로도 부정적인 영향을 받는 것은 당연하고, 억눌리고 무의식적인 공격을 받을 경우에도 마찬가지다. 이런 경우 전문가를 통해 상담을 받고 가장 적절한 해결 방법이 무엇인지, 함께 목표를 정해 노력하는 것이 최선이라고 할 수 있다.

러브 잇(사랑해라): '내가 지금 이 순간에 할 수 있는 일이 있을까?', '내가 결정권을 가진 사람인가?' 사람들은 연인 관계나 가족 안에서 이런 생각이 들 때 관계 속에 갇혀 있다고 느끼는 경우가 많다. 직장에서도 그렇다. '실업자가 되면 스트레스를 많이 받긴 하겠지만, 지금 회사에 다니는 것보다는 낫지 않을까?', '새로운 직장에서도 딱딱하게 고정된 수직적 위계질서나 불친절한 동료들을 상대해야 할까?', '독신으로 살면 연인이나 가족하고 싸우는 일이 없으니 마음 편히 살 수 있으려나?' 모든 사람이 가끔은 이런 질문을 해볼 것이라고 예상한다. 그리고 대답을 생각하면서 마음 아파할 것이라는 것도 안다. 사회심리학자인 디터 프라이는 우선 바꿀 수 있는 상황과 바뀌지 않는 상황을 구별해야 한다고 충고한다. "바꿀 수 없는 것을 그대로 받아들일 여유와 내가 바꿀 수 있는 것을 바꿀 용기, 그리고 이 둘을 구별할 수 있는 지혜가 필요합니다."

이따금씩 상황을 '있는 그대로' 받아들이는 것도 매우 중요하다. 문제가 없는 삶은 존재하지 않기 때문이다. 상대하기 까다로운 시어머니나 지독하게 꼼꼼한 사장과 화해하는 편이 나을까, 매번 맞서 싸우는 편이 나을까? 두 사람을 꼭 좋아할 필요는 없다. 하지만 피할 수 없다면 어쨌든 이들을 받아들이기는 해야 한다. 그러기 위해서는 먼저 상대를 이해하고 포용하는 마음을 갖는 것이 좋다. 단, 모든 것을 자신의 책임으로 받아들이는 태도는 피해야 한다.

체인지 잇(바꿔라) : 고민이 많고 쉽게 결정을 내리지 못하는 사람에게 간단하고 보편적인 조언은 할 수 없다. 무엇이 '일상적인' 압박인지 아닌지 구분할 수 없기 때문이다. 그들은 실제로 직업 혹은 인간관계를 악화시키는 원인이 무엇인지 대부분 느낌만으로만 파악한다. 일반적으로 모욕과 비방이 감당할 수 있는 한계를 넘어섰거나, 동료나 상사 혹은 배우자의 제멋대로인 태도를 더 이상 받아줄 의향이 없거나, 이 모든 일이 반복적으로 발생했을 때 이상을 감지한다. 이 단계가 오기까지 불확실함의 시기가 존재하는 것은 피할 수 없다. 어떤 상황 때문에 지속적으로 스트레스를 받을 때는 힘이 되어줄 아군을 찾고, 요구받는 일을 무조건 따르지 않는 것이 도움이 된다. 일단 상황에 변화를 주는 것이다. 디터 프라이는 말한다. "유감이지만 많은 사람들이 문제를 직시하기보다는 고개를 돌려버리기 일쑤입니다. 하지만 용기를 보이고 자신뿐만 아니라 주변에서 일어나는 정서적 폭력에 관여해야 합니다. 희생자와 연대의식을 느끼고 그들을 보호하는 것이 우리의 과제라고 할 수 있죠."

'용기'는 가해자를 고립시키고 그의 행동이 더 이상 다른 사람을 상처입히지 못하도록 만드는 힘이다. 어떤 상황이 그 즉시 근본적으로 변하지 않는다고 해서 불쾌한 상황을 성급하게 포기하지 않는 것이 중요하다. 예를 들어 심술궂은 동료에게 맞서도 동료가 변하지 않는다면 상사에게 도움을 요청하는 방법도 있다. 부부 싸움이 도저히 끝날 것 같지 않으면 부부상담치료사를 찾아가는 등 적극적인 행동을 취해야 한다. 다시 한 번 말하지만, 이때 중요한 것은 도움을 주고 내게 힘이 돼줄 같은 편을 찾는 일이다.

그러나 가장 중요한 것은 '자기 보호'다. 피해를 입은 사람은 몇 번이고 반복적으로 일어나는 괴롭힘이나 비열한 폭력이 피해자의 책임이 아니라 '가해자의 책임'이라는 것을 잊지 말아야 한다. 상대방은 객관적인 판단 기준이 아니라 자기만의 울타리에 갇힌 이상한 사람이다. 이런 관찰 방식은 앞으로 일어날 수 있는 잠재적인 괴롭힘과 모욕을 '개인적'으로 받아들이지 않도록 도와준다.

개인의 용기에 관한 연구를 보면, 희생자를 보호하는 일과 가해자를 '가해자'라고 부르는 일이 얼마나 중요한지도 알 수 있다. 디터 프라이는 말한다. "우리에겐 일상에서 벌어지는 사소하게 비열한 행동에 맞서 싸울 작은 영웅이 더 많이 필요합니다. 우리가 각각 개개인의 존엄성을 옹호하고, 다른 사람 내면에 있는 긍정적인 면을 보며, 존경심과 존중, 관용으로 상대방을 대하면 정서적 폭력은 뿌리내릴 곳이 없습니다."

리브 잇(떠나라) : 서로에게 질릴 대로 질려버린 부부나 직장인 중에 상대방 또는 회사를 떠나기를 바라는 사람이 정말 많다. 과감하게 부부 관계나 고용 계약을 끝내버리는 일, 마침내 사장에게 이런 식으로 취급받는 것을 더 이상 참지 않겠다고 말하는 일을 많은 이들이 꿈꾸지만, 이를 실제로 행동에 옮기는 일은 말만큼 쉽지 않다. 대안으로 생각해볼 수 있는 독신 생활은 더욱 불안해 보이고 헤어지는 것에 대한 반응이 두렵기 때문에, 많은 여성이 자아도취적인 남성 곁에 머물기도 한다. 그렇지만 비생산적인 태도를 단호하게 거절하고 자신의 가치를 지키는 일은 무엇보다 중요하다.

완전히 관계를 끝내지 않고도 갈등 상황을 없애는 방법도 있다. 예를 들어 남편이 아는 사람들 앞에서 부인을 계속해서 면박주고 험담하는 등 정서적 폭력을 행사한다면, 부인은 다음번에도 이럴 경우 그대로 자리에서 일어나 다른 사람들에게 인사를 건네고 그 자리를 떠날 수도 있다. 이런 행동은 당장 헤어지는 것을 의미하는 것은 아니지만 더 이상 남편의 못된 태도를 가만히 두지만은 않겠다는 확실하고 강력한 신호를 보내는 것이다.

가해자 인식하기

정서적 폭력을 일으킬 수 있는 인격 성향은 참 다양하다. 그중에서도 '자아도취적 성향을 가진 사람'과 '신경질적인 사람'이 많은 것이 사실이지만 '다혈질인 사람' 역시 폭력을 휘두르는 성향이 강하다. 다혈질이라는 단어 'choleric'은 고대 희랍어로 '쓸개즙'을 뜻한다. 다혈질의 사람의 담낭에서 자주 독성이 강한 즙이 올라오는 것처럼 보이기 때문일까?

다혈질인 사람은 다른 사람에게 상처와 모욕을 가할 때 상대가 얼마나 상처받을지는 전혀 생각하지 않는다. 욕을 해대고, 굴욕을 주고, 소리를 지르고, 그저 자신의 감정만을 앞세운다.

하지만 다혈질인 사람 간에도 차이를 보인다. 어떤 사람은 성질이 급한 양상을 보이기도 하지만, 이따금 쾌감이나 기쁨을 느낄 때 흥분하여 다혈질로 바뀌는 사람도 있다. 이런 사람은 긍정적인 감정과 부정적인 감정이 반복해서 교차한다. 사소한 일로 갑작스럽게 기분 변화를 일으

정서적 폭력을 휘두르는 가해자의 특징

- 쉽게 흥분하고 사소한 일에 화를 낸다.
- 스스로를 통제하지 못하는 경향이 있다. 더욱 큰 문제는 이런 자신의 행동이 정상적이라고 생각한다.
- 지배 성향이 강하고 충동적이다. 수직적 서열 관계에 집착한다.
- 가해자 중 일부는 굉장히 활동적이고 동기부여가 강하며, 높은 성과를 올리기도 한다.
- 쉽게 좌절한다.
- 예측할 수 없는 행동을 할 때가 많다. 라디오 소리가 크거나 상대가 잘못 말 한 단어 같이 사소한 것 하나에도 분노를 일으키고는 한다.
- 가해자는 객관적인 상황과 다르게 자신 위주로 해석하기 때문에 공격당하는 쪽이 자신이라고 생각한다.
- 제 3의 입장에서 보기에 그의 행동과 태도를 이해하기 힘들다. 상황에 적절하지 못한 행동을 하거나 과장하기도 한다.

키는 것이다. 예를 들어 다혈질인 사람은 벌컥 화를 내거나 별일이 아닌데도 다른 사람에게 모욕적인 말을 쏟아낸다. 주변 사람은 이를 심각한 스트레스로 받아들인다. 특히 상사나 교사, 부모, 혹은 배우자가 다혈질인 경우 스트레스는 더욱 커진다.

다혈질인 사람은 상대방을 무시하는 경향이 있다. 그래서 이런 사람과 함께 생활하다 보면 정신이 피폐해지기 마련이다. 처음에는 이런 태도에 반기를 들기도 하지만, 시간이 흐르면서 그냥 단념하거나 그가 내뱉는 모욕적인 말을 무시하거나 받아들이게 된다. 간단하게 말하는 것 같아 원망스럽기도 하겠지만, 적어도 문제를 해결하기 어렵다면 이런 사람에게서 떨어지는 것이 유일한 해답이다.

폭력적인 사람은 그와 얽힌 모든 관계의 사람을 힘들게 한다. 사적인 관계든 직장에서든 모든 사람이 그와의 인간관계를 커다란 부담으로 느낀다. 놀랍게도 폭력을 가하는 사람은 자신이 그렇다는 것을 모르는 경우가 많다. 가해자가 반성할 기미를 전혀 보이지 않으면 당장 이런 사람과 거리를 두라. 누군가가 당신을 병들게 하는 일을 용납해서는 안 된다.

가해자에게 맞서기 :
더 이상 당신의 마음대로 되지 않을 겁니다

정서적 폭력의 가해자가 어디서나 폭력을 휘두르는 것은 아니다. 집에서는 애정이 넘치는 남편이지만, 직장에서는 공포 정치를 하는 독재자로 군림할 수도 있다. 물론 그 반대일 수도 있다. 이런 사람은 대부분 배우자나 동료를 존중할 줄 모르고, 이들의 소중함을 제대로 인정하지 않는다. 정서적 폭력의 희생자는 상황이 심각해지면 확실하게 금지 신호를 보내야 한다. 예를 들어 한 번 더 폭력이 발생할 경우, 더 이상 이 팀에 남아 있지 않겠다고 말하거나 배우자와 헤어지겠다는 결심을 오해의 소지 없이 분명하게 전달해야 한다. 이때 중요한 것은 '실제로 실천에 옮길 마음가짐'이 있어야 한다는 것이다. 그렇지 않을 경우 협상 테이블에서 불리한 위치에 놓이고, 경고 행위의 신빙성도 떨어진다.

정서적 폭력에서 더 나아가 소리를 지르거나 욕을 하고, 물건을 집어 던지는 물리적 폭력에는 어떻게 맞서는 것이 좋을까? 이렇게 분노를 폭발시키는 배경에는 대부분 '자기 통제'를 통해 당사자를 무력하게 만들려는 의도가 숨어 있다. 이때 가해자에게 그를 이해할 수 있다는 신호를 보내는 것이 일시적으로 조치할 수 있는 현명한 방법일 수 있다. "좀 진정해!"와 같은 말은 효과가 별로 좋지 않다. 계속해서 당사자를 자극할 구실이 될 때가 많기 때문이다. 그 대신 "당신이 지금 스트레스 받는 걸 이해해" 혹은 "당신이 화난 이유를 알 것 같아"라는 말이 도움이 된다. 이런 말을 한다고 해서 폭력을 휘두르는 사람에게 자신을 내어주라는 것이 아니라, 일어난 상황에 감정을 개입시키지 않고 객관적으로 인지한다는 것을 알릴 필요가 있다는 것이다.

이런 순간일수록 스스로 진정해야 한다. 함께 흥분하거나 폭력에 폭력으로 맞서는 것은 금물이다. 이 상황에서 바꿀 수 있는 일을 찾아보고 만약 없다면 "곧 지나갈 일이다. 내 잘못이 아니야"라고 주문을 외워보는 것도 한 방법이다. 이렇게 함으로써 굴복해야 하는 사람의 위치에서 우세한 위치로 상황을 바꿀 수도 있다. 그런 상황에서 자신감을 잃지 말고 자신을 무력한 희생자로 여기지 않는 것이 중요하다. 동시에 폭풍이 지나갈 때까지 우선은 한발 뒤로 물러서는 여유를 보이도록 하자. 폭력의 가해자에게 "우리 서로 대화를 나누는 게 좋겠어. 하지만 지금은 아닌 것 같아"라고 대답하는 방법도 있다. 마음이 편안할 때에 진지한 대화를 할 기회를 주고, 시안에 따라서는 결론을 짓고, 가능하다면 나와 같은 의견을 내줄 사람을 동석시키는 일이 도움이 된다. 이런 방법들로 상황을 벗어나는 것은 절대 비겁하지 않다.

정서적 폭력에 대처하는 법

- 폭력을 가하는 사람과의 접촉을 피하거나 줄인다. 물론 이렇게 행동하는 것이 쉽거나 언제나 가능한 일은 아니지만 노력해야 한다.
- 마음의 평정을 유지한다. 폭력 상황을 고조시킬 수 있으므로 충돌은 피하는 것이 좋다. 우선은 난처한 순간에 침착하게 행동하는 것이 도움이 된다. 그러다 보면 폭풍은 지나간다. 상대가 으르렁거리는 상황에서는 더 이상 자극하지 않는다. 괴롭히는 것을 더 이상 보고 있지만은 않겠다고 확실하게 알리되, 일부러 대치 상황을 키울 필요는 없다.
- 가해자는 다른 사람을 괴롭히고 상처를 주는 방법으로 자신의 주장을 펼친다고 생각한다. 그렇기에 가해자의 행동이 옳지 않다는 점을 확실히 말해줄 필요가 있다. 가장 중요한 것은 무슨 일이 있어도 가해자가 퍼붓는 폭력의 희생자 역할을 그대로 받아들여서는 안 된다는 것이다.
- 정서적 폭력에 노출되지 않기 위해서는 가해자가 어떤 상황에서 분노하는지를 알아내야 한다. 개인적인 상황에서 가해자가 자신의 폭력적인 언행과 행동을 인지할 수 있도록 하자. 또한 서로 합의해서 넘어서는 안 되는 한계를 정하는 것이 좋다.
- 상대의 폭력에 폭력으로 대하는 태도는 좋지 않다. 긴급한 상황에서는 우선 뒤로 한발 물러서는 것을 추천한다. 물론 이 경우에도 정서적 폭력의 공격을 그대로 허용해서는 안 된다. 가해자와 피해자 모두 감정이 가라앉아 침착한 시기에 대화를 나누는 것도 도움이 된다.

조롱과 분노에는 아예 반응을 보이지 않는 것이 훨씬 현명하다. 다혈질인 사람이나 다른 정서적 폭력의 가해자가 감정을 마구 분출할 때, 상냥하고 실질적인 대화가 불가능하다는 것은 불 보듯 뻔한 일이다.

서로를 대하는 이상적인 방법은 어떤 모습일까? 대부분의 사람은 열린 마음으로 솔직하고 예의를 갖춰 상대방을 배려하는 마음으로 대하는 모습이라고 생각할 것이다. 그러나 정서적 폭력을 휘두르는 사람에게서 이런 것을 기대하기는 어렵다. 이들은 얼핏 지나가면서 하는 말 속에 모욕적인 말을 숨기고, 거의 모든 것에 대해 이유 같지 않은 이유로 화를 내고, 사적인 영역까지 비방한다. '평등한 대화'라고는 볼 수 없다. 이런 사람과 대화를 나누면 화가 나고 기분이 나빠지며 상처를 입기 마련이다.

문제는 정서적 폭력의 가해자가 스스로 심리적 치료를 받아야겠다고 생각할 만큼 '압박감'을 느껴야 한다는 점이다. 즉, 다른 사람과 다시 정상적인 관계를 맺고 싶다면 자신의 분노는 조절할 줄 알아야 한다는 사실을 스스로 깨달아야 한다. 이때 신중하고 긍정적인 행동치료적인 접근방법이 중요하다. 정서적 폭력의 가해자에게 벌컥 화를 내는 행동은 의사 표현 방식이 아니라, 상대를 무시하고 불쾌하게 만들 뿐이라는 사실을 알려줘야 한다. 마찬가지로 정서적 폭력의 가해자는 자신을 통제하는 법과 상대방을 침착하고 편안한 마음으로 대하는 법을 배워야 한다.

자신의 감정에 초점 맞추기

상처를 받고 모욕을 당했을 경우 본인의 고통을 정리하고 올바르게 인지하는 것은 무엇보다 중요하다. 물론 말은 쉽다. 하지만 많은 사람들은 왜 기분이 좋지 않은지, 자신에게 부족한 것이 무엇인지, 제대로 깨닫는 법을 배운 적이 없다. 마음이 불편하고 불쾌한 일이 대부분 알게 모르게 다른 사람에게 상처받았기 때문이라는 사실을 깨닫지 못하므로 본인의 감정을 눈앞에 두고도 챙기지 못할 때가 많다.

감정에 집중한다는 것은 잠깐 모든 것을 멈춰두고 흔들린 자아를 발견하는 것을 의미한다. 이를 해낸 사람들은 좋은 의미의 자기 연민을 보이고 누군가의 비난을 그대로 받아들이는 것으로부터 자신을 철저하게 보호한다. 비방에 수긍하는 대신 이에 맞서 싸우는 편이다.

이와 달리 부정적인 감정에 휩싸여 자신이 처한 문제의 진흙탕 속에서 헤어나지 못하는 사람들도 있다. 이들 자신의 고통에만 집중하는 동시에 자신을 낮게 평가한다. 마치 스스로에게 정서적 폭력을 가하지 못해 안달난 사람처럼 말이다. 정서적 폭력의 희생자 중에는 문제의 초점을 자신에게로 돌리는 사람들이 많다. 본인의 약점을 과장해서 생각하고, 자신에게 결함이나 부족한 점이 많다고 여긴다. 상황이 악화되고 정체되는 것은 결국 부정적인 감정을 키우고 오랫동안 골머리를 앓게 만든다.

반대로 올바른 자기 연민을 가지려고 노력하는 태도는 스스로의 안녕을 전면에 내세운다. 이런 태도가 심신에 좋다는 것은 꼭 수많은 연구

자료가 입증한 결과가 아니더라도 알 수 있을 것이다. 자기 연민을 느낄 수 있는 사람이 두려움에 떨거나 우울증에 빠지는 경우는 드물다. 자기 연민의 감정은 심리적 저항력만 높이는 것이 아니라, 다양한 신체 기관과 건강에도 전체적으로 긍정적인 효과를 끼친다. 한 연구에 따르면, 실험 집단에 참여한 사람 가운데 스스로를 좀 더 많은 동정심을 갖고 대하는 법을 배운 사람은 코르티솔 수치가 쉽게 내려가고 심장박동의 주기도 활발했다. 이것은 심리뿐만 아니라 신체적인 변화에 의해 심장 박동이 영향받는 일을 방지할 수 있다는 것을 의미한다. 심장이 안정적으로 적응하면 감정에 영향을 받는 신체 기관들도 안정적이게 된다. 반대로 심장 박동이 다양한 압력에 영향을 받는다면 심장 기능은 문제가 생길 수밖에 없다.

스트레스 호르몬인 코르티솔이 소량 분출될 때는 모욕이나 비방에 스트레스를 적게 받는다. 정서적으로 압박감을 느끼면 맥박수가 증가하여 혈압과 호흡수가 높아지기는 하지만, 스트레스 반응은 금세 줄어들어 혈관과 신경 등의 신체 기관에 부정적인 영향이 오래 가지 않는다. 그러면 우리 몸에 특히 치명적인 만성 염증의 위험에서도 벗어날 수 있고, 우울증과 불안감의 기습도 뜸하게 일어난다. 경우에 따라서는 스트레스 반응도 온화해진다.

자기 연민은 스스로가 지금 이대로의 모습도 좋다고 인식하는 데서 기안한다. 당연한 말이지만 우리 모두는 어느 정도 부족함과 실수가 있어도 '있는 그대로' 괜찮다. 우리는 자신의 소중함을 평가하기 위해 다른 사람보다 더 뛰어나다는 사실을 증명할 필요가 없다. 또한 다른 사람으로부터 낮은 평가를 받는다고 해서 자신을 부족한 사람이라고 여겨서도 안 된다. 자신에게 관대해지고 스스로를 가장 친한 친구로 생각하는 것이 자기 연민의 감정을 갖는 첫 번째 단계다. 다시 말해, 커다란 이해심을 갖고 필요하면 용서를 해주는 상냥한 태도로 자신을 대할 때 자기 연민이 생긴다. 그렇게 되면 스스로를 위하는 일이 얼마나 사랑스러운 일인지를 깨닫게 될 것이다. 무엇인가를 이루어서가 아니라 내 존재 자체로도 충분하다.

나도 모르게 가해자가 되어 있다면?

정서적 폭력의 가해자들은 오로지 자기 자신에 대해서만 생각하고 다른 사람에게는 거의 관심을 두지 않는다. 또한 다른 사람이 자신에 대해 어떻게 생각하는지에 대해서도 관심이 없다. 그들은 자신과 세계를 1차원적으로 이해하며, 주변 환경에서 자신과 직접적인 연관이 없는 어떤 일에 대해서도 전혀 상관하지 않는다. 이들은 관심도 없는 주제에 주변 사람에게 모욕과 상처를 안길 정도로 남들을 비꼬고 흠잡는 데 일가견이 있다. 하지만 자신을 향한 모욕은 참지 못한다. 더욱 놀라운 것은 이런 사람도 도움을 받으면 공감 능력을 키울 수 있다는 심리학자들의 의견이다.

영국의 심리학자들은 심리적으로 건강하고 큰 성공을 거두었지만 '자아도취적 성향'이 강한 지원자들을 조사했다. 실험에서 연구원은 지원자에게 마지막 연인과 어떻게 헤어졌는지를(개인적이고 어쩌면 가슴 아픈 이야기) 물었다. 하지만 애정 관계가 얼마나 심하게 깨졌는지에 상관없이 연구에 참여한 실험 집단의 지원자들은 어떤 감정 변화도 일으키지 않았다. 헤어진 옛 연인이 그 후로 우울증에 걸리고 이별로 인해 극심한 괴로움을 겪었다고 말을 했을 때도 변함이 없었다.

다른 실험에서는 자아도취적인 사람들에게 영상을 보여주었다. 영상 속에 등장하는 인물은 상대를 때리고 있었다. 참가자들 일부는 학대받은 사람이 어떤 심정인지를 직접 그 입장에서 상상해보라는 과제를 받았고, 나머지는 실험이 종료된 후에 떠오르는 생각을 묘사하라는 과제를 받았다. 희생자의 역할에 자신을 투영해보라는 요구를 받은 실험 집단의 사람들은 동정심을 느꼈지만, 그렇지 않은 참가자들은 냉담한 반응을 보이거나 별 생각이 없다고 답했다. 이때 신체 반응에서도 같은 결과를 관찰할 수 있었다. 다른 사람이 고통받는 것을 보았을 때도 후자의 실험 집단 참가자들은 일정한 맥박수를 유지했다. 이와 반대로 희생자의 입장에 서 본 사람들은 심장도 빨리 뛰고 호흡수도 증가했다.

자아도취적 사람은 공감 능력이 있기는 하지만 뛰어나지는 않다. 이들은 자신에 대해서는 확신하지만, 주변 환경에서 말썽을 일으키고 다른 사람을 모욕하고 굴욕을 주는 일이 잦다. 심한 경우에는 폭력으로 발전하기도 한다. 실험을 이끌었던 에리카 헤퍼Erica Hepper는 자아도취적 성향의 사람들에게 다른 사람의 관점에서 상황을 관찰해보라고 말하자, 이들은 상황에 맞게 반응하거나 심리적으로 낯선 사람의 고통에 동화되기도 했다고 설명한다. 이런 반응은 훈련이나 교육을 통해 공감 능력을 키울 수 있다는 사실을 의미한다. 물론 자아도취적 성향을 가진 본인에게도 장기적으로 봤을 때 스스로의 정신적 안녕을 위해 좋은 소식이다.

감정적 상처에는 면역이 없다

사소하고 기분 나쁜 일을 조금씩 매일 당하면 내성이 생기지 않을까? 더 큰 굴욕을 당하는 일이 있어도 '심리적 저항력'이 강해져서 상처를 덜 받는 게 아닐까?

울름 대학병원 심신의학과 원장 하랄트 귄델은 "크든 작든 정서적 폭력은 그 자체로 절대 좋지 않습니다. 어떤 폭력도 상처가 되고 상대는 점차 병들어갈 뿐입니다"라고 강조한다. 하지만 살면서 상처받는 일이 없을 거라고 기대하는 일은 너무나 천진난만하고 위험한 일이다. 갈등과 공격은 인간의 본질에 속한다. 따라서 이를 얼마나 잘 다루고 대처하는가가 중요하다.

어떤 갈등 상황을 잘 해결한 뒤에 이 경험을 바탕으로 부정적인 상황에서 강화된 인격으로 발전하는 경우도 있다. 즉, 원칙적으로 조금씩 노출된 스트레스 경험은 스트레스가 완전히 없는 것보다는 위급 상황을 성공적으로 대처하는 저항력을 키울 수는 있다. 우리를 둘러싼 환경과 우리의 인격에 영향을 주는 모든 것은 우리의 인격을 발달시킨다. 아픈 것과 모욕은 위기인 동시에 기회이기도 하다. 디터 프라이 역시 '면역 이론'이 옳다면 좋겠다고 말했다. 사소한 굴욕으로 예방 접종을 했으니까 더 안 좋은 상황에도 면역이 생길 것이라는 이론 말이다. 하지만 연구 결과들을 살펴보면 이런 비열한 짓은 한 사람의 자존감과 개인적·사회적 정체성을 위협할 뿐, 이를 통해 모든 사람이 강해질 수 있는 것은 아니다. 난쟁이나 유색인종, 비만 등의 이유로 오랫동안 굴욕을 경험했던 사람이 놀림을 받는 일에 익숙해지고 굴욕적인 언행을 더 이상 심각하게 받아들이지는 않을 것이다. 그렇다고 해도 이런 말을 듣기 좋아할 사람은 아무도 없다.

너무 괴로울 때는 진통제 복용하기

몇 년 동안 사귄 남자가 오랫동안 바람이 났다는 사실을 발견했다. 충격이 이만저만이 아니고 머리가 핑 하고 도는 것 같다. 지금 당장 남자친구의 회사에 찾아가 이 사실을 폭로할까? 여자를 찾아내 머리채를 잡고 싸울까? 그러기 전에 먼저 진통제 한 알을 먹어보도록 하자. 어쩌면 모든 상황이 그리 나쁘게 보이지 않을 것이다.

나의 가장 친한 친구가 내 험담을 하고 다니는 것 같다? 세상이 무너지는 것 같겠지만 맨 정신으로 견디기보다는 해열제 몇 방울을 복용하면 훨씬 더 잘 견딜 수 있을 것이다. 여기서 말하는 약은 향정신성 의약품을 말하는 것이 아니다. 오히려 '일반적인 진통제'가 신체적 통증뿐 아니라 정신적 괴로움을 줄이는 데도 효과적이다.

특별할 것 없는 진통제와 해열제가 사랑의 번민과 외로움, 또는 상사에게 받은 수모를 없애는 데 정말 도움이 될까? 이상하게 들릴 수도 있겠지만 점점 더 많은 연구가 아세트아미노펜(해열진통제)과 이부프로펜(비스테로이드성 소염진통제) 같은 고전적인 의약품이 심리적 아픔을 치유하는데 도움을 준다는 사실을 입증하고 있다. 캘리포니아 대학의 심리학자와 뇌 연구학자들은 잘 알려진 의약품이 생각과 감정에 어떤 영향을 끼치는지, 그리고 처방전 없이 자유롭게 살 수 있는 약품을 취급하는 일이 어떤 여파를 불러오는지에 대해 연구했다. 이 방향으로의 연구는 비교적 최근에 시작된 것이기 때문에 아직도 많은 의문점이 남아 있다. 하지만 심리학자 카일 래트너Kyle Ratner가 이끄는 연구원들은 이 연구가 "진통제가 인간에게 어떤 영향을 끼치는 대해 우리의 고정관념을 바꿀 수 있는 기회"라고 주장했다. 진통제가 실제로 감정처리와 다른 인지적 과정에 강한 영향을 끼친다면, 정치가와 의사협회는 의약품에 자유롭게 접근할 수 있는 것을 가능하면 제한해야 할 것이다.

잠시 생각해보자. 2003년 뇌 연구가들은 신체적 · 정신적 고통이 뇌의 같은 부분에서 처리된다는 최초의 단서를 발견했다. 캘리포니아 대학의 나오미 아이젠베르거는 사회적 고통과 신체적 고통은 겹쳐 있는 부분이 많다고 설명한다. 따돌림을 당하고 외롭다고 느끼는 사람은 고통에 더욱 민감하게 반응하는 경우가 많다. 이밖에도 심리적 상태가 육체적 고통을 자극한다는 사실에 관한 수편의 연구 결과도 있다. 예를 들어 가장 친한 친구에게 배신당한 데서 오는 고통을 '죽을 것 같은 고통'이라고 말한 것은 은유적 표현이 아니다. 뇌에서 신체적 및 심리적 고통에 대한 신경이 연결되어 있기 때문에 이런 말이 나온 것이다. 대뇌 변연계 속에서 이웃한 신경은 몸과 정신 사이에서 양방향으로 다른 상호작용을 일으키기도 한다.

2010년에는 아세트아미노펜과 같은 진통제를 정기적으로 복용한 경우, 일상에서 일어나는 괴롭힘에 덜 상처받고 덜 충격 받는다는 최초의 연구 결과가 나왔다. 다른 연구의 분석 결과에도 의약품의 효과가 정서적 압박감을 처리하는 뇌섬엽과 편도핵, 그리고 대뇌 변연계에 영향을 미친다는 사실을 밝혀냈다. 이부프로펜과 아세트아미노펜 등과 같은 해열제와 진통제는 뉴런의 활동을 가장 강력하게 억제했다.

하지만 진통제는 다른 사람에 대한 '감정' 역시 억제시켰다. 카일 래프너는 실험 참가자들이 진통제를 복용하면 다른 사람의 고통에 덜 민감하게 반응하고 '공감 능력'도 떨어진다고 설명했다. 실제로 아세트아미노펜을 복용한 연구 대상자는 다른 실험 참가자가 신체적으로 고통을 받거나 다른 집단에 속하지 못해 외로움을 느낄 때도 동정심을 잘 느끼지 않았다. 그는 이러한 특징을 진통제 때문이라고 유추했는데, 진통제 외에 실험 대상자의 기분을 변하게 하는 요소가 아무것도 없었기 때문이다.

자유롭게 구매가 가능한 진통제가 최근 심장과 간, 위 등의 내장기관에 심각한 부작용을 일으킬 수 있다는 보고가 요즘 들어 심심치 않게 들리기도 한다. 하지만 사람들은 여전히 이런 약이 아무런 해가 없다고 생각한다. 거의 모든 사람들이 구급약 상자에 진통제를 상비하며, 의원과 종합 병원에서도 가장 많이 쓰이는 약으로 알려져 있다.

신체적 · 심리적 통증은 진화론적으로 봤을 때 중요한 의미를 지닌다. 비상사태를 알리는 일종의 '신호'로 통하는데, 신체 기관 혹은 사회적 관계가 심각하게 위협받고 있다는 것을 알린다. 이런 통증을 무조건 약으로 억누르면 이에 상응하는 경고 방송이 발생하지 않는 셈이다. 심지어 약물은 개인의 힘을 약화시키는 데까지 영향을 끼칠 수 있다. 한 연구를 보면 아세트아미노펜을 복용한 사람은 인생의 유한함에 대해 신경을 쓰지 않고 사회적 교류나 미래의 계획을 위해서도 노력하지 않는 모습을 보였다. 이들은 점점 더 모든 것에 관심을 쏟지 않게 되었다. 어쩌면 진통제가 사람들의 마음을 지나칠 정도로 무감각하게 만들어서 더 이상 어느 것을 봐도 감흥이 없는 '심리적 폐인'을 만들어내는 것일지도 모른다. 그러나 연구원들은 이런 결론에는 분명 과장된 면이 있으며, 게다가 새로운 연구 분야이기 때문에 아직 이런 결론을 내리기에는 조심스럽다고 말한다. 카일 래트러는 "밝혀진 다양한 결과는 경종을 울립니다. 진통제를 복용하는 사람은 결국 자신의 신체적 고통만을 없애고자 할 뿐, 심리적 효과에 대해서는 생각하지 않는 경우가 많습니다"라고 걱정한다. 따라서 정치가와 의사협회는 적어도 임산부와 아동의 경우, 너무 무분별하게 진통제가 처방되는 일이 없도록 관리해야 할지 신중히 고려해야만 한다. 물론 새로운 인식은 긍정적인 면으로도 사용할 수 있다. 배우자와 싸우고 난 뒤에 아세트아미노펜을 먹고, 상사에게서 힐책을 당하고 난 뒤에 이부프로펜을 복용하면 세상은 다시 훨씬 더 견딜 만하게 보인다. 래트너는 말했다. "우리는 위험뿐 아니라 사회적으로 이용할 수 있는 가능성을 더 많이 파악하기 위해 더 많은 것을 밝혀야 합니다."

나쁜 기억을 지워주는 옥시토닌 스프레이

심한 일을 당한 사람은 오랫동안 그 기억에서 빠져나오지 못한다. 기억 속에서 자꾸만 그때의 끔찍한 장면이 떠오르고, 신체적인 변화까지 나타난다. 불안감과 두려움, 정서적 무감각, 그리고 기피 행동이 수년 동안 반복되고 심한 경우 정신적 외상 후 스트레스 장애가 동반될 수도 있다.

뮌헨 공과대학 병원의 의사들과 막스 플랑크 뇌과학 연구소의 연구원들은 '옥시토신Oxytocin'이라는 호르몬이 이런 환자의 증상을 줄이고 확실히 치료 방법을 보완할 수 있다는 연구 결과를 발표했다. 마르틴 자크를 중심으로 한 정신적 외상 연구팀은 평균 연령 40세의 여성 환자들에게 스프레이 형태로 된 옥시토신을 처방했다. 2주에 걸친 치료가 끝난 후에 환자들의 외상 후 스트레스 장애의 전형적인 증세들이 감소하기 시작했으며, 특히 두려움과 기피 행동은 더 이상 눈에 띄지 않을 정도였다. 연구원들은 추가적으로 심장 활동의 다양한 매개 변수를 측정했다. 실험 결과, 맥박수의 가변성이 높아지고 다른 기능도 개선되었다는 것을 알 수 있었다. 이러한 변화는 신체 스스로 스트레스를 더 효과적으로 조절하고, 심장이 어느 정도의 흥분을 자율적으로 통제하는 일이 가능하다는 사실을 의미했다. 정신적 외상 전문가인 마르틴 자크는 "우리는 우선 여성의 경우 옥시토신이 외상 후 스트레스 장애의 강도를 줄일 수 있는 것을 처음으로 밝혔습니다"라고 주장한다. 그는 이것이 심리 치료를 도울 수 있는 새로운 치료의 가능성이 될 수 있을 것이라고 덧붙였다.

지금까지 옥시토신은 출산 후에 모유가 나오는 것을 촉진하고, 엄마와 아이의 결속력을 강화시키는 '애착 호르몬'으로 알려져 있었다. 그런데 최근에는 이 호르몬이 엄마와의 관계뿐만 아니라 다른 사람과의 신뢰도를 높이는 일에도 큰 영향을 미친다는 사실이 밝혀졌다. 페터 헤닝센은 지금까지 발견된 것만 해도 놀라운 발견이지만 심지어 옥시토신이 정신적 외상의 고통까지 줄일 수 있다면 이는 그야말로 엄청난 일이라고 말한다.

지금껏 외상 후 스트레스 장애의 치료를 위해서는 대부분 오랜 기간이 걸리는 치료법이 전부였다. 날록손(마약성길항제)과 같은 의약품과 여러 항우울제는 효과가 들쑥날쑥했고, 꾸준히 일정한 효과를 내는 약물은 존재하지 않았다. 대부분의 환자는 심리 치료의 일환으로 정신적 외상을 남긴 경험을 마주하여 문제를 다루고 이때 안전하다고 느낄 수 있도록 도움받는 것이 전부였다. 이런 치료법으로는 상태가 좋아질 때까지 수년의 시간이 걸릴 수도 있다. 그러나 요즘에는 수많은 실험을 통해 콧속에 뿌릴 수 있는 스프레이 형태의 옥시토신이 개발됐다. 스프레이 한 모금 빨아들임으로써 두려움이 없어진다니 놀라운 세상이다.

EMDR 요법 :
눈동자를 굴리면 트라우마가 사라진다

그녀에게서 특이한 점을 찾아볼 수는 없었다. 새로운 환자가 접수를 하러 병원으로 들어오자 접수처에 앉아 있던 직원은 상냥하게 인사를 건네려 했을 뿐이었다. 그런데 그때였다. 갑자기 여자가 칼을 꺼내 들더니 직원을 향해 휘두르기 시작한 것이다. 칼에 찔린 직원은 곧바로 수술에 들어갔고 몇 시간이 지난 후에야 정신을 차릴 수 있었다. 몸에 남은 상처는 금방 아물었지만, 이와 달리 정신적 상처는 훨씬 깊었다. 시간이 지나면 일자리로 복귀할 수 있을까? 새로운 환자가 병원에 올 때마다 위협을 느끼지는 않을까? 여러 가지 걱정이 많았지만 직원은 직장을 포기하지 않고 의사의 도움을 찾기로 했다.

꿈 치료로 유명한 뮌헨의 마르틴 자크는 이 환자가 자신이 겪은 일을 이야기 할 때 그녀의 얼굴 앞에서 손을 천천히 움직였다. 자크는 두 번째 손가락을 들고 왼쪽, 오른쪽으로 손을 크게 왔다 갔다 했다. 여자는 자크의 손가락에 집중한 채 자신이 겪은 일을 상세하게 묘사했다. 이야기가 계속될수록 여자는 흥분하기 시작했다. 그녀가 얼마나 많이 긴장하고 있는지는 누가 봐도 알 수 있었다. 칼을 떠올리는 것만으로도 여자는 마음속에서 불안감을 느꼈고 괴로워했다.

두 번째 치료 시간이 되자 여자는 저번보다 편해 보였다. 그녀는 차분히 자신이 겪은 일을 다시 한 번 설명했다. 치료가 끝날 때쯤이 되어서야 비로소 눈물이 흘렀다. 공격에 대한 기억으로 감정이 복받쳤기 때문이다.

세 번째 치료에서 그녀는 처음에는 기억하지 못했던 세세한 사항까지 기억해냈다. 여자가 칼로 찔렀을 때 등이 갑자기 어떻게 뜨거워졌는지, 그녀의 움직임이 수상하다고 느꼈던 순간이 언제인지, 새롭게 알게 됐다. 여자는 이런 사실을 새롭게 떠올렸다는 사실을 신기해했다. 이 후 세 차례의 치료를 더 받은 후, 그녀는 옛 직장으로 돌아갈 수 있었다.

마르틴 자크는 치료 과정을 영상으로 남겼다. 간단하면서도 효과를 보장하는 것처럼 보이는 이 치료법은 '안구 운동 민감소실 재처리 요법'이라고 불리는 EMDR Eye Movement Desensitization and Reprocessing 요법이었다.

폭행과 같은 끔찍한 경험은 몸과 마음에 흔적을 남긴다. 사건에 대한 기억은 감성 뇌에서 두려움과 공포라는 감각으로 연결된다. 따라서 습격이 다시 내면의 눈앞에서 벌어지면 우리 몸은 스트레스 반응을 보인다. 여러 신체 기관에서 비상 경고 신호를 보내고, 마치 실제로 공격을 당한 것처럼 혼자서 긴장 상태에 이르기도 한다.

EMDR 요법은 스트레스 수치를 낮추기도 한다. 많은 학자들은 희생자가 사건이 일어난 것을 설명하면서 동시에 규칙적으로 눈동자를 움직이기 때문에 뇌에 안정적인 신호를 보낼 수 있기 때문이라고 추측한다. 끔찍한 기억과 마음속의 불안감이 뒤섞여 불붙는 상호작용은 이런 방법을 통해 해결될 수 있다. 뇌리에 박힌 기억을 뇌 속에서 새롭게 받아들이게 함으로써 좀 더 편안하게 만드는 것이다. 마르틴 자크는 정신적 외상을 남긴 경험은 그 통로를 찾아 뚜렷한 목표 의식을 가지고 접근해야만 한다고 조언한다. 그다음에야 정서적 압박이 가장 크게 남아 있는 상처 부위로 다가갈 수 있다.

정신적 외상 치료법으로서 EMDR 요법이 활용된 것은 미국의 심리학자 프란신 샤피로Francine Shapiro로부터 시작된다. 전해지는 이야기에 따르면, 샤피로는 공원에서 친구와 함께 산책을 하며 무언가 억울하고 분한 심정을 토로하고 있었다고 한다. 그런데 그는 자신의 시야 가장자리에서 나무가 일정하게 흔들리는 것을 보았고, 산책을 하는 동안 점점 감정이 안정되는 것을 느꼈다. 이것을 본 샤피로는 시각적 민감소실의 형태를 환자에게 적용해보기로 했다. 물론 모든 의사가 샤피로의 치료 요법을 따르는 것은 아니며 효과를 두고 여전히 의견이 분분하기도 하다. 하지만 정신적 외상을 입은 환자에게서 나타나는 치료 효과는 놀라울 정도다. 심각한 정신적 충격을 겪은 후 외상이 있던 환자가 EMDR 요법에 따라 치료를 받고 난 뒤, 1년이 지났을 때 눈에 띌 만큼 상태가 호전된 경우도 있다.

두려움과 불안감을 줄이기 위해 소위 '가볍게 두드리기' 방법도 뛰어난 효과를 보인다. 이런 방법은 아동을 치료할 때도 유익하다. 예를 들어 개를 무서워하던 남자아이의 사례를 살펴보자. 남자아이는 몇 차례의 EMDR 치료를 통해, 길을 가다가 개와 마주쳐도 예전보다 덜 긴장을 하는 법을 배웠다. 이를 위해 치료사는 소년이 개와 마주쳤던 그다지 유쾌하지 않은 이야기를 하는 동안, 리듬에 맞춰 손을 번갈아가면서 소년의 손등을 가볍게 두드렸다. 달갑지 않은 개에 대한 기억이 막 떠오르는 동안에도 소년의 스트레스 수치는 크게 올라가지 않았다. 얼마 지나지 않아 소년은 확실히 개에 대한 두려움이 줄어들었다. 개를 좋아하게 된 것은 아니지만, 자주 본 개는 이따금씩 쓰다듬어줄 수 있을 정도가 되었다. 규칙적으로 등굣길에서 만나는 개 주인도 이제는 편안한 마음으로 개를 산책시킬 수 있었다. 예전이었다면 소년은 아마도 다른 길로 빙 돌아갔을 것이다.

가볍게 신체 두드리기와 EMDR 요법은 모두 고통스러운 경험 뒤에 찾아오는 불안감을 줄이는 데 도움을 준다. 또한 이런 치료법은 정서적 폭력의 희생자에게는 괴롭힘으로 증가한 스트레스와 내적 긴장 상태를 완화시켜줄 첫걸음이 된다.

12장을 마치며

- ▶ 괴롭힘을 그냥 그대로 받아들이고 감수할 필요는 없다. 다혈질인 사람과 제멋대로인 사람에게 복종하지 않고 저항하려는 노력이 중요하다. 이와 더불어 자기 연민과 자신감을 좀 더 가지면 스스로를 훨씬 더 잘 보호할 수 있다.
- ▶ 순순히 스스로 희생자가 되려 하면 안 된다. 사소한 괴롭힘이나 비열한 짓이 정서적 폭력으로 발전하기까지는 시간이 걸리는데, 보통 정서적 폭력이 파괴적 영향을 끼칠 때까지 내버려두는 사람들이 많다.
- ▶ 심각하지 않은 소소한 공격에 노출되는 것은 정신적으로 강해지는 것이 아니다. 그저 끊임없이 불쾌함을 느낄 뿐이다. 익숙함의 효과가 생길 수도 있겠지만, 반복적으로 조롱당하거나 심지어 모욕을 당한다고 상처를 받지 않는 것은 아니다.
- ▶ 심리적 고통과 육체적 고통은 겹쳐서 생길 때가 많다. 따라서 심리적으로 괴로울 때, 진통제가 효능을 발휘할 때가 있다.
- ▶ 애정과 동정심은 몸 안에서 호르몬처럼 전달된다. 따라서 폭력 대신 정서적 친밀함을 어떻게 장려할 수 있을지를 연구하는 것이 정서적 폭력의 피해를 줄이는 데 큰 역할을 한다.
- ▶ 정서적 폭력과 상처가 된 경험이 심리적 외상 후 스트레스 장애로 발전하면 반드시 치료를 받아야 한다. 치료 방법에는 여러 가지가 있다. 그 중에서도 반복적인 신체 두드리기나 EMDR 요법은 간단하면서도 큰 효과를 낸다.

EPILOGUE

돌보고, 나누며, 사랑하기

정서적 폭력은 해가 된다. 이런 유형의 폭력은 상대의 감정을 조종하려고 하거나, 미묘하게 압박을 주거나, 무시를 하는 등의 다양한 모습으로 드러난다. 마치 심리적 테러 행위와도 같다. 이런 피해를 입으면 누구나 삶이 힘들어지고 죄책감이 생기고 양심의 가책이 느껴진다. 괴롭힘이 반드시 상처를 남기는 것은 아니지만 신체적이든 심리적이든 병에 걸리게 할 가능성이 크다. 무시와 굴욕, 무관심은 개인에게만 국한되어 피해를 입히는 것이 아니다. 거부를 당해서 상처 입은 사람은 종종 아무런 관련도 없는 불특정 다수에게 그 화를 쏟아내기도 한다. 사회 대다수가 이런 경험이 있다면 이것은 심지어 정치적으로도 심각한 결과를 가져올 수도 있다.

그런데 많은 사람들이 잘 모르고 있는 사실이 있다. 이런 폭력 상황에서 스스로를 지킬 수 있는 힘은 자신이 쥐고 있다는 사실이다. 어느 누구도 다른 사람이 자신의 마음에 나쁜 짓을 하도록 허용해서는 안 된다. 이때 도움이 되는 수많은 기술과 전략이 있다. 본인이 가진 내면의 힘과 다양한 대처 방법, 안정적인 주변 사람의 도움, 힘이 되는 응원이 정서적 폭력을 이겨내는 데 도움이 된다.

애착 연구 전문가인 카를 하인츠 브리쉬는 끊임없이 나쁜 평가를 받는 일을 참을 수 있는 사람은 아무도 없다고 경고한다. 이런 일은 사람을 병들게 한다. 아니면 분노하게 만들거나. 브리쉬는 뉴질랜드의 세미나에서 독일과 다른 많은 나라와의 토론을 통해 '애착 관계'가 사회를 살아가는 데 필요한 본질적인 기본이라는 사실을 다시 한 번 깨달았다. 세미나에는 원주민인 마오리 부족의 심리치료사도 참가했다. 그는 회의 참석자 전원에게 '사회가 아이에게 줄 수 있는 가장 중요한 것 세 가지가 무엇인지'를 물었다. 수많은 애착 관계 연구자들이 한참 동안이나 토론을 했지만, 몇 시간이 지난 뒤에도 공통적으로 동의할 수 있는 해답을 찾지는 못했다. 그러나 답은 간단했다. 마오리 부족의 치료사가 내놓은 해답에 전 세계의 연구원들은 모두 고개를 끄덕였다. 답은 Caring, Sharing, Loving. 즉, 돌보기, 나누기, 사랑하기다.

참고 문헌

Allison PJ, Guichard C, Fung K, Gilain L: Dispositional optimism predicts survival status 1 year after diagnosis in head and neck cancer patients. Journal of Clinical Oncology 2003;21 : 543

Als H, Lawhon G, Duffy FH, McAnulty GB, Gibes-Grossman R, Blickman JG: Individualized developmental care for the very low-birth-weight preterm infant. Medical and neurofunctional effects. JAMA 1994;272 : 853

Angelovski A, Sattel H, Henningsen P, Sack M: Heart rate variability predicts psychotherapy outcome in pain-predominant multisomatoform disorder.
Journal of Psychosomatic Research 2016;83 : 16

Antonawich FJ, Melton CS, Wu P, Davis JN: Nesting and shredding behavior as an indicator of hippocampal ischemic damage. Brain Research 1997;764 : 249

Barefoot JC, Larsen S, von der Lieth L, Schroll M: Hostility, incidence of acute myocardial infarction, and mortality in a sample of older Danish men and women. American Journal of Epidemiology 1995;142 : 477

Bartens W: Körperglück – Wie gute Gefühle gesund machen. München 2010

Bartens W: Was Paare zusammenhält. Warum man sich riechen können muss und Sex überschätzt wird. München 2013

Bartens W: Empathie. Die Macht des Mitgefühls: Weshalb einfühlsame Menschen gesund und glücklich sind. München 2015

Beard DJ, Rees JL, Cook JA, Rombach I, Cooper C, Merritt N, Shirkey BA, Donovan JL, Gwilym S, Savulescu J, Moser J, Gray A, Jepson M, Tracey I, Judge A, Wartolowska K, Carr AJ; CSAW Study Group: Arthroscopic subacromial decompression for subacromial shoulder pain (CSAW): a multicentre, pragmatic, parallel group, placebo-controlled, three-group, randomised surgical trial. Lancet 2018;391 : 329

Berntsen D, Rubin DC, Siegler IC: Two versions of life: emotionally negative and positive life events have different roles in the organization of life story and identity. Emotion 2011;11 : 1190

Bishop SR, Lau M, Shapiro SL, Carlson L, Anderson ND, Carmody J, Segal ZV, Abbey S, Speca M, Velting D, Devins G: Mindfulness: A proposed operational definition. Clinical Psychology: Science and Practice 2004;11 : 230

Botj I, Kuiper J: Stressed brain, stressed heart? Lancet 2017;389 : 770

Brisch KH (Hg.): Bindung und emotionale Gewalt. Stuttgart 2017

Brockling U: Disziplin: Soziologie und Geschichte militärischer Gehorsamsproduktion. Paderborn 1997

Buchmann M, Wermeling M, Lucius-Hoene G, Himmel W: Experiences of food abstinence in patients with type 2 diabetes: a qualitative study. BMJ Open 2016;6:e008907

Buske-Kirschbaum A, Geiben A, Wermke C, Pirke KM, Hellhammer D: Preliminary evidence for Herpes labialis recurrence following experimentally induced disgust. Psychotherapy and Psychosomatics 2001;70 : 86

Buske-Kirschbaum A, Kern S, Ebrecht M, Hellhammer DH: Altered distribution of leukocyte subsets and cytokine production in response to acute psychosocial stress in patients with psoriasis vulgaris. Brain, Behavior, and Immunity 2007;21 : 92

Champagne FA, Meaney MJ: Transgenerational effects of social environment on variations in maternal care and behavioral response to novelty. Behavioral Neuroscience 2007;121 : 1353

Champagne FA, Meaney MJ: Stress during gestation alters postpartum maternal care and the development of the offspring in a rodent model. Biological Psychiatry 2006;59 : 1227

Chandola T, Britton A, Brunner E, Hemingway H, Malik M, Kumari M, Badrick E, Kivimaki M, Marmot M: Work stress and coronary heart disease: what are the mechanisms? Eur Heart J. 2008;29 : 640

Chugani HT, Behen ME, Muzik O, Juhasz C, Nagy F, Chugani DC: Local brain functional activity following early deprivation: a study of postinstitutionalized Romanian orphans. Neuroimage 2001;14 : 1290

Cole SW: Social Regulation of Human Gene Expression: Mechanisms and Implications for Public Health. American Journal of Public Health 2013;103:84

Colloca L: Nocebo effects can make you feel pain. Science 2017;358 : 44

Cornwell EY, Waite LJ: Social disconnectedness, perceived isolation, and health among older adults. Journal of Health and Social Behavior 2009;50 : 31

Cyrulnik B: Scham. Die vielen Facetten eines tabuisierten Gefühls. Munderfing 2018

Dewall CN, Macdonald G, Webster GD, Masten CL, Baumeister RF, Powell C, Combs D, Schurtz DR, Stillman TF, Tice DM, Eisenberger NI: Acetaminophen reduces social pain: behavioral and neural evidence. Psychological Science 2010;21 : 931

Diamond J: Vermächtnis: Was wir von traditionellen Gesellschaften lernen können.

Frankfurt a. M. 2012

Doom JR, Mason SM, Suglia SF, Clark CJ: Pathways between childhood / adolescent adversity, adolescent socioeconomic status, and long-term cardiovascular disease risk in young adulthood. Social Science & Medicine 2017;188 : 166

Doulalas AD, Rallidis LS, Gialernios T, Moschonas DN, Kougioulis MN, Rizos I, Tselegaridis TS, Kremastinos DT: Association of depressive symptoms with coagulation factors in young healthy individuals. Atherosclerosis 2006;186 : 121

Duve K: Dies ist kein Liebeslied. Frankfurt a. M. 2002

Eisenberger NI: Social pain and the brain: Controversies, questions, and where to go from here. Annual Review of Psychology 2015;66 : 601

Eisenberger NI: The pain of social disconnection: examining the shared neural underpinnings of physical and social pain. Nature Reviews Neurosciences 2012;13 : 421

Eisenberger NI, Lieberman MD: Why rejection hurts: A common neural alarm system for physical and social pain. Trends in Cognitive Sciences 2004;8 : 294

Eisenberger NI, Lieberman MD, Williams KD: Does rejection hurt? An FMRI study of social exclusion. Science 2003;302 : 290

Eluvathingal TJ, Chugani HT, Behen ME, Juhasz C, Muzik O, Maqbool M, Chugani DC, Makki M: Abnormal brain connectivity in children after early severe socioemotional deprivation: a diffusion tensor imaging study. Pediatrics 2006;117 : 2093

Fuge P, Aust S, Fan Y, Weigand A, Gartner M, Feeser M, Bajbouj M, Grimm S: Interaction of early life stress and corticotropin-releasing hormone receptor gene: effects on working memory. Biological Psychiatry 2014;76 : 888

Furman B: Es ist nie zu spät, eine glückliche Kindheit zu haben. Dortmund 2013

Geiser F, Meier C, Wegener I, Imbierowicz K, Conrad R, Liedtke R, Oldenburg J, Harbrecht U: Association between anxiety and factors of coagulation and fibrinolysis. Psychotherapy and Psychosomatic 2008;77 : 377

Ghadri JR, Sarcon A, Diekmann J, Bataiosu DR, Cammann VL, Jurisic S, Napp LC, Jaguszewski M, Scherff F, Brugger P, Jancke L, Seifert B, Bax JJ, Ruschitzka F, Luscher TF, Templin C; InterTAK Co-investigators: Happy heart syndrome: role of positive emotional stress in takotsubo syndrome. European Heart Journal 2016;37 : 2823

Giedd JN: The amazing teen brain. Scientific American 2015;312 : 32

Giltay EJ, Geleijnse JM, Zitman FG, Hoekstra T, Schouten EG: Dispositional optimism and all-cause and cardiovascular mortality in a prospective cohort of elderly Dutch men and women. Archives of General Psychiatry 2004;61 : 1126

Gould F, Clarke J, Heim C, Harvey PD, Majer M, Nemeroff CB: The effects of child abuse and neglect on cognitive functioning in adulthood. Journal of Psychiatric Research 2012;46 : 500

Grimm S, Wirth K, Fan Y, Weigand A, Gartner M, Feeser M, Dziobek I, Bajbouj M, Aust S: The interaction of corticotropin-releasing hormone receptor gene and early life stress on emotional empathy. Behavioural Brain Research 2017;329 : 180

Hanson JL, Nacewicz BM, Sutterer MJ, Cayo AA, Schaefer SM, Rudolph KD, Shirtcliff EA, Pollak SD, Davidson RJ: Behavioral problems after early life stress: contributions of the hippocampus and amygdala. Biological Psychiatry 2015;77 : 314

Hell D: Kränkung und Scham in der Erfolgsgesellschaft. Zeitschrift für Integrative Gestaltpädagogik und Seelsorge 2016;80 : 28

Henningsen P, Zimmermann T, Sattel H: Medically Unexplained Physical Symptoms,
Anxiety, and Depression: A Meta-Analytic Review. Psychosomatic Medicine 2003;65 : 528

Hepper EG, Hart CM, Sedikides C: Moving Narcissus: Can Narcissists Be Empathic? Personality and Social Psychology Bulletin 2014;40 : 1079

Hochschild AR: Das gekaufte Herz: Zur Kommerzialisierung der Gefühle. Frankfurt a. M., New York 1990

Holt-Lunstad J: Why Social Relationships Are Important for Physical Health: A Systems Approach to Understanding and Modifying Risk and Protection. Annual Review of Psychology 2018;69 : 437

Holt-Lunstad J, Jones BQ, Birmingham W: The influence of close relationships on nocturnal blood pressure dipping. International Journal of Psychophysiology 2009;71 : 211

Holt-Lunstad J, Smith TB, Layton JB: Social relationships and mortality risk: a meta-analytic review. PLoS Medicine 2010;7:e1000316

Horwitz AV, Wakefield JC: The loss of sadness. How psychiatry transformed normal sorrow into depressive disorder, Oxford 2007

Hughes ME, Waite LJ: Health in household context: living arrangements and health in late middle age. Journal of Health and Social Behavior 2002;43 : 1

Imbierowicz K, Egle UT: Childhood adversities in patients with fibromyalgia and somatoform pain disorder. European Journal of Pain 2003;7 : 113

von Kanel R, Mills PJ, Fainman C, Dimsdale JE: Effects of psychological stress and psychiatric disorders on blood coagulation and fibrinolysis: a biobehavioral pathway to coronary artery disease? Psychosomatic Medicine 2001;63 : 531

Katz LF, Gottman JM: Buffering children from marital conflict and dissolution. Journal of Clinical Child Psychology 1997;26 : 157

Keshavan MS, Giedd J, Lau JY, Lewis DA, Paus T: Changes in the adolescent brain and the pathophysiology of psychotic disorders. Lancet Psychiatry 2014;1 : 549

Keysers C, Gazzola V: Dissociating the ability and propensity for empathy. Trends in Cognitive Sciences 2014;18 : 163

Kiecolt-Glaser JK, Dura JR, Speicher CE, Trask OJ, Glaser R: Spousal caregivers of dementia victims: longitudinal changes in immunity and health. Psychosomatic Medicine 1991;53 : 345

Kiecolt-Glaser JK, Loving TJ, Stowell JR, Malarkey WB, Lemeshow S: Hostile marital interactions, proinflammatory cytokine production, and wound healing. Archives of General Psychiatry 2005;62 : 1377

King KA, Vidourek RA, Merianos AL: Authoritarian parenting and youth depression: Results from a national study. Journal of Prevention and Intervention in the Community 2016;44 : 130

Klengel T, Mehta D, Anacker C, Rex-Haffner M, Pruessner JC, Pariante CM, Pace TW, Mercer KB, Mayberg HS, Bradley B, Nemeroff CB, Holsboer F, Heim CM, Ressler KJ, Rein T, Binder EB: Allele-specific FKBP5 DNA demethylation mediates gene-childhood trauma interactions. Nature Neuroscience 2013;16 : 33

Kobelt A, Gutenbrunner C, Schmid-Ott G, Schwickerath J, Petermann F: Do people with mobbing experience which apply for medical rehabilitation have a peculiar personality? Psychotherapie, Psychosomatik, Medizinische Psychologie 2010;60 : 279

Kobelt A, Pfeiffer W, Winkler M, vom Bauer V, Gutenbrunner C, Petermann F: Are harassment victims a special group of patients in psychosomatic rehabilitation? Rehabilitation 2009;48 : 312

Kuyken W, Watkins E, Holden E, White K, Taylor RS, Byford S, Evans A, Radford S, Teasdale JD, Dalgleish T: How does mindfulnessbased cognitive therapy work? Behavior Research and Therapy 2010;48 : 1105

Maaz HJ: Gefühlsstau. Ein Psychogramm der DDR. Berlin 1992

MacBeth A, Gumley A: Exploring compassion: a meta-analysis of the association between self-compassion and psychopathology. Clinical Psychology Review 2012;32 : 545

Maercker A, Hecker T, Augsburger M, Kliem S: ICD-11 Prevalence Rates of Posttraumatic Stress Disorder and Complex Posttraumatic Stress Disorder in a German Nationwide Sample. Journal of Nervous and Mental Disease 2018 (online)

Marantz PR, Bird ED, Alderman MH: A call for higher standards of evidence for dietary guidelines. American Journal of Preventive Medicine 2008;34 : 234

Meyer ML, Williams KD, Eisenberger NI: Why Social Pain Can Live on: Different Neural Mechanisms Are Associated with Reliving Social and Physical Pain. PLoS One 2015;10:e0128294

Mills KL, Goddings AL, Clasen LS, Giedd JN, Blakemore SJ: The developmental mismatch in structural brain maturation during adolescence. Developmental Neuroscience 2014;36 : 147

Muscatell KA, Dedovic K, Slavich GM, Jarcho MR, Breen EC, Bower JE, Irwin MR, Eisenberger NI: Neural mechanisms linking social status and inflammatory responses to social stress. Social cognitive and affective neuroscience 2016;11 : 915

Neff K: Selbstmitgefühl. Wie wir uns mit unseren Schwächen versöhnen und uns selbst der beste Freund werden. München 2012

Neff KD, Germer CK: A pilot study and randomized controlled trial of the mindful self-compassion program. Journal of Clinical Psychology 2013;69 : 28

Niethammer D: Wenn ein Kind schwer krank ist. Über den Umgang mit der Wahrheit. Berlin 2010

Ogle CM, Rubin DC, Berntsen D, Siegler IC: The Frequency and Impact of Exposure to Potentially Traumatic Events Over the Life Course. Clinical Psychological Science 2013;1 : 426

Opondo C, Redshaw M, Savage-McGlynn E, Quigley MA: Father involvement in early child-rearing and behavioural outcomes in their pre-adolescent children: evidence from the ALSPAC UK birth cohort. BMJ Open 2016;6:e012034

Palant A, Koschack J, Lucius-Hoene G, Karaus M, Himmel W: Dann wirst du bekloppt, weil du von Nutella träumst: Wie erleben Menschen mit chronisch-entzündlichen Darmerkrankungen Essen und Ernährung? 12. Deutscher Kongress für Versorgungsforschung Berlin 2013

Porges SW: The polyvagal perspective. Biological Psychology 2007;74 : 116

Radesky JS, Eisenberg S, Kistin CJ, Gross J, Block G, Zuckerman B, Silverstein M: Overstimulated Consumers or Next-Generation Learners? Parent Tensions About Child Mobile Technology Use. Annals of Family Medicine 2016;14 : 503

Radesky JS, Kistin C, Eisenberg S, Gross J, Block G, Zuckerman B, Silverstein M: Parent Perspectives on Their Mobile Technology Use: The Excitement and Exhaustion of Parenting While Connected. Journal of Developmental & Behavioral Pediatrics 2016;37 : 694

Regnante RA, Zuzek RW, Weinsier SB, Latif SR, Linsky RA, Ahmed HN, Sadiq I: Clinical characteristics and four-year outcomes of patients in the Rhode Island Takotsubo Cardiomyopathy Registry. American Journal of Cardiology 2009;103 : 1015

Robinson B, Coveleski S: Don't Say That to ME: Opposition to Targeting in Weight-Centric Intervention Messages. Health Communication 2018;33 : 139

Rockcliff H, Gilbert P, McEwan K, Lightman S, Glover D: A pilot exploration of heart rate variability and salivary cortisol responses to compassionfocused imagery. Clinical Neuropsychiatry 2008;5 : 132

Rosa H: Beschleunigung. Die Veränderung der Zeitstrukturen in der Moderne. Berlin 2005

Rosenberg AR, Starks H, Unguru Y, Feudtner C, Diekema D: Truth Telling in the Setting of Cultural Differences and Incurable Pediatric Illness: A Review. JAMA Pediatrics 2017;171 : 1113

Rozanski A, Blumenthal JA, Kaplan J: Impact of psychological factors on the pathogenesis of cardiovascular disease and implications for therapy. Circulation 1999;99 : 2192

Sack M, Spieler D, Wizelman L, Epple G, Stich J, Zaba M, Schmidt U: Intranasal oxytocin reduces provoked symptoms in female PTSD patients despite exerting sympathomimetic and positive chronotropic effects in a randomized controlled trial. BMC-Psychiatry 2017 (online)

Sack M, Zehl S, Otti A, Lahmann C, Kruse J, Henningsen P, Stingl M: A Comparison of Dual Attention, Eye Movements, and Exposure Only during Eye Movement Desensitization and Reprocessing for Posttraumatic Stress Disorder: Results from a Randomized Clinical Trial. Psychotherapy Psychosomatics 2016;85 : 357

Scheier MF, Matthews KA, Owens JF, Schulz R, Bridges MW, Magovern GJ, Carver CS. Optimism and rehospitalization after coronary artery bypass graft surgery. Archives of Internal Medicine 1999;159 : 829

Schreurs BW, van der Pas SL: No benefit of arthroscopy in subacromial shoulder pain. Lancet 2018;391 : 289

Servan-Schreiber D: Die neue Medizin der Emotionen. Stress, Angst, Depression: Gesund werden ohne Medikamente. München 2004

Sheridan MA, Fox NA, Zeanah CH, McLaughlin KA, Nelson CA 3rd: Variation in neural development as a result of exposure to institutionalization early in childhood. Proceedings of the National Academy of Sciences of the USA 2012;109 : 12927

Silberg J, Kendler KS: Causal and Noncausal Processes Underlying Being Bullied.

JAMA Psychiatry 2017;74 : 1091

Singham T, Viding E, Schoeler T, Arseneault L, Ronald A, Cecil CM, McCrory E, Rijsdijk F, Pingault JB: Concurrent and Longitudinal Contribution of Exposure to Bullying in Childhood to Mental Health: The Role of Vulnerability and Resilience. JAMA Psychiatry 2017;74 : 1112

Stern R: Der Gaslight-Effekt. Wie Sie versteckte emotionale Manipulationen erkennen und abwenden. München 2017

Stickgold R: EMDR: A putative neurobiological mechanism. Journal of Clinical Psychology 2002;58 : 61

Stickgold R, Hobson JA: Sleep, learning and dreams: Offline memory reprocessing. Science 2001;294 : 1052

Strike PC, Kesson M, Brydon L, Edwards S, McEwan JR, Steptoe A: Exaggerated platelet and hemodynamic reactivity to mental stress in men with coronary artery disease. Psychosomatic Medicine 2004;66 : 492

Strohschein B: Die gekränkte Gesellschaft. Das Leiden an Entwertung und das Glück durch Anerkennung. München 2015

Suglia SF, Clark CJ, Boynton-Jarrett R, Kressin NR, Koenen KC: Child maltreatment and hypertension in young adulthood. BMC Public Health 2014;14 : 1149

Suglia SF, Koenen KC, Boynton-Jarrett R, Chan PS, Clark CJ, Danese A, Faith MS, Goldstein BI, Hayman LL, Isasi CR, Pratt CA, Slopen N, Sumner JA, Turer A, Turer CB, Zachariah JP: Childhood and Adolescent Adversity and Cardiometabolic Outcomes: A Scientific Statement From the American Heart Association. Circulation 2018;137:e15

Surtees PG, Wainwright NW, Luben RN, Wareham NJ, Bingham SA, Khaw KT: Depression and ischemic heart disease mortality: evidence from the EPIC-Norfolk United Kingdom prospective cohort study. American Journal of Psychiatry 2008;165 : 515

Tawakol A, Ishai A, Takx RA, Figueroa AL, Ali A, Kaiser Y, Truong QA, Solomon CJ, Calcagno C, Mani V, Tang CY, Mulder WJ, Murrough JW, Hoffmann U, Nahrendorf M, Shin LM, Fayad ZA, Pitman RK: Relation between resting amygdalar activity and cardiovascular events: a longitudinal and cohort study. Lancet 2017;389 : 834

Ten Brinke L, Kish A, Keltner D: Hedge Fund Managers With Psychopathic Tendencies Make for Worse Investors. Personality and Social Psychology Bulletin 2018;44 : 214

Tinnermann A, Geuter S, Sprenger C, Finsterbusch J, Buchel C: Interactions between brain and spinal cord mediate value effects in nocebo hyperalgesia. Science

2017;358 : 105

Tottenham N, Sheridan MA: A review of adversity, the amygdala and the hippocampus: a consideration of developmental timing. Frontiers in Human Neuroscience 2010;3 : 68

Vidi V, Rajesh V, Singh PP, Mukherjee JT, Lago RM, Venesy DM, Waxman S, Pyne CT, Piemonte TC, Gossman DE, Nesto RW: Clinical characteristics of tako-tsubo cardiomyopathy. American Journal of Cardiology 2009;104 : 578

Watkins LE, Han S, Harpaz-Rotem I, Mota NP, Southwick SM, Krystal JH, Gelernter J, Pietrzak RH: FKBP5 polymorphisms, childhood abuse, and PTSD symptoms: Results from the National Health and Resilience in Veterans Study. Psychoneuroendocrinology 2016;69 : 98

Weaver SA, Diorio J, Meaney MJ: Maternal separation leads to persistent reductions in pain sensitivity in female rats. Journal of Pain 2007;8 : 962

Wilson S, Becker L: Eye movement desensitization and reprocessing (EMDR) treatment for psychologically traumatized individuals. Journal of Consulting and Clinical Psychology 1995;63 : 928

Wilson S, Becker L: Fifteen-month follow up of eye movement desensitization and reprocessing (EMDR) treatment for posttraumatic stress disorder and psychological trauma. Journal of Consulting and Clinical Psychology 1997;65 : 1047

Yusuf S, Hawken S, Ounpuu S, Dans T, Avezum A, Lanas F, McQueen M, Budaj A, Pais P, Varigos J, Lisheng L; INTERHEART Study Investigators: Effect of potentially modifiable risk factors associated with myocardial infarction in 52 countries (the INTERHEART study): case-control study. Lancet 2004;364 : 937

감사의 말

이 책에는 '정서적 폭력'에 대한 많은 의사와 심리학자, 그리고 다른 전문가의 의견들이 들어있다. 수많은 전문가의 진심 어린 조언과 지지에 진심으로 감사한다. 그들의 도움이 없었다면 아마도 이 책을 완성하지 못했을 것이다. 여러 분야의 학자들과 폭넓은 대화를 나눌 때마다 다양한 감정 폭력의 양상에 대해 깊이 있는 토론을 할 수 있었고, 때로는 의견이 달라 힘들기도 했다. 하지만 전 세계 학자들의 공통적인 의견은 우리 사회에 만연한 감정 폭력을 알리고 더욱 많은 피해자가 폭력을 눈치챌 수 있게 하는 것이 가장 중요하다는 점이었다.

'감정 폭력'은 우리가 모두 함께 나눠야 할 고통이다. 사람이 모이는 곳이면 어디서나 매일, 아무런 이유도 없이 이런 일이 발생한다. 우리 모두가 피해자가 될 수 있기에, 지금 감정 폭력으로 고통받는 사람들을 외면해서는 안 된다. 빗발치는 폭언과 무시, 조롱, 집단 따돌림과 같은 정서적 상해를 견뎌내는 사람들은 당신 주변에도 있다. 어쩌면 당신의 이야기일 수도 있고. 천천히 스며드는 독과 같은 폭력을 계속 견디려고만 한다면 아마도 당신은 오래 버티지 못할 것이다.

오랫동안 감정 폭력을 연구해온 연구자로서, 수많은 환자를 만났던 나는 이 책을 읽고 한 명이라도 더 많은 사람이 몸과 마음을 파괴하는 폭력에서 벗어나기를 바란다. 조언자로서 한마디 보태자면, 가능한 한 '확실하게' 당신의 의사를 표현하라. 걱정이 되거나 두려울 때도 있겠지만 용기를 내 보라. 감정 폭력의 가해자를 정확하게 구분해내는 일이 매번 성공할 수는 없을지라도, 최소한 오해에서 비롯된 마음의 상처는 걸러낼 수 있을 것이다. 사실 많은 상처가 오해와 왜곡된 표현에서 비롯되기도 하니 말이다. 더는 감정 폭력에 무방비하게 노출되어 눈물 흘리는 사람이 없길 바라며, 마지막으로 이 책을 읽어준 독자들에게 감사 인사를 전한다.

옮긴이 **손희주**

충남대학교 독문과를 졸업한 후 독일로 건너가 독일 뒤셀도르프 대학에서 미술사학과 일본학 석사학위를 받았다. 현재 독일에 거주하고 있으며, 번역 에이전시 엔터스코리아에서 출판기획자 및 전문번역가로 활동 중이다. 옮긴 책으로는『나는 내가 제일 어렵다: 남에겐 친절하고 나에겐 불친절한 여자들을 위한 심리학』,『심리학에 속지 마라: 내 안의 불안을 먹고 자라는 심리학의 진실』 등이 있다.

감정 폭력

세상에서 가장 과소평가되는 폭력 이야기

초판 1쇄 발행 2019년 9월 26일
초판 9쇄 발행 2024년 4월 22일

지은이 베르너 바르텐스
옮긴이 손희주

발행인 이봉주 단행본사업본부장 신동해
마케팅 최혜진 이은미 홍보 반여진 허지호 정지연 송임선
국제업무 김은정 김지민 제작 정석훈

디자인 석운디자인

주소 경기도 파주시 회동길 20 ㈜웅진씽크빅 걷는나무
문의전화 031-956-7208(편집) 02-3670-1123(마케팅)
홈페이지 www.wjbooks.co.kr
인스타그램 www.instagram.com/woongjin_readers
페이스북 www.facebook.com/woongjinreaders
블로그 blog.naver.com/wj_booking

발행처 ㈜웅진씽크빅
브랜드 걷는나무
출판신고 1980년 3월 29일 제406-2007-000046호

ISBN 978-89-01-23564-6 (03180)

• 걷는나무는 ㈜웅진씽크빅 단행본사업본부의 브랜드입니다.
• 책값은 뒤표지에 있습니다.